LE MENSONGE DU MONDE

PAR

FR. PAULHAN

NOUVELLE ÉDITION

LIBRAIRIE FÉLIX ALCAN

PARIS

LE
MENSONGE DU MONDE

LE
MENSONGE DU MONDE

PAR

FR. PAULHAN

NOUVELLE ÉDITION

PARIS
LIBRAIRIE FÉLIX ALCAN
108, BOULEVARD SAINT-GERMAIN (VIe)

1930

LE MENSONGE DU MONDE

INTRODUCTION

§ 1. — *Philosophie et théorie de l'existence.*

La philosophie comporte une théorie générale de l'existence. Avec des vues d'ensemble sur le monde tel qu'il est réalisé, elle doit fournir une conception de ce que c'est que l'existence et de ce qu'elle exige.

A certains égards on n'en peut guère scruter la nature. Elle ne saurait se prêter à de longues analyses. Nous l'opposons à la non-existence, nous pouvons associer leurs deux idées dans celle de possibilité, plutôt que dans celle de devenir, moins pure et moins nette. Nous ne saurions aller beaucoup plus loin. L'existence ne se ramène pas à des éléments plus simples. Par là, au reste, elle ressemble à toutes les synthèses vraiment créatrices, où les éléments n'entrent dans un composé qu'en y perdant à peu près leurs qualités apparentes. Et ceci peut nous suggérer déjà que l'existence aussi est une synthèse et un système. Mais à cause de son caractère trop abstrait et trop général elle échappe à l'analyse et à la description.

On peut prendre la question par un autre côté. Comme tout ce qui existe, l'existence même doit dépendre de cer-

taines conditions. Je veux dire qu'elle ne peut se réaliser
que sous certaines formes. La réalité ne peut pas être
absolument quelconque, rien ne peut exister que moyennant certaines formes très générales, certaines conditions
nécessaires. Toute existence les suppose, aucune existence
ne peut se produire sans elles. Du moins c'est là une
hypothèse admissible, et c'est une fonction de la philosophie de rechercher ces formes et ces conditions. Ainsi,
certaines doctrines proclament que l'existence implique
ou la perfection ou l'intervention d'un être parfait créant
les êtres imparfaits qui resteraient sans lui dans le néant.
Elles disent aussi que l'existence est éternelle et n'a jamais pu commencer, tandis que d'autres affirment que
l'existence, si elle peut n'avoir jamais de fin, a dû forcément commencer, l'éternité réalisée étant impossible et contradictoire. Quelques-unes ne conçoivent l'existence que
comme un changement continuel, une incessante évolution,
mais il en est qui voient dans la permanence un caractère
essentiel de toute réalité et jugent qu'une chose n'existe
qu'en tant qu'elle dure et tant qu'elle reste la même.

Sur un autre plan, et du point de vue de la théorie de la
connaissance ou de la critique générale, certains esprits
discernent dans l'existence une qualité essentielle ayant en
soi sa valeur et sa réalité propres, d'autres n'y trouvent
qu'une valeur relative, un rapport entre des êtres sans réalité absolue, ou bien n'y reconnaissent qu'une sorte d'apparence exprimant plutôt la nature de celui qui connaît
que celle de ce qui est connu, et ramènent l'objet au sujet,
le monde à l'âme ou même à l'image et à l'idée. La réalité n'est plus alors qu'une représentation fuyante, toujours en transformation, elle s'approche du néant. Pour
d'autres penseurs, au contraire, l'existence vraie est celle
de la substance identique et permanente, seuls les rapports

et les apparences se transforment, mais ils n'atteignent qu'un degré infime de réalité, ils ne sont qu'une sorte de reflet plus ou moins déformé de l'existence vraie.

A chaque conception des caractères fondamentaux de l'existence correspond une philosophie différente : idéalisme, matérialisme, substantialisme, subjectivisme, évolutionnisme, déisme, et toutes celles qu'on voudra rappeler ou imaginer.

Une philosophie distincte correspond aussi à chaque façon de comprendre notre connaissance de l'existence : scepticisme, dogmatisme, subjectivisme, etc. Ce point de vue se confond, partiellement au moins, avec le premier. Notre connaissance, étant, dans tous les cas, une forme de l'existence, doit donc présenter les caractères généraux de l'existence et se soumettre à ses conditions nécessaires. Comme, d'autre part, nous ne pouvons avoir aucune idée de l'existence que par la connaissance que nous en prenons, il est évident que nos opinions sur l'existence dérivent de nos opinions, formulées ou implicites, sur la connaissance, ou doivent au moins s'harmoniser avec elles. Sans se confondre absolument, l'existence et la connaissance sont intimement unies et l'on ne peut les séparer tout à fait.

§ 2. — *But et plan de ce travail.*

Une question nous arrête ici. S'il est vrai que tout soit étroitement déterminé dans la réalité, ce n'est pas seulement la philosophie qui recherche les conditions nécessaires de l'existence, ce sont aussi toutes les sciences et même toutes les enquêtes sur les événements les plus concrets et même les plus insignifiants en apparence. Le fait le plus mince et le plus fugitif exprime aussi une nécessité,

Sans lui rien n'existerait, tout ce qui l'a précédé ne pouvait être réel sans qu'il le fût aussi à son tour et à son heure. L'univers entier, dans le temps et dans l'espace, apparaît alors comme un ensemble où tous les éléments sont absolument solidaires les uns des autres. On pourrait dire qu'aucun d'eux ne pourrait exister sans tous les autres et qu'il ne saurait y avoir aucune réalité possible sans le plus infime de tous les faits que leur infimité même soustrait à notre observation. En ce sens, l'avenir rigoureusement tracé d'avance conditionne le passé, puisqu'il en est l'aboutissement nécessaire et qu'on ne comprend pas davantage le passé sans le futur qu'il amène fatalement, que le futur sans le passé qui le prépare et l'introduit avec une force invincible. C'est une condition de toute réalité, par exemple, que tel oiseau ait perdu aujourd'hui une de ses plumes dans tel petit jardin d'un petit village, sur un petit coin de notre planète. Non point, bien entendu, au sens où la condition précède le conditionné, mais en ce sens que, du moment qu'il existait quelque chose, il fallait absolument que tout se passât exactement ainsi que tout s'est passé, qu'une miette de la réalité ne pourrait ne pas être sans que tout le reste cessât d'être aussi et que même le passé ne devînt rétrospectivement impossible et ne cessât d'avoir été.

Je n'ai pas l'intention d'examiner à présent la doctrine déterministe et ses conséquences. Cette conception, comme la conception contradictoire d'un univers où tout n'est pas rigoureusement déterminé, soulèvent des difficultés dont leurs partisans respectifs évitent volontiers de se rendre compte. Peut-être l'humanité a-t-elle eu le tort d'établir tout un système très important d'idées, de sentiments, et de tendances, le plus important qu'elle possède peut-on croire, à la fois sur les deux doctrines inconciliables.

Mais il me suffira de dire pour le moment, en laissant de côté cette question, que la philosophie, si elle n'examine pas toutes les conditions nécessaires de la réalité, examine au moins les plus générales et, parmi les plus générales, quelques-unes seulement sans doute. On pourrait soutenir que certaines sciences, les mathématiques par exemple, en retiennent aussi une partie. Les vérités qu'elles enseignent ne sont pas sans ressembler à celle de la logique qui rentre dans la philosophie comme exprimant les modes généraux de l'être.

Parmi ces conditions générales de l'existence qui sont l'objet de la philosophie, je n'en étudierai moi-même ici que quelques-unes. Tout d'abord, l'association, la systématisation, la synthèse, la finalité, qui, de quelque nom qu'on la pare, me semble une loi générale des choses et peut-être exprime le fond de la réalité même à certains égards. Puis l'évolution qui s'y rattache étroitement comme n'étant qu'une association en voie de perfectionnement, une synthèse qui va s'accomplissant peu à peu, une existence qui s'affirme. Puis l'évanescence qui s'y rattache étroitement aussi comme marquant le terme vers lequel marche l'évolution, et qui, lorsqu'il est atteint, signale avec la perfection de la synthèse, la fin de l'existence. L'existence apparaît alors ainsi qu'une sorte de transition entre un néant par défaut d'organisation, et un néant par perfection de synthèse, un état essentiellement troublé, un mélange en proportion très variables d'ordre et de désordre, d'harmonie et d'opposition, d'identité et de différence, de « même » et d' « autre », oscillant entre les deux limites du « même » absolu et de l'absolument « autre », de l'ordre parfait et du complet désordre qu'elle ne peut atteindre sans s'évanouir. Il ne restera alors qu'à exprimer synthétiquement la conception du monde qui ressort de cette conception de l'existence et de ses modes généraux.

Après avoir considéré objectivement le monde, il faut étudier la valeur et la nature de la connaissance, déterminer le mode selon lequel il convient d'interpréter l'expérience et la théorie. La question de la vérité s'imposera donc à notre examen. Elle doit faire le sujet d'un autre travail.

CHAPITRE PREMIER

La loi de systématisation.
L'association et l'existence.

Préliminaires.

§ 1. — *L'association.*

L'association est sans doute, dans le monde inorganique comme dans le monde organique, dans le monde
psychique comme dans le monde social et en somme dans
l'univers entier le fait le plus général, le plus essentiel et
le plus important. On le recouvre de noms variés. Association, système, synthèse, organisation, combinaison,
société, ligue, alliance, syndicat, tous ces mots et bien
d'autres désignent un même caractère des choses, des
formes plus ou moins diverses d'une même réalité. Quelques mots, même, qui semblent s'éloigner par leur sens
des précédents, finissent par les rejoindre si l'on en précise bien la portée, et désigner auprès d'eux des modalités
particulières du grand fait qu'ils rappellent tous. Tels
sont par exemple les mots de progrès, d'élan vital, d'âme
ou d'esprit, d'évolution, de finalité. Il n'est rien, pour
autant que nous en puissions juger, qui ne soit une association, une synthèse. On peut même dire qu'une réalité
existe d'autant plus que l'association y est moins imparfaite et la systématisation plus serrée. C'est donc peut-

être l'existence même, c'est tout au moins une de ses conditions principales que nous étudierons en nous occupant de l'association.

Elle a été bien souvent analysée sous ses formes concrètes et particulières : le système solaire, la synthèse chimique, l'association psychologique, les sociétés de divers genres où s'unissent les hommes. Elle l'a été beaucoup moins dans son sens abstrait, dans sa nature essentielle et caractéristique. C'est de ce point de vue que je l'examinerai.

Si la loi de systématisation est la première grande loi de l'existence, et si peut-être elle se confond avec l'existence même, cela ne veut pas dire que le monde, dans son ensemble, forme un système, mais surtout qu'il est composé de systèmes. Il y a de l'association partout, mais il n'y a pas que de l'association. L'ensemble du monde paraît au contraire assez incohérent. Les systèmes que nous pouvons connaître s'y échelonnent sur une série ascendante qui va des atomes jusqu'aux sociétés humaines en passant par les molécules, les cristaux, les organismes. Au-dessus des associations humaines, nous ne trouvons plus rien. Il n'est pas impossible que des associations supérieures se forment plus tard, ni même qu'il en existe déjà en des régions ignorées de nous. Celles-là d'ailleurs seraient soumises comme les autres aux lois générales que nous devons étudier. D'autre part, tous les systèmes que nous connaissons ne s'associent pas entre eux étroitement et dans chacun d'eux l'association reste imparfaite et quelque désordre persiste.

Parmi les associations, on peut considérer deux grandes classes : celles dont le système est formé, et qui sont arrivées à l'équilibre stable, et celles dont le système se fait ou se défait. Ces dernières sont en état d'évolution et de dissolution, nous les retrouverons plus tard. Au reste aucune distinction absolue ne sépare ces deux classes.

Généralement, la première paraît être l'aboutissant de la seconde. Elle y ramène aussi. L'équilibre arrive à la suite d'une évolution plus ou moins longue, parfois imperceptible, parfois presque interminable, et aussi à la suite d'une dissolution. Chez certains parasites, par exemple, ceci est frappant. Mais il arrive aussi que l'équilibre devient le point de départ d'une évolution nouvelle ou d'une dissolution. Un système est toujours plus ou moins instable.

Comme présentant un état d'équilibre relativement stable, mentionnons les atomes, les molécules, les cristaux puis, à un degré moindre, les espèces animales, à un degré moindre encore certains organismes, certains esprits, certaines sociétés, dont la Chine est l'exemple classique. Nous trouvons des cas marqués d'instabilité dans le cours de la vie toujours plus ou moins en transformation, dans la naissance et le développement des organismes, dans les détails de la vie de l'esprit et des sociétés où les changements se succèdent sans répit.

Les différentes formes de systèmes s'entremêlent continuellement, s'associent ou se séparent, et nous entrevoyons de quelle immense quantité de mouvements toujours changeants résulte un équilibre. La durée d'un peuple pendant le temps où son état général ne se transforme guère suppose des millions d'évolutions individuelles. La fixité relative d'une espèce animale suppose l'évolution et la dissolution d'une innombrable quantité d'êtres vivants. L'équilibre de la molécule est dû sans doute à la combinaison de mouvements et de tendances imperceptibles. Les recherches des savants nous font entrevoir la complexité singulière de l'atome matériel, et des énergies qui s'y équilibrent avec tant de puissance, mais non point invinciblement peut-être, puisque la désintégration de l'atome, la disparition de la matière a pu commencer à paraître vraisemblable (1).

Les formes diverses de l'association systématique s'attachent les unes aux autres, se superposant, se modifiant réciproquement. L'équilibre de la molécule suppose celui de l'atome. Il est lui-même le point de départ et comme l'amorce d'un système plus compliqué, d'une combinaison chimique supérieure. Et la systématisation chimique prépare et rend possible l'association vitale, la cellule vitale et l'organisme qui créent à leur tour des combinaisons chimiques nouvelles et plus complexes, d'une part, et d'autre part préparent ou amènent les combinaisons mentales et les associations sociales, qui pourraient devenir aussi le point de départ de synthèses supérieures.

L'équilibre stable parait ainsi se réduire à une sorte de système d'évolutions plus ou moins régulières, périodiques et régulièrement ordonnées. Partout nous retrouvons l'action, le changement, l'évolution et la dissolution. Mais ces changements eux-mêmes ne sont intelligibles que par la réalité des systèmes, des associations qui paraissent, se transforment et disparaissent. Tâchons donc de comprendre d'abord la nature de ces associations pour voir ensuite comment elles évoluent. En étudiant l'association, nous étudions l'essence, la substance des choses, l'existence même. En examinant l'évolution nous en examinons la vie, le devenir, les possibilités futures. La première étude est d'ordre statique, la seconde d'ordre dynamique. Mais leurs sujets sont indissolublement unis et nous ne les séparons que pour la commodité de l'étude, parce qu'il est impossible de pénétrer d'un seul coup d'œil les divers élé-

____

(1) Voir par exemple, sur ce point, les belles études de M. Le Bon.

ments de la réalité. Il n'y a ni essence, ni système, ni association sans évolution, ni évolution sans association, sans un système, sans une essence qui, à chaque instant et pour cet instant, prend une valeur absolue.

§ 2. — *Les différentes synthèses.*

Pour étudier la synthèse, toutes les formes de l'association ne sauraient nous intéresser de la même manière, ni au même degré. Elles sont toutes significatives, mais elles ne sont pas toutes également observables, ni pareillement développées, et elles n'éclairent pas toutes pour nous les mêmes côtés du problème. L'association qui forme l'atome, nous ne pouvons en prendre une idée précise et concrète. Les combinaisons chimiques ne nous sont guère accessibles que par les lois scientifiques abstraites et formelles qu'elles nous ont révélées. Comment un atome d'oxygène peut-il, en s'associant à deux atomes d'hydrogène, donner une molécule d'eau, nous n'en avons guère idée. Il ne semble pas que les hypothèses symboliques sur le groupement des atomes, pour intéressantes qu'elles soient, nous éclairent beaucoup sur la nature intime de leurs combinaisons.

Nous saisissons bien mieux ce que peut donner une association d'individus dans une intention déterminée, la formation d'une société commerciale ou d'un parti politique. Bien que tout mystère — il s'en faut — n'en ait pas disparu, les éléments y sont mieux connus, nous les voyons agir individuellement, nous comprenons un peu comment et pourquoi ils se rapprochent et combinent leurs idées, leurs tendances, leurs effets, leurs actions. Le résultat de leurs combinaisons, nous pouvons, en beaucoup de cas, l'expliquer par la nature même des éléments et par leurs relations réciproques. Nous arrivons à discerner comment il arrive que telle association se forme, pourquoi l'une prospère tandis que l'autre périclite. Dans une association commerciale, dans un syndicat ouvrier, dans un mariage, dans l'alliance de deux peuples, la nature des éléments et les circonstances de leur rencontre peuvent nous permettre de connaître à peu près les causes agissantes, les buts poursuivis, les moyens employés, les raisons du bon ou du mauvais succès.

En revanche il nous est impossible de formuler à propos de la synthèse sociale, des lois précises analogues à celles des proportions définies ou des proportions multiples. Vraisemblablement il n'en existe pas dans ce domaine. Les lois scientifiques supposent une régularité des phénomènes et de leurs retours, une forme d'existence figée et simplifiée, que certaines parties de la réalité, dans les sociétés humaines surtout et même dans l'esprit, n'ont pu, au moins encore, réaliser. Il n'est pas impossible que de vraies lois sociales se fixent un jour dans les domaines où elles sont encore irréelles. Les lois morales, les lois sociales, les lois de la logique, toutes les disciplines sont une sorte de simulation des lois naturelles, mais elles indiquent aussi une certaine tendance à les créer, une aspiration à les rendre réelles affirmant qu'elles existent déjà à l'état d'ébauche.

Les phénomènes météorologiques, la sortie des couleurs et des numéros à la roulette et bien d'autres groupes de faits, où s'avère ce que nous appelons le hasard, offriraient, malgré la part de régularité qui s'y peut distinguer, d'autres cas d'une absence de simplicité ordonnée dont le sens n'est d'ailleurs pas le même à tous les égards. Ce n'est pas toujours l'infirmité de l'homme qu'il faut accuser de l'état peu satisfaisant de notre savoir, c'est aussi la nature des choses. Il se peut que dans les associations d'êtres humains ou de qualités psychiques, les phénomènes soient aussi rigoureusement déterminés que dans les combinaisons chimiques, mais ils ne s'y arrangent pas, à certains égards, en un ordre si simple et si régulier. Les penseurs qui ont recherché les lois de l'histoire ont pu le méconnaître, comme les psychologues qui ont exagéré la corrélation des qualités psychiques et des traits de caractère.

Et c'est en partie parce que l'ensemble de l'association humaine n'a pas une forme stable, nette, régulière et comme cristalline, que le jeu des éléments s'y remarque avec plus de facilité (1). En un sens il y existe davantage, étant plus indépendant, plus autonome, plus vraiment individuel dans les faits sociaux. C'est en partie parce que l'activité propre, l'action personnelle, irrégulière des éléments a sensiblement disparu des combinaisons chimiques, ou ne s'y est jamais manifestée, que les lois générales y sont sensiblement nettes, précises et régulières. Et les faits intermédiaires de la biologie et de la psychologie nous montrent des formes d'association où les lois générales s'accusent plus ou moins, sans que l'activité indépendante des éléments ait cessé de s'y faire remarquer.

Il y a donc à tenir compte, dans l'étude de l'association, de faits très différents et différemment instructifs. Et puisque les faits d'association les plus vastes que nous connaissions nous permettent de mieux constater à la fois l'activité propre des éléments et leurs rapports réciproques, il faut nous attendre à invoquer souvent les faits psychiques et les faits sociaux. Mais puisque, d'autre part, les synthèses les plus simples nous révèlent la systématisation la plus étroite, nous ne pouvons nullement les négliger.

___

(1) C'est aussi, bien entendu, parce que ces éléments sont plus à notre échelle que les atomes.

I

**Premières vues sur les caractères essentiels
de l'association. — L'unité de fin ou de résultat.**

Un des traits qui caractérisent, au premier abord, l'association, les systèmes, c'est la convergence des actes, l'unité simple ou complexe des buts poursuivis ou des résultats obtenus.

Ce caractère signale toutes les associations et il serait superflu d'en vouloir établir la réalité. il s'affirme dans les sociétés de peuples ou d'individus, dans les associations d'éléments psychiques que sont nos volontés, nos idées et nos désirs, dans les combinaisons d'actes musculaires en quoi consistent nos mouvements, dans les combinaisons chimiques qui produisent des corps réguliers et définis, à propriétés précises et constantes. L'unité de fin est nécessaire à l'association. Suffit-elle à la définir ?

On en peut douter parfois. Des coups de vent successifs ébranlent un arbre, le déracinent, le jettent par terre. Dirons-nous qu'ils se sont associés ? Ce ne sera guère que par métaphore. Dirons-nous encore que l'alcool et le microbe de la tuberculose s'associent vraiment pour tuer un homme ? Dirons-nous que des chasseurs, vaguant isolément dans un pays et ne s'étant peut-être jamais rencontrés, forment une association pour la destruction du gibier ?

Mais s'il n'y a pas, dans les faits de ce genre, une association véritable, une synthèse, un système bien caracté-
risé, on y discerne cependant les éléments et comme le
premier germe d'une association, un rudiment de synthèse,
au moins une condition importante de système. Il y a des
associations de bien des genres et de valeurs très différentes. Et les limites même de l'association, comme celles
de tant d'autres réalités, restent assez indistinctes et flot-
tantes, en sorte qu'il est assez difficile parfois de distinguer ce qui demeure d'un côté de ces limites de ce qui passe
de l'autre, d'affirmer si tel assemblage de forces et d'éléments constitue une association véritable, une synthèse ou
n'est qu'une rencontre fortuite, un mélange confus. La combinaison chimique elle-même n'est pas toujours nettement
caractérisée, et il suffit d'un très léger changement
aux exemples présentés tout à l'heure pour que s'y
accentue et s'y définisse la systématisation. Des marchands
indépendants, en concurrence. dans un même pays, font
venir, chacun pour soi, des denrées de pays éloignés. Ils ne
sont certes pas des « associés » au sens strict et commer-
cial du mot. Cependant ils font respectivement partie d'un
même ensemble social. Ils contribuent à la vie de la même
patrie, ils usent des mêmes lois, ils emploient pour leurs
achats ou leurs expéditions les mêmes moyens de transport.
Ils forment même, par rapport aux autres habitants du
pays, un groupe de citoyens relativement semblables et
solidaires. A mesure que des rapports plus nombreux, plus
nets, plus précis s'établissent entre eux, que les moyens
employés se rapprochent ou se confondent, que les fins poursuivies se ressemblent davantage et s'unissent, leur groupe
devient de plus en plus une association et un système. Son
caractère synthétique s'accentue encore, s'ils prennent conscience de leurs rapports et de leurs intérêts communs,

s'ils fondent quelque syndicat, quelque groupement organisé
pour régler leur action commune et accroître leur force.
A chaque moment une grève, une guerre, des difficultés
diplomatiques, un acte arbitraire des pays lointains où ils
se fournissent peut les y conduire.

Toujours ce perfectionnement du système correspond
à la multiplication des fins communes, à la complexité, à
l'unité croissante de la tendance générale. Et nous retrouvons bien ainsi, comme caractéristique du développement
de l'association, le fait qui nous a paru en révéler la
nature essentielle.

De plus, les marchands dont je parle, alors même qu'ils
ne sont point très nettement associés en un groupe composé d'eux seuls, s'unissent dans une synthèse plus haute
et plus large, et leur exemple nous laisse apercevoir que la
synthèse peut se trouver à un autre étage que celui où on la
chercherait volontiers tout d'abord. Des marchands qui ne
sont pas directement associés par leur commerce même
peuvent l'être par leur patrie, par leur religion. Inversement
ils pourraient être beaucoup plus étroitement unis par leur
négoce et avoir des religions, même des patries différentes.
Nous aurons à revenir sur ces singuliers enchevêtrements
des éléments et des systèmes. Retenons pour le moment que
le système paraît avec des réserves et des nuances qu'il ne
faut pas oublier, décelé par l'unité des fins ou des résultats.

Ce qu'il importe surtout de remarquer et ce qu'on peut
commencer à apercevoir, c'est que l'une des unités les
plus importantes et les plus caractéristiques obtenues par la
synthèse, c'est la synthèse elle-même, sa conservation et
son développement, et qu'une autre, non moins considérable, c'est la synthèse supérieure, s'il en est une, à laquelle
elle se rallie. Nous pouvons trouver par là le moyen, lorsqu'il y a doute, de reconnaître un vrai système. C'est ce

que nous pouvons conclure de l'exemple des marchands-
c'est ce que nous pourrions tirer d'une infinité d'autres
exemples. Les coups de vent successifs qui ébranlent un
arbre ne tendent pas à conserver l'ensemble dont ils font
partie. Les marchands en concurrence tendent jusqu'à un
certain point à se nuire. Mais d'une part chacun tend à se
conserver lui-même, d'autre part ils tendent tous à faire
vivre le groupe supérieur, la cité, la patrie, l'ensemble
de nations, dans lequel ils vivent. Ainsi, au-dessus et
au-dessous du groupe des marchands, la synthèse solide
apparaît. Et même par là ils vont indirectement à se conserver l'un l'autre et à faire vivre leur association imparfaite. Chacun, pour subsister et même pour faire concurrence aux autres, doit fortifier les habitudes sociales,
chercher des perfectionnements, inventer des procédés
inusités trouver de nouveaux débouchés dont le groupe entier
finira par profiter. De plus, chacun tend encore à conserver
l'ensemble de ses concurrents par l'aide que chacun apporte
à la vie sociale dont tous dépendent. Ils se trouvent ainsi
souvent beaucoup plus associés qu'il ne le semble d'abord
et qu'ils ne s'en aperçoivent eux-mêmes. Il s'établit toujours
dans une société vivante, une solidarité réelle entre des éléments qui se combattent, qui se haïssent, qui se méprisent,
qui s'ignorent, entre des croyants de religions opposées,
entre la magistrature et les criminels, entre les consommateurs et les producteurs les plus éloignés. Naturellement
cette solidarité augmente et la synthèse se précise quand des
sous-groupes s'organisent dans un grand groupe quelconque.
Et nous pourrons très bien apercevoir ici, il me semble,
la réalité d'associations plus ou moins caractérisées, de
synthèses plus ou moins systématisées, comme aussi l'enchevêtrement, l'entre-croisement et les rapports parfois
très compliqués, subtils et variables, de ces associations.

II

**Les caractères essentiels de l'association :
Le même et l'autre. La subordination de l'autre au même.**

§ 1. — *Le « même »*.

Considérée d'un autre point de vue, plus abstraitement encore et plus profondément peut-être, l'association nous apparaît comme une *subordination de l'autre au même*. Dans toutes les sociétés, dans tous les êtres agissent des tendances semblables et des tendances divergentes, une nature commune et des natures diverses et opposées. Et l'occasion s'offre d'analyser les remarquables influences du même et de l'autre, du semblable et du différent sur l'association et la synthèse d'une part, et de l'autre sur l'opposition, la haine, la lutte, la dissociation sous toutes ses formes.

Chez l'homme, la similitude des tendances est une raison essentielle de l'union, et elle est aussi parfois une cause de lutte. Inversement, la différence des désirs produit essentiellement le désaccord, mais elle peut devenir aussi la condition de l'harmonie. Ce sont là des faits de tous les instants, et chacun les connaît. Il n'est pas inutile de s'y arrêter et de démêler les conditions de phénomènes d'aspect aussi varié.

Deux ou plusieurs personnes, deux peuples, deux états d'âme sont dirigés par une même tendance, c'est une condition nécessaire pour qu'ils s'associent. Au fond de tout accord agit une similitude, c'est-à-dire une identité partielle et incomplète. Deux commerçants s'associent parce qu'ils ont des désirs identiques : le désir de vivre, de s'enrichir, le goût d'une certaine forme d'activité, et des croyances analogues : la croyance que tel commerce doit être lucratif, la conviction que tel ou tel moyen de production ou de vente doit être efficace, des idées semblables sur les besoins et les goûts actuels ou futurs du public, sur les chances de paix ou de guerre, sur l'opportunité de tel emplacement, etc. Deux peuples s'unissent, poussés par des désirs communs comme le désir de repousser ou d'attaquer un autre peuple menaçant ou gênant, par l'opinion commune que leur union les y aidera, ce qui implique un certain nombre d'idées concordantes sur leurs forces militaires respectives et celles de l'ennemi, sur leurs ressources diplomatiques, sur l'attitude éventuelle des autres puissances et sur bien d'autres points. Et de même encore, deux désirs s'associent lorsqu'ils tendent à suggérer un même acte ou une même série d'actes, deux idées s'unissent quand elles tendent vers la même conclusion et fortifient la même croyance. Tout cela est évident et assez connu.

Il n'est pas moins évident que la similitude des tendances, des désirs, des opinions peut engendrer l'opposition. C'est quand les désirs semblables de deux êtres différents ne peuvent être satisfaits à la fois. Deux voleurs s'entendront pour voler une montre et se battront ensuite pour savoir qui la gardera. Deux partis s'uniront pour renverser un gouvernement et lutteront pour le remplacer. Deux tendances semblables. mais distinctes par leur incarnation en des êtres différents, peuvent s'associer

ainsi pour une fin générale, abstraite, provisoire, et s'opposer quand le moment sera venu de profiter de l'œuvre,
de donner une forme concrète, spéciale et définitive à la
satisfaction du désir. Cela est de tous les instants et se
passe à tous les étages de la vie.

C'est qu'ici l'autre perce sous le même, le différent apparaît derrière l'identique. La ressemblance qui fait l'union
est en effet toujours partielle. Elle recouvre des différences
qui, elles, provoquent la guerre, quand elles entrent en
jeu. Aux ressemblances dans les tendances correspond
l'unité première du but, la ressemblance des résultats,
l'accord actif et l'harmonie momentanée, aux différences
correspond l'opposition virtuelle ou réelle des buts poursuivis, la discorde et la guerre. « Le roi de France et moi,
disait un empereur, nous voulons la même chose : Milan. »
Et ce mot laisse voir assez heureusement l'alliance de la
similitude, cause d'harmonie, et de la différence, cause de
guerre.

Si la similitude s'étend, l'accord se prolonge. Deux personnes s'entendent pour obtenir quelque bien, l'une veut
en profiter, l'autre veut que la première en profite. C'est
le cas du dévouement suscité par la sympathie (déjà parfois réelle à quelque degré chez des rivaux), par l'affection,
ou du renoncement décidé par la nécessité de faire des
concessions en vue d'un avantage ultérieur, des idées, des
sentiments divers, des enchevêtrements de circonstances
où je n'ai point à entrer ici. L'admiration, le prestige, l'intérêt, le sens du devoir, la crainte, l'amour maternel produisent souvent de pareils effets.

Le désaccord est reculé, voilé, amoindri il n'est pas
supprimé. Il subsiste toujours. Les tendances refoulées
disparaissent, mais elles veillent dans l'ombre. Quand les
circonstances favorables arrivent, elles reparaissent et le

désaccord éclate. Toujours quelque événement nouveau
peut faire saillir les différences, brouiller des amis, séparer
des associés, mettre en guerre l'un contre l'autre des États
alliés, disjoindre et opposer des désirs et des idées qu'on
aurait pu croire unis à jamais. J'ai tâché de montrer ailleurs comment la contradiction pouvait toujours arriver
en certaines circonstances à disjoindre les éléments d'une
croyance et même d'une idée, à les opposer, à les rendre
incompatibles (1). Il n'y aurait qu'à transposer, comme je
l'ai déjà indiqué, sur le plan du désir, ce que je disais de
l'intelligence.

Il n'est pas d'alliance, si étroite soit-elle, qui ne recèle
la possibilité d'une guerre entre les alliés, pas d'amitié
qui ne puisse faire place à la brouille, d'amour ardent qui
ne puisse tourner à l'indifférence ou à la haine. Les intérêts, les idées et les sentiments communs qui unissent des
amants ou des époux, des parents ou des amis, des groupes
politiques ou des peuples, peuvent toujours être mis, par
des changements de circonstances, en opposition les uns
avec les autres. De là tant de conflits, de crises, de rup-
tures, de crimes et de sacrifices, car l'alliance, au lieu
d'aboutir à la lutte violente, peut se dénouer par le renoncement, la résignation, le suicide, la mort lente, la simple
séparation, elle peut aussi s'affaiblir simplement et changer de caractère si des raisons assez fortes la maintiennent
encore.

Si loin que nous descendions dans la série des phénomènes, il semble bien que la dissociation reste toujours
possible, encore qu'elle ne puisse être toujours interprétée
ou comprise aussi intimement lorsque nous quittons les
faits humains, sociaux ou psychiques. Une molécule peut

(1) Voir ma *Logique de la contradiction*.

être désagrégée comme un groupe d'associés, comme un couple d'amants, par l'intervention d'un corps nouveau qui rompra l'effet des affinités dominantes et détruira l'association des atomes pour les laisser isolés ou les engager en de nouvelles synthèses. Il paraît assez vraisemblable aujourd'hui que les « corps simples » eux-mêmes soient des associations instables et que la matière puisse ainsi s'évanouir (1).

L'union absolue, l'impossibilité de la dissociation supposeraient toute divergence, même virtuelle, et par suite toute différence supprimée entre les éléments de l'association quels qu'ils soient. Mais peuples, individus, éléments psychiques, organismes et éléments organiques, molécules et atomes n'existent qu'en se distinguant les uns des autres et par cette distinction même sans laquelle ils ne seraient pas. Si semblables qu'on puisse les juger, ils se différencient toujours les uns des autres, par le fait même de leur existence d'abord et parce que l'un n'est pas l'autre, par des caractères spéciaux plus ou moins importants, et toujours, en particulier, par leur situation différente dans le temps ou dans l'espace, par leurs relations avec d'autres êtres. La ressemblance parfaite supprimerait l'existence distincte. Toutes les lignes droites qu'on mènerait d'un point à un autre point ne forment qu'une droite unique. De même, tous les êtres absolument semblables, réalisant les mêmes relations, se confondraient en un seul être.

Ainsi le même, l'identique est un principe d'union au point que suffisamment réalisé il confondrait en un seul être tous les êtres semblables. Si l'on poussait à la limite cette identification, si on la généralisait absolument, il faudrait même dire que tous les êtres s'y uniraient dans un

(1) Voir *les Atomes* de Jean Perrin, *l'Évolution de la matière* de G. Le Bon et *l'Évolution inorganique* de Norman Lockyer.

même néant, car si aucun être ne se distinguait d'un autre et ne s'opposait à lui, aucun être ne pourrait existe réellement. Mais sous les formes atténuées que la réalité permet, le même est essentiellement un principe d'union, et pourtant il peut, par ses rapports avec le différent, devenir une cause de trouble, et toute réalité apparaît comme un mélange en proportion variable, de différence et d'identité.

§ 2. — L' « autre et sa subordination.

L'autre, le différent est, au contraire, une cause essentielle soit de non-association, d'ignorance réciproque, soit de dissociation et de discorde.

Cependant la différence, et par suite l'opposition actuelle ou possible paraît intervenir puissamment dans l'association. Les affinités les plus vives ne s'exercent pas entre atomes de même espèce chimique. Le plus violent des sentiments d'attraction, la passion amoureuse pousse normalement l'un vers l'autre les sexes opposés, et parfois, les individus les plus dissemblables, à cause de leurs dissemblances mêmes. C'est un fait bien connu, et l'attraction des contraires est de même une vérité banale.

Il semble donc que si la ressemblance peut, à cause de ses limites nécessaires, devenir une cause de discorde, la différence, l'opposition peut être une circonstance favorable à l'union, une condition nécessaire, en certains cas, des associations solides. « On ne s'appuie que sur ce qui résiste. »

Mais de même que la ressemblance n'était une cause de discorde que par les différences qui s'y joignent, de même la dissemblance n'est une cause d'association que par les ressemblances qui l'accompagnent. Rappelons-nous notre

formule : l'association est la subordination de l'autre au
même, de la différence individuelle à la ressemblance
générale, et, si l'on veut, de la *differentia specifica* au
genus proximum, pour rappeler les termes de la proposition qui n'exprime pas seulement la loi de la définition,
mais suggère celle de toute existence. Elle nous aidera à
voir la vraie nature et la hiérarchie des phénomènes.

Ce sera donc en se subordonnant à la ressemblance
que la différence favorisera l'association. Et ici nous rencontrons un grand fait, multiple et divers, dont les biologistes,
les économistes, les sociologues ont dû s'occuper souvent,
mais dont les formes sont encore infiniment plus variées
et le fond plus important qu'on ne l'a cru. Ce fait, c'est
la division du travail. La division du travail, la différenciation des fonctions, c'est essentiellement l'organisation
des éléments différents, agissant différemment, en vue
d'une fin commune. Et cette fin se poursuit et s'obtient
en utilisant les différences des éléments, en les provoquant même et en les développant au profit d'une unité
supérieure à laquelle ils participent tous plus ou moins.
Chacun des éléments, à lui seul, ou en collaboration avec
d'autres éléments trop semblables à lui-même et agissant
comme lui, ne pourrait accomplir ou accomplirait moins
heureusement l'œuvre utile à l'unité de l'ensemble. L'union,
l'association, la synthèse, le système résultent d'une organisation de la différence et de l'opposition même au profit
de l'unité, de la discordance au profit de l'harmonie.

L'unité reste toujours imparfaite tant que l'existence
persiste, et il n'en peut être autrement. Dans les limites
où elle peut se réaliser, la différence même et l'opposition
sont en elle la condition et la garantie de l'œuvre commune. Sans elles, l'unité serait plus imparfaite encore,
affaiblie ou détruite. Mais cette unité impose aux éléments

des buts communs, et singulièrement celui de faire, par
des moyens différents, et chacun selon sa nature, durer
ou grandir l'ensemble dont ils font partie et l'unité qui
les dirige. Elle met ainsi en relief, et elle crée dans une
certaine mesure la ressemblance et l'harmonie des éléments en utilisant et en accusant parfois leurs oppositions
et leurs différences.

Cela est vrai, qu'il s'agisse de la division du travail
social, de la division du travail psychique, de la division
du travail organique, et même, autant qu'on en peut juger,
de la division du travail des atomes dans la molécule
ou des forces constituantes de l'atome.

Tous les Français ont en commun un certain nombre de
caractères sociaux, de fonctions, de droits et de devoirs
que l'on indique précisément en disant qu'ils sont Français, et généralement ils ne savent pas bien eux-mêmes à
quel point ils le sont. Ils sont solidaires et semblables en
cela. Ils contribuent tous, par des moyens plus ou moins
différents, plus ou moins importants, plus ou moins heureux, avec des succès divers, à la vie de l'ensemble. Tous
les éléments sains d'une nation appliquent ainsi leur
activité à une même tâche d'ensemble dont la plupart ne
se font qu'une idée très vague ou presque nulle, dont les
plus avisés n'obtiennent qu'une idée très imparfaite. En
même temps qu'ils entretiennent cette vie, ils tendent aussi,
chacun selon le mode individuel et original de son activité, à la transformer.

En revanche, la nation les modèle à son image, les soumet à un même ensemble de conditions et de lois, leur
donne à tous un caractère commun plus ou moins appréciable, toujours réel parmi les différences de races, de
milieux et de fonctions. Elle développe à la fois et précise leur vie, augmente leur harmonie et leur solidarité,

même parfois lorsque les différences et les oppositions paraissent s'accentuer entre eux. Plus l'ensemble social est fort, plus grandit cette ressemblance, ce « même » commun qui en exprime la vie et l'action. Ainsi la France, non pas tant comme contrée que comme nation (et, dans la naissance et la vie de cette nation, les conditions géographiques ont certes tenu leur place), la France crée des Français continuellement et les transforme à mesure qu'elle change elle-même et que leur activité individuelle contribue à la modifier.

Mais si la vie de l'ensemble crée ainsi des uniformités de mœurs, de langue, de costume, de lois, si elle tend à diminuer — parfois à l'excès — les différences qui la gênent, elle en encourage d'autres, elle les aggrave, elle en crée, et tâche de les utiliser. Parfois elle institue des castes rivales et hostiles, des classes qui, tout en contribuant à la vie commune, peuvent différer de plus en plus, se comprendre et s'aider de moins en moins.

Ainsi s'établit un lien, une similitude, une harmonie entre deux membres très différents d'une même patrie, un Provençal et un Flamand français, par exemple, un Gascon et un Picard, qui n'unissent point, malgré d'autres points de ressemblance, un Provençal et un Italien, un Flamand de France et un Flamand de Belgique. Mais ainsi se développent aussi les oppositions de métier, de fonction sociale qui ont pu rendre un ouvrier français de plus en plus différent d'un patron français.

On voit ici comment le danger de la division du travail est proche de ses avantages. Dans des associations comme les sociétés des hommes il se forme des sous-groupes analogues appartenant à des groupes différents ou plus ou moins rivaux. Ils peuvent s'entendre entre eux, former une sorte de nouvel organisme social,

superposé aux autres, différent des autres et qui viendra
s'opposer à eux. Il peut en résulter d'heureuses modifications dans les rapports des membres d'un même groupe
ou des différents groupes entre eux. Il peut en résulter
aussi des déchirements et des troubles insuffisamment
compensés par quelques avantages. Une solidarité
réelle, une ressemblance très nette, de plus en plus
senties, de plus en plus utilisées, peuvent grandir
ainsi entre gens de même métier, de même classe, de
même religion appartenant à des nations différentes. Cela
s'aperçoit à toutes les échelles du fait social, des camara-
deries fondées sur des similitudes d'âge et de goût peuvent faire échec à la solidarité familiale.

C'est que les caractères généraux de l'association, se
retrouvent dans tous les groupements : l'influence de l'ensemble et la similitude générale comme la division du
travail, et, dans les groupes humains, la tendance à créer
des associations qui se superposent et s'entre-croisent
sans coïncider les unes avec les autres. Une église, une
famille, un syndicat, une société scientifique, une grande
école tendent ainsi à donner une forme commune aux
intelligences, une orientation commune aux désirs. Cet
ensemble, parfois un peu indécis et flottant, de tendances
et d'opinions communes, c'est ce que l'on appelle l' « esprit » du groupe. Une certaine division du travail, quelque
différenciation des fonctions s'y pratiquent aussi, sous
des formes plus ou moins nettes et variables selon les
temps et les circonstances. Ainsi s'établissent des com-
pétitions et des luttes entre individus et entre sous-
groupes. Rappelons simplement la rivalité de certains
ordres religieux dans une même église, la formation de différentes nuances parfois très opposées, dans un même parti
politique, ou encore la lutte qui s'établit souvent, dans

une même association, entre un esprit de conservation, un peu étroit et timoré parfois, incarné dans certains membres de l'association, et un esprit d'innovation, d'entreprise, d'aventures représenté par d'autres membres.

Il faut noter enfin que la vie organique prête à des constatations semblables. Les éléments d'un organisme, si variés qu'ils soient, concourent à la vie de l'ensemble, et reçoivent de cet ensemble même une fonction et une marque qui les distingue des autres, et, en les rendant propres à la même fonction générale qui est la conservation ou le développement de la vie, les y fait concourir chacun d'une façon spéciale. Et la différenciation des fonctions crée bien chez chaque animal des organes qui, à certains égards, ressemblent plus aux organes correspondants des autres animaux qu'aux autres organes du même individu. Mais ici l'on ne doit attendre ni d'avantages ni d'inconvénients de ces similitudes qui ne peuvent, pour des raisons évidentes, être productrices d'associations et de groupements nouveaux. L'organe ne peut guère se détacher de son organisme ni, tant qu'il continue à vivre, rendre directement des services à d'autres. L'utilisation spécialisée du différent par le même y est continuelle et évidente.

§ 3. — *La division du travail.*

La division du travail n'est en somme, en la prenant dans son sens ordinaire, qu'un cas d'un phénomène universel. Si donc j'ai employé l'expression usuelle, ce n'est pas qu'elle fût ici très exacte ni suffisamment précise, mais elle est connue, d'apparence claire et pouvait me suffire d'abord. Il convient de voir de plus près l'ensemble de faits qu'elle m'a servi à désigner.

La division du travail correspond parfois simplement à la différence des circonstances où se trouvent les travailleurs. Deux hommes qui veulent soulever une pièce de métal trop lourde la saisissent naturellement à des places différentes, un peu au hasard de leur position. C'est déjà une division du travail, très nette, et l'utilisation de la différence de position pour une différence corrélative dans l'action en vue de la convergence des efforts et de la satisfaction d'un même désir.

Souvent aussi la division du travail social est un effet de la différence des aptitudes individuelles, des goûts, des vocations, de la nature propre et durable des éléments. Telle que je l'entends, elle n'est pas toujours le partage d'une même tâche industrielle, comme la fabrication des épingles, entre différents ouvriers chargés chacun d'une partie de l'opération. Elle est plus générale et plus universelle. Elle consiste dans l'immense variété des tâches sociales et aussi de la façon de s'en acquitter. Sous ses formes les plus simples elle s'installe partout puisque le *même* travail n'est jamais accompli à la fois par deux personnes, mais les formes les plus compliquées se rattachent aux plus simples par d'innombrables intermédiaires.

Que dans un atelier chacun accomplisse un travail distinct, que divers ateliers collaborent à la même industrie soit par un labeur analogue, soit par des labeurs différents, qu'il y ait dans une nation des industriels et des commerçants, des savants et des poètes, des ingénieurs et des prêtres, voilà autant de formes, prises un peu au hasard, de la division du travail, et c'est encore une forme du même fait qu'il y ait des gens aventureux et des conservateurs timides, des sceptiques et des croyants, des timorés et des gens moins scrupuleux, des inventeurs et des routiniers.

Peut-être pensera-t-on qu'il serait utile de définir rigoureusement le travail. Cela me paraît à peu près impossible d'une part et assez inutile de l'autre. Il suffira, je pense, de s'en tenir à considérer comme travail toute activité de l'individu dont la société profite ou pourrait profiter, alors même qu'elle n'en profite pas en fait. Des ouvriers ont fabriqué des meubles, qu'un incendie détruit avant qu'ils aient pu servir à rien, ils n'en ont pas moins travaillé. Mais un maladroit qui se donne beaucoup de mal pour confectionner une paire de souliers inutilisables, a-t-il travaillé ? Peut-être faudrait-il dire qu'il a certainement accompli un travail physiologique, mais non un travail social, et juger de même le poète qui aurait péniblement écrit une tragédie illisible. Cependant ils ont donné l'exemple de l'application régulière, de l'acharnement sur l'œuvre entreprise, et cela n'est pas inutile à la société. Quelque doute peut subsister. De même rêver, et fumer un cigare en se promenant, cela n'apparaît guère comme un labeur. Mais, si le cigare est un excitant efficace de l'imagination, si la rêverie est la préparation d'une œuvre littéraire, artistisque, industrielle ? Allons-nous donc être obligés de reconnaître un travail dans le fait de prendre une tasse de thé ou de café, ou simplement dans l'acte de manger, sans lequel évidemment aucune œuvre utile ne pourrait se produire? Reconnaissons au moins que s'il n'y a pas là un travail proprement dit, il s'y peut distinguer une préparation au travail comme dans le fait de rassembler ses outils, de les entretenir, de verser de l'encre dans son encrier, et une préparation au travail est déjà un travail puisque mettre des outils en état de servir est le travail spécial de l'aiguiseur de couteaux par exemple. Il n'est pas jusqu'à la flânerie la mieux caractérisée, celle de La Fontaine si l'on veut, qui ne puisse à ce

compte devenir un travail, en favorisant une activité inconsciente de l'esprit dont le résultat intéressera plusieurs
générations et portera loin dans l'avenir le nom du flâneur.
Mais il n'y aurait pas d'intérêt à examiner plus longtemps
ici ces cas particuliers, ni à discuter les paradoxes de
valeur variable qu'on pourrait greffer sur eux.

Si la division du travail, au sens étroit, a intéressé beaucoup d'économistes et de philosophes, il ne me semble
pas que l'on se soit assez occupé de ce que j'appellerai
la division des idées, des sentiments et des tendances,
qui s'y rattache étroitement, qui en est, à mon avis, une
forme spéciale, et un mode important puisque, jusqu'à un
certain point, il provoque tous les autres et contribue au
moins à les rendre possibles.

Il n'importe pas seulement à la société qu'un homme
achève la pointe d'une aiguille tandis qu'un autre en fera
la tête, qu'un homme aune du drap tandis qu'un autre
pèse des lentilles, extrait du charbon ou écrit une étude
sur Virgile. Il lui importe aussi que l'un aime la solitude
et que l'autre recherche le monde, que celui-ci reste célibataire par devoir tandis que celui-là se mariera et fon-
dera une famille, que celui-ci soit traditionaliste et religieux,
tandis que celui-là ne croira qu'à la science. Et l'on peut
continuer indéfiniment la série et descendre dans les détails. Il n'est pas sans intérêt pour la vie sociale en général et spécialement pour la religion catholique, que tel
croyant penche vers les jansénistes, tandis que tel autre
se sentira plus de sympathie pour les jésuites; il n'est pas
indifférent qu'il y ait des classiques et des romantiques,
des idéalistes et des naturalistes. des symbolistes et des
parnassiens. Certes, toutes les divergences ne sont pas
également utiles, également belles, il en est dont il aurait
sans doute mieux valu être privés. Pourtant, en satis-

faisant des besoins très divers, des désirs qu'elles ont d'ailleurs aidés à se former, elles contribuent, au prix de quelques déviations peut-être, de beaucoup de contradictions et de luttes, à la vie d'un peuple, à la vie même de l'humanité, et, par là, à la constitution de l'unité et au triomphe du « même ». Il faut évidemment se méfier des divergences, mais aussi ne pas trop les craindre. Il est sûr que des idées erronées, des sentiments ineptes ou dangereux, des imaginations folles, des pratiques cruelles ou ridicules, ont contribué et contribuent encore à faire vivre les sociétés. On n'a jamais pu se passer d'erreurs intellectuelles et d'aberrations affectives, il est probable qu'on ne s'en passera jamais. Dans ces conditions il faut admettre que certaines erreurs doivent être répandues, cultivées, honorées, tant qu'elles demeurent nécessaires à la v· sociale et que par ailleurs leurs inconvénients restent ·pportables. Et ce que je dis ici ne vise d'ailleurs aucune doctrine, aucune théorie religieuse, politique, sociale en particulier. Je suis persuadé qu'elles ont toutes leurs illusions, leurs superstitions et leurs préjugés. J'ai toujours été frappé de la quantité des préjugés qui animaient les gens les plus sévères pour les croyances des autres et pour les préjugés en général. Quand une superstition, un préjugé ou une vérité a conquis un assez grand nombre d'adeptes, qu'elle est enracinée solidement dans un pays, dans un groupe, elle a toujours, à défaut d'autre mérite, celui de créer un lien social, un « même », une communion d'idées et de sentiments très précieuse. Et elle en a généralement d'autres.

Mais je mets ici les choses au pire, et la contradiction est parfois très aisément acceptable. Il est des domaines où les tendances opposées peuvent passer pour très légitimes, et sont en fait absolument conciliables. Beaucoup d'honnêtes gens admirent à la fois, pour des raisons différentes, Racine et Victor Hugo, Léonard et Rembrandt. Nos goûts esthétiques et littéraires sont variés, complexes, opposés même par certains côtés, il est rare qu'un seul génie, si vaste soit-il, puisse leur donner à tous une satisfaction suffisante, et la division du travail s'impose. Quand il s'agit de religion, de science ou de philosophie, la conciliation est sûrement plus difficile. Des luttes sont inévitables, mais de ces luttes mêmes, si elle sait les régler et les contenir, la société peut profiter et tirer parti pour l'unité plus riche de sa vie. Et puis, la tolérance ou le respect réciproques ne sont pas toujours impossibles, et ils sont remplacés quelquefois par des expédients plus ou moins nobles, que la nature de la société rend nécessaires. La politesse, la nécessité de ménager les opinions d'autrui, la sympathie, mille exigences de la vie sociale agissent en ce sens, et aussi la duplicité, l'hypocrisie, le sens des conditions complexes de la vie qui unissent si souvent des pratiques religieuses à des sentiments impies, par exemple, et bien d'autres actes, sentiments et idées aussi contradictoires, même en une seule personne.

Il faut bien se dire qu'un système social, une association en activité, surtout si elle est un peu complexe et si la route n'est pas tracée devant elle par de nombreux prédécesseurs, résulte toujours de l'équilibre, de la systématisation de forces qui naturellement se combattent et s'opposent. On a pu dire de la marche qu'elle est une série de chutes évitées et l'action de muscles antagonistes est nécessaire à la précision d'un mouvement. La vie d'une société ne suppose pas nécessairement autant d'erreurs, de tâtonnements, d'excès en des sens opposés que nous en pouvons constater dans nos sociétés humaines, et ils sont peut-être moins nombreux en effet dans quelques sociétés animales, mais elle implique nécessairement une systématisation de forces divergentes et de tendances opposées. On peut citer dans l'humanité le désir de la conservation et la tendance au changement. Mais dans le détail nous en trouvons partout. L'esprit d'analyse et l'esprit de synthèse sont également nécessaires à la science, savoir bien acheter et savoir bien vendre sont des qualités indispensables au commerce. Ces tendances opposées, dont on pourrait multiplier les exemples, ne se rencontrent pas toujours chez les mêmes individus, la division du travail supplée à leurs défauts, mais elle rend parfois les oppositions plus vives. On voit, en tout cas, combien la division et même la contradiction des traits de caractère et des qualités intellectuelles vient en quelque sorte prolonger, multiplier et provoquer aussi la division du travail, permettre une plus riche et plus précise utilisation de la différence au profit du « même » général.

Chaque manière d'être d'un individu le désigne non seulement pour un travail défini, au moins pour un genre de travail, mais aussi l'invite à telle forme spéciale de ce travail. L'un est lent et réfléchi, l'autre est emporté, celui-ci vindicatif et tenace, celui-là oublicux et doux, l'un belliqueux, l'autre pacifique, l'un hanté par des images nettes et vives, l'autre amoureux d'idées abstraites, l'un calculateur rigoureux, l'autre plutôt étourdi et plus soucieux de beauté que de précision ou d'exactitude. Chacune de ces qualités différentes peut être adaptée à des besoins particuliers des sociétés. La division des désirs, des tendances, des idées est au fond la forme essentielle de la division du travail, et celle dont dérivent les autres formes principales, celle dont elles dériveraient toutes sans les fatalités naturelles et sociales qui imposent trop souvent à

des individus des tâches pour lesquelles ils ne sont pas
faits.

Non seulement la fonction propre de l'élément, mais
aussi la manière spéciale dont il la remplit, peut déceler
une forme utile de la division des tendances et des idées.
Cette manière donne à la fonction une valeur propre —
positive ou négative — elle est vraiment une partie de
la fonction, elle en fait parfois en quelque sorte une
fonction nouvelle. Un pays traverse des époques de
calme où une médiocrité régulière peut suffire à le diriger, où un génie original, appelé à le gouverner, trou-
blerait peut-être sa vie plus qu'il ne l'améliorerait. Mais
dans certaines crises une intervention énergique et perspi-
cace, parfois une intervention violente peut être heureusement décisive. Le même service administratif ne requiert
pas les mêmes qualités selon qu'il s'agit de le fonder ou
de le continuer en suivant des traditions établies. Il semble
qu'il soit plus facile à une collectivité de poursuivre une
œuvre que de la créer, et l'on peut tirer de là des indica-
tions sur le rôle des sociétés coopératives de production.
Il est assez bon que dans les temps de trouble et de crise
on sente plus ou moins confusément le besoin de diminuer
la force et le nombre des contrepoids qui en temps normal
règlent le jeu de l'autorité, et il est naturel que l'on aspire
à la dictature d'un homme ou d'un groupe restreint et à
peu près unanime sur les points essentiels. Les dictateurs
à Rome, l'aristocratie vénitienne, le Comité de salut public,
Bonaparte, voilà des exemples qui viennent immédiatement
à l'esprit pour illustrer cette vérité. Mêmes remarques à
propos d'entreprises privées. Les coopératives de production ont souvent déçu leurs partisans parce que, entre
autres causes, sans doute, les conditions favorable à l'exercice des qualités qui peuvent créer et développer une œuvre

industrielle importante, y manquent trop. Au contraire, une œuvre entreprise et maintenue par un esprit personnel, audacieux, autoritaire et pratique peut, semble-t-il, être plus tard, quand les innovations sont plus rares, dirigée par une collectivité dans des conditions analogues à celles d'un gouvernement représentatif. Chacun en peut citer des cas.

Ainsi, chaque manière d'être différente peut trouver à s'employer bien mieux qu'il ne le semblerait d'abord. Tous les individus diffèrent plus ou moins les uns des autres, physiquement, intellectuellement, moralement, le problème social est de faire servir ces différences à consolider et à développer le « même », en distribuant à chaque être la fonction particulière qui lui convient, en rendant inoffensives ou en inhibant les activités qui, puisque la perfection n'est pas possible, donneraient décidément plus de mauvais résultats que de bons. Une division du travail bien faite et fondée sur la division des idées et des tendances ferait vivre une société aussi bien qu'il est possible de l'espérer. Nous pouvons constater que les sociétés s'acquittent assez mal de leur tâche. Elles gaspillent beaucoup de forces précieuses, et emploient à contre-sens une bonne part de celles qu'elles veulent utiliser; elles s'ingénient trop à faire pousser des cerises sur des pêchers. Cependant, tant qu'elles vivent, leur vie même prouve qu'elles n'ont pas absolument failli à leur tâche et à leur devoir.

La division des idées, la division des sentiments et la division du travail qui les complète peuvent parvenir à tourner vers le bien social des manières d'être généralement considérées, non sans raison, comme mauvaises en soi, nuisibles, antisociales, immorales, tant sont divers et contradictoires même les besoins d'une vaste société, tant aussi les forces sociales agissent souvent, comme j'ai dû plus d'une fois le faire remarquer, à l'encontre de leur nature intime et de leur tendance essentielle. Défauts et qualités, vices et vertus comportent encore plus de relatif qu'on ne le veut croire. Il n'est peut-être pas un défaut, pas un vice même qui ne puisse être utilement employé à son heure par une direction clairvoyante et forte. Les Spartiates tirèrent parti de l'ivrognerie de leurs ilotes, et que de fois n'a-t-on pas vu utiliser pour de très hauts intérêts la bassesse, la violence, la trahison même, quand par exemple on promet l'impunité ou même une récompense à des criminels s'ils livrent leurs complices. Celui qui veut diriger les hommes est bien obligé de tenir compte de leur nature et d'en tirer le meilleur parti. Fourier avait compris cela. Que d'ailleurs des utilisations du genre que je signale n'aillent pas sans danger, cela ne saurait être contesté, mais quelle manière d'agir ou de ne pas agir n'est pas périlleuse ?

Inversement il n'est pas de « vertu » qui, livrée à elle-même, sans direction, sans clarté supérieure, ne puisse être cause de ruine. Des tendances altruistes ou désintéressées, l'amour maternel, comme la tendresse conjugale, l'amour de la famille comme le désir de la gloire, le zèle pour la liberté, même l'amour désintéressé du prochain, même le respect profond de la justice ont déchaîné des maux, inspiré des maladresses, provoqué des fautes ou des crimes. Il serait inepte de conclure qu'il n'y a ni vices, ni vertus, que toutes les idées, tous les désirs, toutes les tendances se valent. Les inégalités sont profondes entre eux, et nombreuses infiniment. Encore faut-il tâcher de les comprendre dans leur complexité, dans leurs variations aussi, et reconnaître le sens différent que prend une même tendance, selon les circonstances et selon ses applications. C'est dire que la valeur des désirs et des idées n'a pas son principe en eux-mêmes, mais dans leur rapport avec la vie de l'ensemble auquel ils se rapportent.

Il va de soi que la division des sentiments et des idées comme la division du travail crée des groupes qui deviennent plus ou moins compacts, où les individus s'unissent plus ou moins étroitement, avec plus ou moins de conscience des ressemblances qui les rapprochent les uns des autres. Ainsi se condensent de véritables morales particulières, professionnelles ou autres, des conceptions de la vie différentes, opposées mêmes et qui tendent à prendre une valeur trop générale. Un médecin, un officier, un rentier, un ingénieur, une institutrice, un prêtre, un ouvrier, un ambitieux ou un artiste, un homme énergique ou un hésitant un peu effaré, ne voient point la vie par le même côté, ils ne sont point habitués à donner la même valeur aux mêmes formes de l'activité, ils sont forcément en désaccord sur beaucoup de points. Chacun d'eux, s'il est porté à la réflexion, régularisera son monde dans une morale qui exprimera les conditions nécessaires à sa prospérité. Sans doute, s'ils arrivent à des vues d'ensemble plus vastes et plus synthétiques, — et les religions, les philosophies, diverses doctrines, leur en proposent constamment de pareilles, — tous ces esprits peuvent comprendre la nécessité d'un accord et le besoin d'élargir les conceptions que leur suggère leur expérience propre. Ils y parviendront peut-être jusqu'à un certain point, mais il est bien rare, si cela arrive, qu'un homme ne garde pas la marque de sa spécialité. Cela n'est même pas universellement désirable. Et l'on voit comment la division des idées, des sentiments et des fonctions, tout en pouvant être employée au service du « même », qui ne saurait se passer d'elle, prépare cependant la diversité, les conflits, et parfois la ruine de l'ensemble qui voulait l'utiliser.

Mais, tant que le « même » qui sert de lien aux divers éléments garde une puissance suffisante, la division du travail lui donne le moyen de se subordonner ces éléments, et de se fortifier de ce qui était pour lui une menace. La différence devient alors un auxiliaire de la ressemblance. C'est parce que les éléments diffèrent, c'est parce que leurs tendances divergent, qu'ils peuvent, en travaillant chacun selon sa nature, arriver à faire vivre et prospérer la ressemblance générale qu'ils portent en eux, et singulièrement, ce caractère commun qu'ils ont tous de faire partie d'un même ensemble, d'une même unité. Ainsi se vérifie, par la division du travail, entendue dans son sens le plus complexe et le plus large, la définition de l'association que j'ai indiquée tout à l'heure : la subordination de l'autre au même, l'utilisation des différences par les ressemblances et au profit des ressemblances.

Après l'avoir indiquée et étudiée dans des groupes d'hommes nous pourrions étudier la division du travail dans des associations d'espèces différentes, en psychologie, par exemple, et en biologie. Dans une idée, dans un désir un peu complexe, nous constatons aussi une division des fonctions de leurs différents éléments. Sans doute ici, nous ne pouvons pénétrer toujours aussi intimement dans le détail des faits. Ils restent pourtant encore assez clairs. La division du travail psychologique s'affirme par les différentes fonctions psychologiques, par leur application à des besoins différents de l'esprit et de l'organisme. Elle se marque dans un même domaine par la variété des éléments, des idées par exemple et des tendances qui prennent toutes, dans un esprit sain, leur rôle particulier, par la diversité des procédés et des méthodes. On peut même pousser l'analyse plus loin et retrouver la division du travail à l'intérieur des éléments psychiques un peu complexes.

L'amour, l'ambition, par exemple, comprennent bien des éléments différents, qui n'agissent pas simultanément ni de la même manière, mais qui ont tous ce caractère commun, quand les choses se passent régulièrement, de collaborer à la vie, de tendre vers le développement et la saitsfaction du désir dont ils font partie. Et une tendance comprend à côté de ses éléments affectifs, des éléments intellectuels qui leur sont coordonnés et viennent agir aussi selon leur nature propre pour travailler avec eux à la vie de la petite synthèse psychique dont ils sont des éléments.

Une doctrine, une théorie, tout en relevant de l'intelligence, renferment aussi des éléments affectifs dont on ne peut séparer ni même distinguer toujours les éléments intellectuels, puisqu'il suffit souvent d'un changement des circonstances, provoquant un léger changement dans le fonctionnement de l'esprit pour faire passer un fait de l'état intellectuel à l'état affectif, ou plutôt peut-être pour accentuer plus nettement en lui l'un ou l'autre caractère. Chaque élément tient encore ici son rôle particulier qui peut varier selon les esprits et aussi selon les circonstances et les besoins de l'esprit. Une doctrine doit répondre à bien des désirs, parer à bien des objections, expliquer bien des faits, résoudre bien des difficultés. Une théorie comme la conception darwinienne de l'évolution comprend de nombreux éléments, tous orientés dans le même sens et tendant à faire vivre la théorie dans l'esprit qui la porte, mais agissant chacun selon sa nature propre et en vue de buts particuliers différents. Il est évident que l'idée de la sélection naturelle a un tout autre rôle dans la théorie que celle de la variation spontanée, elle ne se confond pas avec celle de la lutte pour l'existence ni avec celle de l'impossibilité pour tous les êtres d'arriver à se développer. Dans la conception de l'évolution qui constitue une grande partie de la philosophie de Spencer, l'idée de l'instabilité de l'homogène a un travail différent de celles de la ségrégation, du passage de l'incohérent au cohérent, mais toutes s'unissent et s'organisent pour faire vivre un même système, une même conception d'ensemble. Partout c'est toujours le même grand fait : la subordination des différences aux ressemblances, la subordination de l'autre au même, et l'utilisation du différent pour le triomphe de l'unité. Aussi, dans une théorie, quand un élément ne peut plus accomplir valablement sa tâche, il est remplacé par un autre, une nouvelle division du travail s'effectue. Chaque esprit modifie plus ou moins les théories qu'il reçoit ou qu'il crée pour parer aux circonstances nouvelles. La théorie de Darwin a évolué dans son esprit, et, après sa mort, dans l'esprit de ses successeurs. Celle de Spencer aussi s'est constituée peu à peu par des divisions du travail qui représentent d'ailleurs, à certains égards, ce qu'il appelait le passage de l'homogène à l'hétérogène et de l'indéfini au défini.

Il est inutile que j'insiste sur la division du travail dans l'organisme et sur ses effets. Ils sont assez connus et il ne se présente pas ici de difficultés particulières.

III

Le conflit.

§ I. — *Rapport de l'association et du conflit.*

L'étude qui précède nous a montré, dans l'association, des causes de trouble et de rupture. La division du travail est un procédé nécessaire et périlleux, et ne défend le même qu'en multipliant l'autre et en le renforçant.

Tant que le même parvient à se subordonner le différent, l'association persiste, mais si le rapport de moyen à fin se renverse, c'est la discorde, la lutte, la rupture, le contraire direct de l'association. C'est cette lutte, c'est la subordination de l'identique au différent qu'il faut maintenant examiner.

La lutte, aussi bien que l'harmonie, implique à la fois la ressemblance et la différence, le même et l'autre. Seulement dans l'association, dans la synthèse, l'autre est subordonné au même, dans le conflit le même est subordonné à l'autre. Deux êtres qui n'auraient rien de commun ne seraient pas plus en opposition qu'ils ne seraient en harmonie. Rigoureusement, *ils n'existeraient pas l'un pour l'autre.*

Le conflit et l'accord se pénètrent donc, et, jusqu'à un certain point, se confondent. Ils se placent sur une même échelle, comme sur un thermomètre où il serait parfois difficile de fixer le zéro. De même que le froid, au point de vue de la physique, n'est encore que de la chaleur, on pourrait considérer en un sens l'harmonie comme un cas singulier de la discorde, ou la discorde comme une forme extrême de l'harmonie. Il vaudrait mieux sans doute dire que l'harmonie et la lutte sont des formes différentes du rapport entre ressemblances et différences, formes qui passent de l'une à l'autre par degrés insensibles.

Toute réalité montre — ou cache — l'identité et l'opposition. Quand deux hommes sont en procès, ils n'en sont pas moins de la même humanité, souvent de la même nation, assez souvent de la même profession ou de la même famille, et c'est souvent leur union même qui a causé leur querelle. « Je ne peux pas, disait Malherbe, à qui l'on reprochait ses litiges avec ses proches, être en procès avec le Grand Turc avec qui je n'ai rien à faire. » Les deux plaideurs reconnaissent les mêmes lois, ils ont fait des démarches analogues, ils se ressemblent plus ou moins par leurs idées, par leurs sentiments, par leurs actes. Les qualités mêmes qu'ils emploient à la lutte les rendraient aptes à l'association et en fait ils demeurent unis plus qu'ils ne le croient. Leur procès même suppose, illustre et provoque bien des accords entre eux. Il n'en est pas autrement pour deux adversaires dans un duel, même pour des peuples en guerre. Il en est de même dans tout conflit. Comme il y a de l'entente dans tout conflit, il y a toujours de l'opposition et de la lutte dans toute alliance.

Partout et toujours, le même et l'autre, l'accord et le conflit, sont ainsi amalgamés, et parfois on ne peut dire lequel des deux l'emporte. Il est des intervalles, même des accords qui ont passé tantôt pour consonants, tantôt pour dissonants. En tout cas une franche dissonance est souvent agréable, c'est-à-dire qu'elle s'unit véritablement à l'ensemble dont elle fait partie, et une bonne part des règles de l'harmonie, en effet, a pour but de rendre la dissonance harmonieuse. Quoi qu'il en soit de ces exemples musicaux tout à fait valables à mon avis, mais sur lesquels il y aurait à discuter, on pourrait citer bien des cas où la valeur positive ou négative du système reste incertaine. Il n'est pas toujours aisé de reconnaître si l'on éprouve en somme de la sympathie ou de l'antipathie pour une personne. « Il m'a fait trop de bien pour en dire du mal, disait Corneille du « fameux cardinal », il m'a fait trop de mal pour en dire du bien. » Et cela pourrait indiquer le zéro du thermomètre affectif s'il fallait voir là autre chose qu'une approximation peu rigoureuse, où l'on peut même soupçonner d'ailleurs que la rancune l'emporte sur la reconnaissance. Parfois on ne sait si un plaisir réel n'est pas aussi bien et plutôt une gêne. Il est des joies désagréables et des impressions pénibles dont on a peine à se passer. Il n'est pas toujours aisé non plus de dire si un homme a fait à son pays plus de mal ou plus de bien, et, sur quelques-uns, l'on discutera sans doute éternellement.

Ces difficultés n'importent guère à la théorie. Le principe d'appréciation reste le même, que les applications en soient aisées ou non.

Dans le conflit, les ressemblances se subordonnent aux différences, et, en général elles s'atténuent. Le conflit se caractérise essentiellement et d'abord par l'absence, l'affaiblissement, l'attaque, la disparition de la ressemblance fondamentale des éléments de l'association, celle qui résulte de leur coopération à une œuvre commune, de leur fusion momentanée ou durable en un être complexe et supérieur. Le conflit reste toujours, cela résulte de ce qui précède, partiel et limité. Il nie, il tend à détruire une part,

une part seulement de l'union et de la ressemblance. Même
dans les cas extrémes, et quand, par exemple, le conflit se
termine par la mort délibérée, voulue, d'un des adversaires,
l'opposition est sans doute moins générale qu'elle ne le
paraît. L'un des ennemis n'a pu supprimer l'obstacle, détruire l'opposition qu'en supprimant l'autre ennemi (en supposant qu'il ne soit pas allé un peu plus loin dans la lutte
qu'il ne lui était nécessaire). Mais à côté des désirs, des
passions, des idées qui s'opposaient aux siens propres, il
y avait, chez son adversaire, bien des éléments, bien des
tendances avec lesquelles les siennes se seraient très bien
accordées. Ils étaient trop étroitement associés aux autres
pour leur survivre, mais si la dissociation eût été possible,
elle eût certainement profité au meurtrier. Et l'on peut
ajouter que, dans tous les cas, ce qu'on détruit c'est une
forme de matière, non la matière même qui subsiste, qui se
groupera en de nouvelles combinaisons, et n'entrait dans le
conflit que, pour ainsi dire, accidentellement.

Aussi n'est-il pas étonnant de voir une association nouvelle, parfois meilleure et plus solide que l'ancienne, suc-
céder au conflit et mettre en évidence les possibilités
d'accord qui subsistaient pendant la lutte. Grèves aboutissant à un nouveau contrat de travail, traité d'alliance après
une guerre, raccommodements amoureux après une brouille,
reprise d'affaires en commun après un procès, les exemples
abondent. Même lorsqu'une association formelle et directe
n'unit pas les anciens adversaires, il reste toujours,
entre survivants, cette association plus ou moins étroite
que crée la participation à la vie d'une même nation ou d'un
même groupe de nations, ce rudiment de synthèse que
constitue la vie à une même époque et sur une même planète. Toutefois, en bien des cas, certaines formes d'association sont détruites pour toujours, l'union conjugale

après un divorce, la constitution politique renversée par une révolution, et bien d'autres qu'on pourrait citer.

Les systèmes psychiques se comportent, quant aux lois générales, exactement comme les associations d'individus et les individus eux-mêmes.

Deux désirs dont l'opposition grandit tendent à se désorganiser l'un l'autre, à ne plus s'unir dans une même tendance complexe ou dans une même personnalité. C'est ainsi que, par l'élimination de certains éléments, la domination croissante de certains autres, se transforment, après des conflits plus ou moins nets, un amour, une ambition, une amitié. Deux idées que leur évolution ont amenées à se contredire trop ouvertement tendent à ne plus s'associer dans une même croyance. L'idée de justice absolue et celle d'infinie bonté arrivent, chez certains esprits, à ne plus pouvoir se systématiser dans une même conception de la divinité. Parfois des arguments ingénieux et subtils ou des raisons de sentiment, même de convenance, parviennent à rassembler encore des idées que menace le conflit, et la ressemblance l'emporte sur la différence qu'elle utilise, mais parfois aussi l'autre triomphe du même et les ressemblances des idées, leurs anciens traits d'union ne sont plus que la cause de la lutte et le point de départ de la séparation. Tous les petits drames de l'esprit marquent la suprématie plus ou moins durable de l'autre sur le même.

Les ressemblances qui favorisaient l'union ou qui pouvaient la préparer sont, en effet, dans le conflit, normalement utilisées au profit de la différence. Les adversaires se servent, pour combattre, des ressemblances qui les unissaient auparavant et qu'ils veulent transformer ou faire, au moins momentanément, disparaître, ils se servent de celles qui persistent toujours et qui les uniront

encore, même après la séparation. Cela éclate dans les cas
de guerre, de procès, de duel, indiqués déjà, et l'on en
pourrait multiplier les exemples indéfiniment. Deux peuples qui se combattent font usage des connaissances
scientifiques, des puissances industrielles qui tournèrent
autrefois. qui tourneront encore à leur avantage communs, ils emploient des procédés analogues de stratégie
et de tactique, ils ont des armes fort semblables en général, ils utilisent, chacun pour son œuvre, des idées et des
pouvoirs du même ordre dont un grand nombre les rendraient aptes à une œuvre commune. Ils parlent souvent
des langues de même famille, ils invoquent le même
Dieu, ils s'enorgueillissent de civilisations fort semblables.
Ils se ressemblent à bien des égards par les idées, les
sentiments, les mœurs, les allures mentales, parfois plus
qu'ils ne ressemblent à certains de leurs alliés. Les points
par où ils diffèrent, une heureuse division du travail
pourrait les adapter aux points différents d'une œuvre commune. Seulement, par le fait du conflit, toutes ces ressemblances sont mises au service des différences, comme par
le fait de l'alliance, les différences des compagnons de lutte
sont normalement mises au service de l'unité, même factice et passagère, qui les unit.

De même, des individus qui se battent utilisent pour
leurs conflits les mêmes muscles, la force, la ténacité, le
courage qu'ils pourraient employer à un travail commun.
De même, des idées qui se combattent accentuent ou précisent leur opposition par les mêmes qualités, par des
procédés logiques analogues ou identiques à ceux qui ont
fait jadis leur union et la rétabliront peut-être un jour.

Tout ce qui peut être une cause d'harmonie peut devenir une condition de guerre, et réciproquement. C'est
parce que l'on est parents que l'on est exposé à avoir des

difficultés ou des procès. Un mari qui réclame le divorce fonde sa demande sur la qualité d'épouse qu'il veut retirer à sa femme et qui est nécessaire à son grief. L'association, avec les rapprochements et les rapports qu'elle suppose, est une cause continuelle de discorde et de brouille. L'amour et la haine sont toujours voisins, et souvent c'est précisément parce que l'on aime ou parce que l'on a aimé que l'on hait, que l'on se sépare, que l'on se venge. Nous sommes à la fois plus et moins exigeants à l'endroit des gens que nous aimons et dont nous nous croyons aimés ou simplement avec qui nous nous trouvons en rapport d'association. Il est vrai que nous passons à un ami des propos que nous ne supporterions pas chez un étranger, mais le contraire est vrai aussi, et, à bien des égards, nous lui ferons sentir plus strictement nos exigences. Aussi n'est-il pas impossible que l'on juge avec plus d'indulgence les travers de ses amis quand on a rompu avec eux, ni surtout que, ce que l'on détestait chez les autres, on en vienne à l'aimer le jour où les circonstances auront mis au service d'une œuvre commune de fortes qualités qui ont pu en d'autres temps s'employer contre nous. Pour illustrer ceci — et le phénomène opposé — qu'on pense seulement aux changements survenus depuis quelque vingt ans dans les sentiments de beaucoup de Français pour l'Angleterre et à ceux qu'ont pu subir les sympathies de quelques Français pour les aspirations démocratiques russes depuis la chute du tsarisme.

§ 2. — *L'utilisation possible du conflit.*

Si toutes les forces sont capables de collaborer à certains égards, capables aussi de s'opposer les unes aux autres, tout conflit pourrait être considéré comme l'expression d'un défaut dans l'organisation de ces forces, comme une sorte de perversion ou de maladresse de la division du travail. Cela est exact jusqu'à un certain point, mais il ne faudrait pas établir sur ce fondement des espoirs trop optimistes.

Il est sûr que beaucoup de forces sont en lutte parce qu'elles sont mal employées par l'ensemble où elles agissent. Avec une disposition meilleure, une division du travail plus judicieuse, elles s'entr'aideraient au lieu de se contrarier. Singulièrement dans le milieu social, les différences qui déchaînent les colères, provoquent les luttes, amoncellent les ruines et appellent la mort, auraient pu, grâce à une bonne hiérarchie, à une subordination convenable, être utilisées par la division du travail au profit d'un « même » supérieur.

On a remarqué par exemple cette souplesse de l'Église catholique qui a su, sans rien abandonner de ses principes essentiels, utiliser des tendances divergentes, chargées de schismes possibles et de menaces d'hérésie. Ignace de Loyola, a-t-on dit, aurait, en pays protestant, créé une forme nouvelle de l'hérésie, et Wesley à Rome, se fût mis à la tête d'un ordre nouveau fondé pour le bien de l'Église.

Cela permet d'entendre comment les différences peuvent se subordonner au même, l'enrichir et le développer, comment au contraire elles peuvent se le subordonner, relâcher l'association ou la rompre par un conflit. Des manières d'être qui rendent les gens insupportables peuvent fort bien trouver un jour à s'employer utilement. Une société profite, si elle est habile et forte, de bien des éléments qui semblent lui être irrémédiablement hostiles, des tendances les plus antisociales en apparence. Le génie un peu extravagant de Fourier s'en était bien aperçu. Certaines qualités (au sens général) d'esprit et de caractère qui font un

anarchiste révolté peuvent aussi, en d'autres circonstances, animer un héros. Inversement il est des héros
authentiques qui s'exposent, dans un milieu tranquille, à
de sévères répressions et entrent en conflit violent avec une
société qu'ils ont brillamment défendue.

Cette harmonie par différenciation des fonctions, si
elle est virtuellement possible, ne l'est pas toujours réellement. Certaines oppositions, dans les circonstances
où elles se produisent, sont irréductibles et ne peuvent
que mener au conflit. Et l'on ne saurait espérer de la
division du travail, de la division des sentiments et des
idées, la fin des luttes de personnes, des luttes de partis,
des luttes de classes, même des luttes de nations. Nous n'a-
vons été que trop tendres aux illusions, trop enclins à
rêver, comme d'une chose possible, d'une harmonie générale des intérêts, des croyances et des opinions, vers
laquelle il convient de s'efforcer de son mieux parce que
c'est le moyen de s'en rapprocher un peu, mais qu'il ne
faut pas se flatter d'atteindre, parce que c'est le moyen
d'en empêcher la part de réalisation possible, en faisant
écraser ceux qui ont trop espéré la concorde et n'ont pas
assez voulu préparer la lutte éventuelle et toujours menaçante.

Ce qui est souhaitable, ce qui arrive quelquefois, c'est
que même le conflit, même la rupture violente de l'association soit mise aussi au service du « même », employée à préparer une meilleure harmonie future. Un
procès, une rixe, une grève, une guerre peuvent, à travers les maux, mener une forme d'association supérieure
à celle qui la précédait et peut-être ne l'aurait-on pas obtenue par des moyens plus doux. Les nombreuses luttes
que Rome a dû soutenir ou qu'elle a voulu entreprendre
ont permis la floraison d'une forme sociale bien supé-

rieure à beaucoup d'égard à ce qu'elle a remplacé. Nous autres, comme successeurs des Gaulois sur le sol de leurs pays et comme héritiers en même temps des traditions romaines, nous pouvons partager nos sympathies entre César et Vercingétorix, et puisque les divisions des Gaulois ne permettaient pas une union durable entre eux, nous féliciter que l'influence romaine ait contribué à créer une France.

On ne voit guère d'ailleurs qu'une grande association se fonde et se développe sans conflits violents, plus ou moins étendus. La formation du « même » français est l'histoire de guerres extérieures et de guerres civiles. Le même n'arrive en général à vivre et à se subordonner l'autre que par la force et le conflit. Cela n'est peut-être pas logiquement nécessaire si nous ne considérons que des abstractions, mais si nous regardons l'humanité sans parti pris, nous comprenons vite que pour elle il ne saurait, dans bien des cas, en être autrement. Même quand la violence n'intervient pas, d'ailleurs, la lutte n'en existe p a moins et ses conséquences n'en sont pas beaucoup moins tristes. Ni la concurrence commerciale, ni les concours dont notre civilisation use avec un si médiocre discernement, ni les mille autres formes de la lutte pacifique pour la vie, pour l'amour, pour la puissance ne vont sans désordres, sans souffrances, sans ruines et sans deuils. La vie de l'association, le triomphe du même exige tous ces maux, grâce à la maladresse de l'homme. Il a voulu s'élever plus haut que ses facultés ne l'y incitaient, il a rêvé des destinées surhumaines, et il s'agite désespérément dans la boue sanglante, édifiant à grand'peine les fragments souillés et débiles du splendide palais qu'il a cru entrevoir dans l'avenir.

IV

L'association, créatrice du même.

L'association, la synthèse, se fonde sur des ressemblances, sur des harmonies qui tiennent à des identités partielles. Mais son caractère principal est moins de mettre en valeur des similitudes déjà réalisées que de créer avec les ressemblances de ses éléments, et, en s'aidant aussi de leurs différences, une ressemblance nouvelle et essentielle qui, à des degrés divers, leur est commune à tous, un « même » inédit qu'ils ne pourraient avoir sans elle, et qui tient précisément à ce qu'ils sont des éléments de la même association. Nous avons été déjà conduits à cette remarque par une autre avenue. Sans doute, il a fallu que les Bretons et les Gascons, les Normands et les Provençaux eussent quelques traits communs pour qu'il se formât une France. Mais c'est surtout parce qu'il y a une France que les habitants de toutes ses provinces ont certains caractères communs, et en particulier, celui qui les unit plus que tous les autres, celui d'être Français, et tous ceux qui dérivent de celui-là ou n'en sont que les éléments. Et sans doute aussi, c'est parce que des jeunes gens se ressemblent à certains égards, qu'ils ont des goûts analogues et de semblables aptitudes, qu'ils entrent à l'École polytechnique ou à l'École normale, mais parce qu'ils y sont entrés et qu'ils y font partie d'un système vivant, ils acquièrent des ressemblances plus grandes et comme une forme mentale particulière qu'on leur voit conserver encore quand ils en sortent et même quand ils se séparent de leur École, quand ils réagissent contre ses enseignements. Comparez Taine et Renan, par exemple. Leur rôle n'est pas sans analogie, ni leurs doctrines sans concordances. Le premier a réagi vigoureusement contre la philosophie universitaire, et le second avec une persistance insinuante et douce contre la religion qu'il avait aimée et servie, Taine n'en gardait pas moins la marque du normalien qu'il avait été et Renan celle du prêtre qu'il s'était préparé à devenir. Ai-je besoin de dire que ce n'est pas là une critique ? On garde toujours l'empreinte des systèmes puissants dont on a fait partie. Et si un homme n'en a traversé aucun — en supposant que cela se puisse — peut-être alors lui manque-t-il précisément à certains égards d'avoir une marque. Une religion, un syndicat, une école, le lycée ou l'école primaire même pétrissent ainsi les esprits et les âmes, les amènent d'une ressemblance lente et imparfaite à une ressemblance organisée et unifiée, leur donnent une unité plus ou moins durable et qui laisse généralement sa trace, si le système était puissant, même quand les éléments ne font que passer dans le tourbillon organisateur et s'y engager un moment, comme c'est le cas quand il s'agit de systèmes chargés moins d'organiser la vie que de la préparer.

L'esprit et l'organisme ne se comportent pas autrement à l'égard des éléments dont ils sont la synthèse, et comme la société. Une idée, un sentiment, s'il pénètre dans un esprit en prend généralement l'allure, les qualités, les caractères singuliers. Cela se produit d'autant plus que l'esprit est mieux organisé, plus systématique, qu'il a pris à un plus haut degré les caractères d'une synthèse, d'autant plus aussi que l'esprit est plus personnel au sens péjoratif du mot, plus raide, plus incapable d'extension et de souplesse, que sa forme propre est plus définitive, moins susceptible d'évoluer. Une idée, un sentiment, une passion en se communiquant à un individu y prennent des caractères qu'ils n'avaient point chez les autres, et en perdent aussi quelques-uns. Les disciples défigurent toujours un peu les idées de leurs maîtres, même lorsqu'ils n'ont pas une puissante originalité, à plus forte raison lorsqu'ils se rapprochent d'eux par la force de la pensée. Comparez Comte et Littré, Kant et Renouvier. L'amoureux ne communique pas à l'amoureuse un sentiment exactement analogue au sien, l'amitié se colore, chez plusieurs amis, de nuances bien différentes, le meneur ne transmet pas exactement à ceux qui le suivent ses croyances et ses désirs. On comprend fort bien que le maître, le conducteur, renient souvent les disciples, les imitateurs et refusent de reconnaître leurs propres idées dans celles qu'elles sont devenues. Faites causer diverses personnes sur leurs croyances religieuses, vous serez vite édifié sur les différences que revêtent en des esprits différents des idées qui semblent immuables et définitivement fixées, sur les hardiesses d'interprétation et les divergences qui n'empêchent pas leurs auteurs de se réclamer de la même doctrine. Nous retrouverions ici autant d'exemples de la « division des idées et des sentiments » qu'il nous plairait d'en avoir, mais nous n'avons à les prendre maintenant que comme exemples de la création d'un « même » particulier par chaque individualité synthétique.

Il est possible d'avancer encore. Les idées et les désirs qui au cours de la vie de l'esprit s'associent à un désir supérieur, à une idée plus vaste, y voient leurs propres virtualités exaltées d'un côté, restreintes de l'autre. Un nouveau « même » s'impose à eux. En entrant dans un tourbillon déjà formé, en en adoptant le sens et la direction, ils abandonnent au moins une partie de leurs tendances propres, renoncent à quelques fantaisies individuelles, laissent inhiber quelques dispositions qui leur auraient permis, soit d'agir par eux-mêmes et pour eux-mêmes, soit de s'affilier à d'autres systèmes psychiques, ou bien qui leur restaient de leur passage à travers des associations différentes. Les éléments psychiques comme les éléments sociaux ne doivent garder et tendent à ne garder que les goûts, les tendances, les possibilités d'action qui les unissent à leurs compagnons dans la même direction générale et leur permettent de maintenir ou développer le caractère commun de tous les éléments d'un même système, en rapport étroit et direct avec l'œuvre commune à laquelle ils collaborent. Assurément cet idéal d'association ne se réalise jamais tout à fait dans les associations d'hommes ni même dans les associations psychiques, mais les associations ne sont de vraies associations que pour autant qu'elles s'en approchent.

Il est bien évident que les formes compliquées de l'association, les sociétés humaines et les synthèses psychiques permettent de pénétrer dans les phénomènes intimes de la synthèse mieux que les formes plus simples et à certains égards moins éloignées de la perfection comme les combinaisons chimiques. De celles-ci je n'ai presque rien à dire. Nous comprenons bien que certaines affinités y sont au moins momentanément enrayées, refoulées, supprimées peut-être. Nous savons qu'elles persistent en un sens et à certains égards puisque la présence d'un réactif peut les remettre en activité et détruire la synthèse existante pour en créer une autre. Mais nous n'aurions guère semble-t-il, d'autres moyens de pénétrer dans l'intimité des phénomènes que d'attribuer assez hypothétiquement aux composés chimiques les caractères d'associations plus complexes.

Pourtant les combinaisons chimiques peuvent nous servir à comprendre les combinaisons sociales et la nature générale de l'association, la forme de la synthèse, sa force et sa valeur. Elles nous aideront à nous préserver d'une erreur où nous attirent les sociétés humaines et qui est de diminuer l'importance de l'ensemble au profit des individus, de restreindre l'action de la synthèse même. Dans certaines associations chimiques surtout il est extrêmement frappant de voir à quel degré les propriétés du composé diffèrent de celles du composant. L'exemple vulgaire de l'eau est fort remarquable. A coup sûr, aucun homme ne pourrait comprendre à priori la composition de l'eau, ni deviner, en connaissant l'hydrogène et l'oxygène, ce que donnerait l'union de deux atomes de l'un avec un atome de l'autre. La création du « même » par l'association et sa domination sur l' « autre » sont ici extrêmement nettes. Au contraire, dans les sociétés comme dans les mélanges, et aussi dans certaines combinaisons chimiques, il semble que la nature du composé s'explique sans peine par celle des éléments, qu'on peut la prévoir, et que le « même » social préexistait en quelque sorte et à quelque degré dans chacun des membres de la société.

Si l'on y regarde de près, d'ailleurs, on voit bien que, comme nous avons été amenés à le croire, dans la société et dans la molécule, la combinaison influence la nature du tout, et crée toujours dans une certaine mesure le « même » dominateur. La psychologie des foules a contribué à élucider cette question (1). On a souvent

(1) Voir les ouvrages de Tarde, Le Bon, Sighele.

rappelé le vieux mot: *Senatores boni viri, senatus autem mala bestia.* Tarde, quoique plutôt enclin à trop accorder à l'individu et à diminuer l'importance de la synthèse, a montré l'influence de l'association en distinguant la foule amorphe de la collectivité organisée. La « foule » (qui à mon avis n'est pas précisément une masse inorganique mais une synthèse passagère et très peu systématisée), rabaisse la moyenne générale de ses membres, la collectivité organisée la relève. Tarde affirme par exemple que, bien que les gendarmes soient en général intelligents, la gendarmerie est plus intelligente que les gendarmes.

La loi qui semble en somme se dégager, c'est bien que, lorsque la synthèse est supérieure à l'individu, lorsqu'elle est mieux systématisée que lui, plus unifiée, plus organisée, elle élève l'individu, lorsqu'elle l'est moins, elle le rabaisse. Une administration, un corps quelconque, fondé selon une pensée puissamment organisatrice, qui a fonctionné, s'est amélioré par l'expérience, s'est créé des traditions, encadre l'individu, le soutient, le dirige, en tire parfois plus qu'on n'aurait attendu de lui. Un concours d'hommes individuellement médiocres ne dépare pas une bonne administration. Inversement, une foule inorganique, où le mélange est plus réel que la synthèse, n'impose guère cette coordination d'efforts, même en vue d'un but très simple qui est atteint parfois, mais dans le désordre et la confusion. Cette foule rabaisse l'homme qui s'y glisse. L'association, si imparfaite soit-elle, crée bien un « même », mais c'est un même grossier et simple qui ne sait pas utiliser avec à propos les différences. Chacun a pu observer dans le même ordre de faits que la conversation, à moins de circonstances exceptionnelles, est moins intéressante, quand plus de personnes d'intelligence et d'instruction inégales y prennent part.

Peut-être, remarque-t-on plutôt les influences des individus sur le système social que celle du système sur les individus, tandis que l'on remarque moins l'activité indépendante, pourtant si réelle, des éléments psychiques que l'influence synthétique de l'individu sur cette activité. C'est que l'homme est précisément l'élément de la synthèse sociale et la synthèse des éléments psychologiques. Les influences de l'ensemble n'en sont pas moins extrêmement importantes. L'armée fait le soldat peut-être plus encore que le soldat ne fait l'armée. Si nous pouvons mieux comprendre dans le détail cette influence que celle de la combinaison chimique sur ses éléments, celle-ci nous aide au contraire à la mieux comprendre dans son ensemble. La synthèse de l'oxygène et de l'hydrogène, celle de l'hydrogène et de l'azote nous font assister à la formation d'un « même » qui ne préexistait pas dans les éléments, elle unit les éléments de manière à rendre possibles bien des actions communes qui, séparées, leur étaient interdites. Le pouvoir créateur de la synthèse est ici évident. Toute synthèse, même imitative et répétée, est une sorte d'action créatrice à certains égards, elle crée un « même » et lui subordonne des différences toujours persistantes.

V

L'importance et la fonction de l' « autre. »

§ 1. — *L'assimilation. Assimilation et imitation.*

L'association comporte normalement deux tendances opposées, l'une d'assimilation et d'union, l'autre de différenciation et d'opposition. Celle-ci, normalement, se subordonne et ne doit servir qu'à la gloire du « même ». Il est aisé de voir que, par elle-même, elle tend, quoiqu'elle y soit indispensable, à dissoudre l'association. Dès qu'elle domine et se subordonne le même, l'association est en péril, elle se relâche, se trouble, disparaît. La fonction de l' « autre » est donc de se dissimuler, d'être, par la division du travail, tourné vers la consolidation du même qu'il menaçait, tout au moins d'être rendu impuissant. Et c'est l'association même que cette unification relative et cette hiérarchie harmonisée de tendances qui naturellement s'opposent.

L'association étant essentiellement le triomphe du même, on serait volontiers tenté de croire que l'assimilation croissante mène l'union à sa perfection et prépare une association de plus en plus forte. Le différent, de plus en plus réduit, finirait par disparaître, et l'unité absolue régnerait sur un univers sans discordances. Nous avons entrevu déjà qu'il n'en est pas ainsi.

Le même tend à grandir et à se développer, en certains cas au moins, et quand les circonstances s'y prêtent. Ce développement de l'unité, c'est l'évolution et il faudra plus tard l'examiner assez longuement. N'en disons ici que ce qui est nécessaire pour mieux comprendre l'association.

On surprend souvent dans l'évolution, parmi d'autres caractères, la diffusion du « même » tel quel, la tendance d'une forme d'existence systématisée, ondulation, rythme de mouvements moléculaires, formes de vie, formes de pensée à s'étendre et à se répéter. C'est là un grand fait dont Tarde a magistralement étudié, comme chacun sait, sous le nom d'imitation, une face importante. Il s'en faut de beaucoup, à mon avis, que l'imitation soit toujours un fait essentiel dans les sociétés. L'association est toujours une assimilation, mais une assimilation créatrice d'espèce particulière. L'imitation la sert parfois, et parfois la dessert. Il faut d'ailleurs, quoi qu'il en soit, reconnaître que Tarde a légitimement agrandi le rôle réservé jadis à l'imitation. Par elle — ou plutôt avec son aide, car il faut faire la part de l'adaptation spontanée des esprits à des circonstances analogues et d'autres facteurs encore — les idées se répandent, les sentiments se communiquent, des types généraux se dessinent, des « esprits » apparaissent, esprit d'une époque, esprit d'une classe, esprit d'une nation. Elle se rattache assez étroitement à cet ensemble de faits qu'on appelle l'adaptation au milieu, mais, si liées que soient l'adaptation et l'identification même avec l'imitation, elles diffèrent pourtant, et il faut se garder de les confondre. L'imitation est une opération de l'individu plutôt que de la synthèse sociale ; elle n'a pas par elle-même le caractère d'harmonie que la synthèse garde toujours. L'imitation et l'assimilation sociale s'entr'aident parfois, il n'est pas rare qu'elles se combattent.

Imiter un chef, c'est sans doute accepter ses idées, ses conceptions, chercher à les réaliser, c'est-à-dire le suivre et lui obéir. Et c'est bien ainsi que Tarde l'entend. Mais imiter un chef, c'est aussi vouloir commander, vouloir se faire obéir par lui comme il veut se faire obéir par nous. Et alors l'imitation que l'on en fait, au lieu de créer le lien social, l'empêche de naître ou le détruit. Il y a des similitudes qui attirent la concorde et l'amour, il en est qui provoquent la guerre. L'imitation crée assez indifféremment les unes et les autres. Elle est parfois sociale, parfois antisociale, parfois à peu près neutre. Il est souvent dangereux de transmettre aux autres ses pensées et ses sentiments. La devise du chef est forcément : « Faites ce que je dis de faire et non ce que je fais ; pensez, sentez comme il convient à votre fonction, non comme il convient à la mienne. » Pour que l'imitation ait une vraie valeur sociale, il faut qu'elle s'appuie sur d'autres réalités qu'elle-même, qu'elle incarne d'autres principes que le sien propre, qu'elle s'accommode aux nécessités supérieures du « même » et de la division harmonieuse des idées, des sentiments et des actes. Il n'y a pas de raison pour que l'imitation, en tant qu'imitation, tende spécialement à réaliser le « même » social. Elle peut répandre au contraire des idées, des sentiments, des tendances qui vont contre la vie sociale. L'imitation d'un individualiste intempérant tendrait à réaliser dans la mesure du possible pour tous les individus le « splendide isolement » dont un grand pays s'enorgueillissait naguère, peut-être pour s'en consoler. Elle serait donc, sans se contredire en rien, exactement l'opposé en ce cas d'une cause d'association. Ce qu'il faut retenir de la doctrine de Tarde, c'est que l'imitation tient un rôle très important dans la vie sociale. Il est vrai aussi qu'une certaine assimilation, d'un genre spécial, est un caractère essentiel de toute association, mais cette assimilation, ce n'est pas toujours l'imitation qui la crée, ni même, peut-être, le plus souvent.

§ 2. — *Assimilation et association.*

L'assimilation qui fait la société peut aussi la défaire, et tend même à la supprimer si elle n'est pas compensée par la diversité et par la division du travail. Mais elle ne va jamais à substituer à l'association, comme l'imitation pourrait le faire, un individualisme anarchique. Elle ferait évanouir l'association, qui est une pluralité, en instituant l'unité absolue. Toute chose, en tendant à sa perfection, tend par là même à disparaître, C'est la loi d'évanescence que nous retrouverons dans une autre partie de ce travail.

Que l'association atténue les différences, c'est une de ses conditions d'existence. Il faut que chacun de nous ressemble plus à ses compagnons que sa nature propre ne l'y amènerait spontanement. Il faut surtout qu'il ressemble davantage à ce type idéal d'homme social que créent, chacune à sa façon, les diverses associations d'hommes. Et c'est là que se trouve la véritable forme de l'assimilation associative. La personnalité de l'individu peut d'ailleurs s'enrichir par là, dans le commerce de ses associés, mais elle doit perdre quelque chose de son indépendance et de son originalité. Il faut qu'il soit moins lui-même, qu'il soit davantage les autres. La vie sociale réclame la subordination de ses différences personnelles au même général, et pour cela elle demande sur plusieurs points leur atténuation ou leur sacrifice. Ne nous attendrissons pas trop, d'ailleurs, exception faite pour quelques cas très fâcheux, sur cet effacement des individualités, sur le poids social alourdi sur chacun de nous. Les idées, les sentiments, les tendances que la société propage sont bien souvent fort médiocres, mais en bien des cas ceux qu'elle comprime et qu'elle atrophie valaient moins encore.

L'assimilation progressive tend à supprimer l'individu. Elle n'y arrive que très imparfaitement, mais les mots qui désignent les résultats parfois obtenus : union, unanimité, âme collective, organisme social, sont assez significatifs. Métaphores sans doute, mais qui laissent paraître, sous leurs broderies, une essentielle vérité. A mesure que la société se développe, l'individu peut gagner à bien des égards, mais il perd en indépendance, en individualité. Il a de moins en moins en lui sa valeur propre et sa raison d'être. L'existence réelle passe de plus en plus de l'individu au groupe social. Quelques faits bien connus et d'ordres divers éclairent aisément cette vérité. Dans la famille rigoureusement systématisée, dans la famille de la cité antique, on sait combien l'individu compte peu, s'il n'est le chef, celui en qui s'incarne le groupe. Dans un très bon orchestre on remarque moins la valeur propre et même l'existence des différents exécutants. Dans un accord consonant, les divers sons s'unissent au point de ne donner que l'impression d'un son unique, bien plus que dans un accord très dissonant. Dans les groupes très liés la responsabilité de l'individu tend à disparaître devant la responsabilité du groupe, c'est que l'individu, ayant moins la libre disposition de ses puissances d'action, ne saurait avoir la pleine responsabilité de ses actes qui doit remonter à la société dont il est l'agent et le représentant. On a reproché aux Français dans leurs jeux — et même en des circonstances plus graves — de trop rechercher la virtuosité personnelle, de ne pas se subordonner assez à leur groupe. La bonne conduite d'un ensemble exige l'effacement des fantaisies individuelles, et des parties même brillantes de la personnalité si elles ne servent pas strictement la vie de l'ensemble.

Que d'ailleurs il devienne utile de desserrer certains groupes, pour laisser se former des groupes supérieurs, c'est une autre question. L'évolution des sociétés a pu, en effet, assouplir successivement certaines associations, émanciper relativement les individus, laisser même exalter l'individualisme, non point pour affranchir vraiment les éléments humains, mais pour les engager en des groupes différents, souvent plus vastes, et parfois sans doute plus oppressifs. C'est ainsi que se sont affaiblis au cours des âges la famille, les liens de la féodalité, les classes, les corporations pour permettre à l'État de s'organiser plus fortement. C'est ainsi qu'on aurait voulu affaiblir les nations, les patries, pour préparer une association plus intime et plus serrée des hommes en quelque unité plus vaste. Sur les avantages, les risques, les dangers, la nécessité éventuelle de ce procédé, sur ses hypocrisies aussi (car on prétend volontiers affranchir l'individu quand on ne fait guère que changer ses liens et peut-être aggraver sa servitude, comme on crie bien haut qu'on affranchit l'art quand on remplace de vieilles conventions par de nouvelles) il y aurait beaucoup à dire. Il suffit ici d'en reconnaître le sens général.

Rappelons encore certaines expressions que suggère la passion amoureuse, les « âmes confondues », les deux êtres qui n'en font plus qu'un, les cœurs qui « battent à l'unisson ». Ces façons de parler et de sentir, ou de s'imaginer qu'on sent, sont devenues banales. Elles indiquent la tendance à l'unité avec cette exagération qui accompagne si souvent, chez l'homme, l'émotion sexuelle. Elles restent pourtant, les réserves faites, assez significatives.

Au delà, l'on ne trouve guère que des conceptions métaphysiques. L'unité absolue a été acceptée comme un idéal supra-humain. Les religions et les philosophies ont offert, sous diverses formes, à notre admiration et à notre désir, la société parfaite. Déjà la Trinité chrétienne nous donne la fusion de trois personnes en une substance, et l'idée n'en est pas plus contradictoire qu'une foule de notions communément admises. Mais il semble bien que, dans la société chrétienne du Paradis, les personnalités ne disparaissent pas absolument. Le panthéisme idéaliste a pu aller plus loin, unir en une seule substance l'univers entier, et faire entrevoir l'absorption en Dieu, la perte définitive, au terme d'une longue évolution, de toutes les personnalités confondues et identifiées dans une substance unique, dans un absolu qui explique, soutient, attire et finalement absorbe toutes les existences contingentes. Et l'individu se perd complètement dans une sorte de société absolue.

Seulement les conditions de l'existence, et par conséquent de l'association, sont ici dépassées. Des êtres qui deviennent absolument indistincts, qui ne s'opposent en rien, et par conséquent ne se caractérisent en rien, perdent toute existence en perdant toute différenciation. Si l'association existe, elle implique bien la diminution de la réalité des individus, elle n'en peut admettre la suppression absolue. Une association de purs néants, que serait-elle qu'un néant? Si les âmes s'assimilent à Dieu et se résorbent en lui, c'est la fin des âmes; mais c'est aussi la fin de Dieu. La société sans doute existe en un sens d'autant plus que ses éléments existent moins, mais c'est jusqu'à cette limite où, les éléments n'existant plus du tout, la société disparaîtrait avec eux. L'âme collective et une ne peut exister qu'en s'opposant soit à ses éléments, soit à quelque autre réalité. Si nous écartons par hypothèse le premier terme de l'alternative, et si, d'autre part, toutes les réalités venaient à n'en faire qu'une, plus rien ne subsisterait. La substance infinie et absolue où tout vient s'unir et se confondre, c'est le pur néant.

§ 3. — *Opposition.*

L'association comporte ainsi toujours, à côté des ressemblances, des différences et par conséquent des oppositions. Cette discordance est nécessaire à cette harmonie. La musique qui nous représente si fidèlement, si profondément, une sorte d'idéal de la vie de l'âme et de la vie des sociétés, pourrait nous en avertir. L'unisson n'y constitue pas une harmonie. A plus forte raison un son simple où aucun élément ne différerait des autres. Une collection d'hommes très semblables et qui s'imiteraient parfaitement ne serait pas non plus une société, et ne pourrait vivre.

Toute différence est essentiellement une opposition, opposition virtuelle au moins ou inaperçue qui deviendra, si les circonstances s'y prêtent, opposition réelle, opposition de nature qui, même voilée, même utilisée pour l'harmonie, tend à provoquer la lutte. Latente et non remarquée, l'opposition agit encore; elle intervient dans l'inconscient, dans le subconscient pour diriger la conduite. Chacun de nous, instinctivement, parfois inconsciemment, mais assez souvent non sans souffrance, s'abstient d'agir et même s'abstient de penser et de sentir comme sa nature individuelle l'y porterait. Il sent vaguement la répression possible, le blâme, l'antipathie qui le menacent, ou simplement la présence d'associés différents de lui qui gênent toujours son expansion. Il lui arrive même de s'abstenir de pensées que nul ne pourrait connaitre, car les autres veillent sur lui, installés au fond de sa conscience, et parviennent toujours un peu à le diriger malgré qu'il en ait, ou, parfois, avec sa complicité (1).

Peut-être pourrait-on synthétiser toutes ces actions inhibitrices, si essentielles à la vie sociale, dans le fait du « respect ». Le respect suppose l'opposition au moins latente des désirs et des idées, et il intervient précisément pour que cette opposition n'aboutisse pas au conflit. On ne respecte guère que ce qui gêne un peu. Respecter les droits, les sentiments, les susceptibilités d'autrui, cela implique quelque sacrifice volontairement consenti. Et le respect nous entraîne à contenir non seulement notre activité, mais nos désirs et nos idées, à éviter même un conflit tout intérieur. Ce respect superficiel ou profond, senti ou inconscient, est inspiré par l'affection, par la crainte, par le prestige subi, par l'éducation et la routine, il est aussi, semble-t-il, parfois le résultat d'une inhibition directe provoquée par la présence ou l'action d'autrui. La crainte sous toutes ses formes y tient une grande place. Que l'on considère la famille, un parlement, un gouvernement, une réunion d'amis, on verra combien la pensée, l'impression vague ou nette de l'opposition qu'on va rencontrer, l'influence directe de l'autre, empêche de penser, de sentir et d'agir. Pour ne parler que de la vie politique, la crainte de l'opposition sous toutes ses formes (débats parlementaires, campagnes de presse, propagandes hostiles, désaffections et émeutes, révolutions, assassinats) empêche un pouvoir de réaliser toutes ses virtualités, contribue à maintenir un équilibre supportable. Une bonne opposition est ainsi utile à un pays et même à son gouvernement s'il sait en profiter habilement. Inversement,

____

(1) On peut voir sur ce sujet ma *Morale de l'Ironie*.

la crainte du pouvoir et de ses actes (coups d'État, répressions violentes, procès, privations d'emplois, de faveurs
diverses, etc.) adoucit certainement des oppositions prêtes à
se dresser contre lui, tant que sa force impose le respect.

La réalité et l'utilité de ces oppositions latentes dans
une société organisée se manifeste clairement quand les
circonstances affaiblissent ou suppriment à la fois l'inhibition réciproque et l'harmonie sociale. On nous dit que,
chez certains peuples sauvages, la mort du chef est le
signal d'une complète subversion. Mais chez les plus civilisés une révolution ne va pas sans heurts, sans secousses,
sans une quantité de conflits particuliers, de troubles de
diverses espèces, en dehors même de la lutte essentielle
qui vise à détruire le gouvernement, et qui est elle-même
le déchaînement d'une hostilité jusque-là contenue par ce
qui subsistait de respect réciproque. Et, d'autre part, nous
ne pouvons pas ignorer les abus du pouvoir auquel
manque un contre-poids suffisamment lourd, les luttes,
les sacrifices qui en dérivent. L'équilibre social, comme
tout équilibre, ne se réalise que par des oppositions de
forces, des limitations réciproques d'activité. Si les circonstances viennent ébranler l'édifice, si le vent souffle
sur le château de cartes, les oppositions latentes éclatent et
amoncellent les ruines.

De même, l'équilibre mental résulte de l'opposition harmonieuse des désirs, des idées, des tendances de tout
ordre, de leur subordination générale et, à quelques égards,
réciproque en vue du maintien de l'ensemble. Lorsque la
différence, l'opposition réciproque des éléments s'affaiblissent, quand une idée devient trop prépondérante, un
désir trop dominateur, des conflits aigus apparaissent,
l'équilibre est troublé. Pareillement, dans les désirs eux-
mêmes et dans les idées, l'équilibre est dû à l'opposition

contenue et organisée des éléments et la prédominance
exagérée de l'un d'eux qui tend avec excès à devenir le
« même » de l'association peut amener la rupture du système.

Il y aurait sans doute à tirer de tout cela des considérations pratiques. Je n'ai pas à m'en occuper longuement
ici, et elles n'auraient sans doute rien de très imprévu,
l'expérience s'étant chargée de les suggérer plus ou moins
nettement. Ce qui nous importe davantage, c'est de remarquer que ni l'imitation ou l'assimilation, d'une part,
ni, d'autre part, la division du travail, ne sauraient suffire
à créer une association. Le principe même de l'association
les suppose toutes deux. Il exige le même et l'autre, et
il subordonne l'autre au même sans doute, mais l'autre
lui est aussi nécessaire que le même.

Et il me semble que tout ce qui précède nous permet
en même temps de comprendre pourquoi il en est ainsi.
C'est que la ressemblance trop grande des éléments ne
permet pas la naissance ou le développement du « même »
social, de cette ressemblance sociale qui fait vivre la
société. Ainsi disparaît l'apparence peut-être contradictoire des diverses propositions auxquelles nous étions
arrivés. Le « même » synthétique ne peut résulter que
d'une combinaison de ressemblances et de différences.
La ressemblance essentielle des éléments d'une association résulte de leurs différences et la suppose. Sans
ces différences, les ressemblances des éléments restent
impuissantes à constituer une société solide et forte, ces
ressemblances mêmes peuvent les en empêcher quelquefois. Des personnes peuvent être passionnées de littérature et ne pas être capables de fonder une association
littéraire, il faut aussi que quelques-unes d'entre elles
aient des aptitudes en quelque sorte administratives, ou

le don de diriger l'activité de leurs compagnons, le don d'initiative nécessaire pour provoquer les réunions, solliciter des travaux. Toutes ces qualités établissent entre les futurs confrères des différences sans lesquelles leurs goûts semblables pourraient les laisser isolés, ou presque sans liens les uns avec les autres. Avec elles, au contraire, et grâce à elles, par la division des goûts et des fonctions, une synthèse pourra s'opérer, créer un « même » qui fera prospérer les ressemblances, et leur soumettra, se soumettra surtout à lui-même les différences. Il peut même arriver que la ressemblance qui a provoqué l'association ait à se soumettre au « même » associatif. Si une société littéraire veut vivre, elle peut bien être obligée, en certains cas, de faire passer le souci de la littérature après d'autres considérations. On peut faire des remarques analogues sur toutes les sociétés observables, et nous pouvons y constater que les ressemblances dominantes, celles pour le triomphe desquelles l'association a été créée, peuvent parfois être subordonnées au même essentiel de l'association. Ainsi s'avère encore une fois la puissance de la synthèse en tant que synthèse et s'affirme, en s'expliquant, la nécessité de la différence.

VI

**La hiérarchie associative et les représentants
du « même » essentiel :
dirigeants, associés, esclaves et instruments.**

§ 1. — *Division du travail et hiérarchie.*

La division du travail conduit à la hiérarchie des fonctions. Ni toutes les fonctions n'ont la même importance, ni tous les éléments d'une association ne représentent également le « même » social. Il semble bien que, dans certaines combinaisons chimiques, certains atomes ont un rôle prépondérant. En tout cas l'égalité n'existe pas dans le monde organique. Le cerveau d'un vertébré est certainement plus représentatif que le pied ou la main de l'ensemble de l'organisme. Dans les sociétés humaines, plus complexes, la différenciation est bien plus nette encore.

Les individus qui composent une société sont tous différents. Il peut y avoir entre eux des égalités approximatives, des équivalences apparentes, des égalités conventionnelles et légales, il n'y a pas d'égalité réelle. Leurs fonctions ont naturellement aussi des valeurs inégales, même lorsqu'elles sont aussi semblables que possible, en raison des manières différentes dont elles sont remplies. Elles sont inégales entre elles pour d'autres raisons. Il en est qu'on peut sans

grand dommage confier au premier venu. Il en est d'autres
qui sont à certains moments d'une importance essentielle,
dont une seule personne peut-être était capable de s'acquitter convenablement. Il en est qui restent pour ainsi dire
virtuelles, parce que celui qui aurait pu en prendre la charge
n'a pas été porté à la place voulue, ou parce qu'il n'existait
pas au moment désigné.

Bien des confusions sont à éviter. La nécessité, l'utilité d'une fonction ne lui donne pas seule sa valeur. Il faut
aussi apprécier le type de société qu'elle permet de réaliser.
Manger est plus nécessaire que penser, la boulangerie
intéresse plus de gens que la peinture, que la science et
que la religion. Mais celles-ci, si à la rigueur on conçoit
qu'une société rudimentaire puisse vivre sans elles, créent
des associations d'un type supérieur, plus larges et plus
serrées à la fois, plus riches et plus variées. Il serait para-
doxal, certes, et faux d'estimer les fonctions sociales en
raison inverse de leur utilité visible et immédiate, moins
faux pourtant qu'on ne serait enclin à le croire.

Une illusion dont il faut se défendre c'est la confusion
de la capacité gouvernementale avec la qualité de citoyen, ou bien, avec les talents, les « capacités » quels
qu'ils soient. Il ne saurait appartenir raisonnablement à
n'importe qui de décider des questions d'alliances internatio-
nales, de paix ou de guerre, de protection même ou de libre
échange, des conditions du travail ou du rendement, de
l'opportunité, de l'incidence des impôts. C'est pourtant ce
qu'on attend actuellement de tous les électeurs. Et d'autre
part il n'est pas beaucoup plus raisonnable de penser qu'un
génie de poète ou un savoir biologique étendu, ou de
belles découvertes de chimie désignent un homme pour
indiquer au troupeau humain le chemin du bon pâturage,
l'y engager et l'y maintenir. Et je ne dis point d'ailleurs

que ces erreurs sur la division des fonctions et bien
d'autres dont je ne parle pas n'aient point quelque raison
d'être dont il faudra tenir compte pour éviter des erreurs
d'ordre opposé et peut-être aussi dangereuses.

§ 2. — *Différentes classes d'éléments engagés dans l'association.*

Tous les êtres qui sont pris dans le tourbillon social ne
sont pas, à proprement parler, « membres » de l'association,
et lorsqu'ils le sont, ils ne le sont pas au même titre. Un
esclave d'Athènes, ou même un métèque n'était pas membre
de la société au même titre qu'un citoyen. De nos jours,
chez nous, les femmes ne sont pas membres de la société
au même titre que les hommes, puisqu'elles n'ont pas de
droits politiques.

Mais on peut descendre davantage et trouver des différences plus essentielles. Très au-dessous des esclaves se
trouvent encore des êtres vivants étroitement unis à la société. Ils la servent, ils en profitent. Les chevaux, les chiens,
les chats, font vraiment partie de l'association humaine.

En sont-ils membres ? La question n'est pas absurde
en certains cas. On peut admettre une association vraie
entre le chasseur et le chien d'arrêt. Un « même » très
net l'inspire et la dirige. Et le chien, fidèle à son maître,
est parfois plus fidèle encore au « même » de l'association :
Il peut chasser avec un étranger, mais on en a vu abandonner leur associé ou leur maître parce qu'il manquait
trop souvent ou qu'il tirait sur un gibier ne relevant pas
de la quête du chien. Le différent est tout à fait subordonné au même et la division du travail nette et précise.
Au chien reviennent la quête, l'arrêt, la poursuite du

gibier blessé, le devoir de le rapporter au chasseur, à l'homme le tir et la direction générale des opérations. Il est beaucoup de sociétés humaines plus imparfaites. Le berger et son chien figurent peut-être une association comparable ; peut-être encore, avec plus de restrictions, le cosaque et son cheval.

Mais d'une manière générale, l'animal est utilisé pour un but qui n'est pas le sien, auquel il ne comprend rien et qui ne saurait l'intéresser directement. Le « même » qui l'unit à l'homme reste bien vague et bien abstrait. Sans doute n'est-il pas 'nul, puisque aussi bien il y a un « même » qui unit tout ce qui vit, et un autre, plus abstrait encore, qui relie tout ce qui existe. Mais ces mêmes ne suffisent pas à constituer une association vraie, à peine en donnent-ils une condition et un vague rudiment.

Allons plus loin encore. Au-dessous des animaux, les choses inanimées ou les cadavres des êtres vivants. Laissons de côté, parce que, quoique assez curieuse, elle ne nous apprendrait rien d'important, je crois, l'association de l'homme avec les animaux « promis aux fourchettes », et avec les plantes. De bonne heure l'homme a fait entrer dans le système de sa vie une grande quantité de matière inorganique plus ou moins travaillée, agencée, adaptée à ses fins personnelles et sociales. La matière est ainsi directement introduite dans l'association humaine. Qu'on songe seulement à nos maisons avec tous les appareils qu'elles contiennent, à nos monuments, à nos armes, à toutes nos machines si diverses, à nos cités, à nos canaux, à nos vaisseaux et à nos chemins de fer, au sol adapté à la culture ou fouillé pour les besoins de notre vie et de notre industrie. On peut dire que rien ne reste absolument étranger à notre société ; nous utilisons à certains égards les bêtes féroces, et les étoiles nous ont servi à découvrir le chemin propice. Mais la terre entière et le système solaire et l'univers prennent part à notre vie, au moins en la rendant possible et ou en fixant certaines conditions générales. Si l'axe terrestre, par exemple, était perpendiculaire au plan de l'écliptique, la diversité des saisons supprimée, notre vie, nos besoins, notre société seraient différents de ce qu'ils sont, à supposer qu'il existât quand même une sorte d'humanité. Et quand Auguste Comte se plaisait à considérer la terre comme un « Grand Fétiche » favorable à l'homme, son idée reposait bien sur un fond solide. Il est bien évident tout de même que nous ne saurions légitimement mettre sur le même plan des associés comme les hommes et des instruments comme des pioches et des marteaux, ou des conditions dé vie comme l'atmosphère et le sol.

Il semble donc que nous puissions, en négligeant les nuances qui sont innombrables, répartir en quelques grandes catégories les êtres qui prennent part à une association comme les grandes sociétés humaines.

1⁰ Les conditions générales. Elles permettent les associations humaines comme d'autres, comme beaucoup d'autres existences. Elles n'ont rien de très spécial. Seulement les associations les plus complexes et les plus souples en profitent mieux, en tirent un meilleur parti, s'y adaptent avec plus de précision. Voyez, par exemple, comment l'homme a tiré parti des saisons pour assurer sa nourriture en la variant davantage, pour multiplier ses plaisirs (voyages aux pays chauds ou aux pays froids, soirées et bals, excursions diverses, sports d'hiver ou de belle saison etc.).

2⁰ Les instruments. Ce sont les objets matériels, tels que la nature les donne ou tels que l'homme les façonne, tous les produits de l'art et de l'industrie, tout ce que le commerce met à la portée des associés. Parmi les instruments beaucoup servent à en fabriquer d'autres. On peut comprendre aussi parmi les « instruments » les végétaux et les animaux que nous mangeons, et ceux qui servent seulement à l'agrément et à l'embellissement de nos maisons ou de nos parcs. Il va sans dire qu'il y a des instruments de nature très différente et que les usages que nous en faisons sont extrêmement variés. Mais les caractéristiques de l'instrument sont d'être tout à fait subordonné normalement à tous les associés et même aux serviteurs, de ne participer que d'une façon presque insensible souvent, extérieure et relativement immuable au « même » social, d'être de simples moyens par rapport aux fins poursuivies par l'ensemble de l'association.

3° Les auxiliaires. Ce sont, pour l'homme, les animaux domestiques que l'homme élève et dresse pour certaines fonctions. Ici les ressemblances se précisent et s'affirment. Si loin que l'animal soit de l'homme, si incapable qu'il reste — sauf en des cas relativement rares — de comprendre le but de l'association, il participe pourtant beaucoup plus que la chose au même social. Il est déjà assez analogue à son maître pour que des rapports de sympathie, d'affection, de subordination voulue, de protection d'une part et de reconnaissance de l'autre, puissent s'établir entre eux. Les auxiliaires diffèrent beaucoup d'ailleurs par leurs rapports avec les associés. Il en est qui deviennent presque de véritables associés, au moins en certains cas spéciaux, il en est qui restent presque des instruments. Un assez grand nombre d'êtres vivants peuvent nous servir en vivant de leur vie propre (oiseaux détruisant les insectes nuisibles, microbes bienfaisants). On ne saurait les comparer aux autres auxiliaires, ils sont plutôt des conditions d'existence que des auxiliaires ou des instruments.

4° Enfin les associés proprement dits. Mais il diffèrent tellement entre eux que nous devons les considérer à part assez longuement et les répartir en plusieurs catégories qui prolongent la série précédente.

§ 3. — *Les associés et leurs différences.*

Parmi les associés nous distinguerons donc encore trois classes qui ne se séparent pas très rigoureusement l'une de l'autre, mais qui révèlent une hiérarchie réelle dans ses caractères généraux.

Au plus bas degré des associés nous trouvons les serviteurs, et tout d'abord les esclaves. L'esclave est une sorte de transition entre l'auxiliaire et l'associé. Il est dans un rapport de solidarité assez étroit avec l'association, il est un homme comme les associés, il peut agir, il peut comprendre, il peut aimer et être aimé, haïr et être haï. Mais ce n'est pas de lui, c'est de son maître que dépend en principe son activité. D'autres interprètent pour lui les désirs sociaux et lui tracent sa tâche et peuvent l'obliger à l'accomplir par la force. Ils ont tous droits sur lui, il leur est subordonné légalement en tout.

Les serviteurs proprement dits n'ont pas les droits des associés supérieurs. On peut ranger dans cette classe tous ceux qui reçoivent leur tâche sociale toute prête et se bornent à l'exécuter, qui n'ont pas à intervenir dans les décisions directrices, qui doivent obéir, et n'ont pas d'initiative personnelle, ni de contrôle réel sur la marche de la société. Les serfs d'autrefois, les ouvriers à certaines époques du développement de l'industrie, et quand il n'ont plus ou n'ont pas encore le droit d'association, le droit de grève, le droit de vote, les soldats en service, les femmes dans certaines sociétés, peuvent donner une idée de ce qu'on doit entendre par les serviteurs. Il est assez piquant de penser qu'il faudrait, en somme, ranger dans une classe voisine les membres du Parlement souverain, les députés et les sénateurs, si la théorie du mandat impératif, assez en vogue il y a quelque quarante ans dans les partis avancés, avait définitivement triomphé. Mais il était à prévoir qu'elle ne triompherait pas.

Au-dessus des serviteurs, les associés qui interviennent dans la direction de l'association et qui sont libres — en principe — dans le choix de leurs travaux personnels. Ce groupe est difficile à distinguer avec précision du précédent. Les soldats par exemple, serviteurs en tant que soldats, sont des associés de plein exercice en tant que citoyens et lorsqu'ils peuvent recommencer à jouir de leurs droits. Les serfs et les esclaves eux-mêmes n'étaient certainement pas privés de toute initiative dans l'accomplissement de leur tâche. La différence n'en subsiste pas moins et même les analogies qu'on peut trouver entre associés classés dans des groupes différents peuvent aider à la comprendre en la mettant en meilleure lumière.

Enfin il faut séparer des associés ordinaires les conducteurs, les dirigeants de tout ordre. Ici encore toutes les nuances peuvent être observées. Il n'est guère de personnage qui, à un certain moment et par rapport à certains autres, ne soit un conducteur et un chef. Cependant des différence énormes s'établissent à cet égard entre les associés. Des hommes qui soulèvent des nations et les lancent vingt ans de suite dans de terribles guerres où leur rôle reste toujours le premier, des hommes qui renouvellent une littérature, les grands fondateurs de religions ne peuvent être considérés comme tenant dans une société la même place, comme ayant le même genre de

fonctions qu'un paisible employé de bureau qui s'est borné
pendant trente ou quarante ans à ses écritures. Il est évident que les premiers ont une part autrement importante
dans la création et le développement du « même » social.
Il semble bien que, dans toute société, un certain fond
amorphe et sans initiative marquée, se modèle sur la
pensée de l'homme — médiocre peut-être à bien des égards,
mais supérieur en influence qui lui donne sa forme et
lui indique sa direction. Il reforme le même social et
lui laisse, quelque temps au moins, l'empreinte de son
génie spécial, il organise en général à quelque degré
la division du travail, et suscite des ressemblances nombreuses. Qu'il s'agisse de science, d'art, de littérature, de
morale, de politique, d'institutions sociales, de croyances
religieuses, le phénomène est toujours, dans ses grandes
lignes, identique à lui-même. Une société porte à quelque
degré l'empreinte de tous ses membres ; elle est surtout
créée, refondue, reformée par ceux qu'un génie éminent,
une force particulière de volonté, le hasard des circonstances ont imposés comme guides aux autres associés.

§ 4. — *Les classes d'associés.*

Cette hiérarchie des valeurs sociales est indiscutable.
On peut la considérer comme une forme de la division du
travail et de la différenciation des fonctions. Elle appelle
pourtant certaines remarques.

Tout d'abord, elle est grossièrement établie dans toutes
les sociétés que nous pouvons connaître, plus ou moins
mal, il est vrai, selon les groupes considérés. On a connu
des esclaves qui auraient dû être parmi les dirigeants et
il en est qui ont fini par s'y ranger, et qui n'en étaient

pas toujours les plus dignes. Inversement certains dirigeants — par quelque procédé que leurs fonctions leur aient
été départies — feraient de bons serviteurs ou des associés d'ordre inférieur fort convenables. Assez souvent
une fâcheuse disproportion entre la valeur personnelle et
le rang social, entre la division des intelligences et des sentiments et la division du travail nuit simultanément à
l'individu et à l'association.

Ensuite, les limites entre les groupes sont très peu
nettes, et ceci est en partie une conséquence de cela, mais
tient aussi à d'autres causes. Nous avons dû reconnaître déjà
que l'animal peut être, en certains cas, plus qu'un auxiliaire
pour l'homme et qu'il peut être pris pour un véritable associé. La ligne de démarcation n'est même pas très précise
entre l'associé et le simple instrument. Nos ongles et nos
cheveux ne sont pas beaucoup plus associés à notre vie que
le bâton à la vie de l'aveugle, le lorgnon à celle du myope
ou du presbyte. Nous nous séparons avec plus de travail de
ceux-là mais parfois avec plus de peine de ceux-ci. Nos
instruments entrent quelquefois si bien dans notre vie, et
par là dans la vie sociale, que si nous appuyons notre
canne sur le sol, c'est au bout du bâton et non à nos doigts
que nous localisons la résistance, de même que nous
croyons sentir au bout de notre plume le grain du papier
et l'écrasement du bec.

Si les instruments deviennent ainsi presque des associés, ou nous donnent la sensation d'en être, ce qui suffit
à leur en attribuer à quelque degré le caractère, il est
également vrai que des associés restent à quelque degré
ou deviennent en certains cas de véritables instruments.
Tous les hommes peuvent être pris parfois pour des
moyens, et tous les instruments ont à divers degrés le
caractère d'une fin relative.

Ils sont une fin par rapport au travail exécuté pour les préparer ou pour les acquérir. On sait assez le soin que l'on peut apporter à faire durer un instrument précieux, délicat ou fragile, un objet d'art que l'on aime comme un ami, et qui peut devenir un centre d'attraction, l'élément dominateur d'un système compliqué. Sans doute, l'objet d'art, dira-t-on, n'a pas par lui-même ce caractère de fin, la fin véritable c'est encore le plaisir que l'homme en tire et par conséquent l'humanité même. Et cela est à peu près aussi vrai que de dire que nous voyons tout en Dieu et que c'est Dieu qui est au fond de toutes nos affections. Mais un raisonnement analogue s'appliquerait aussi bien à n'importe quel associé qu'à n'importe quel instrument. Nous ne connaissons que des fins relatives, c'est-à-dire des fins qui sont ou peuvent être des moyens par rapport à d'autres fins si nous examinons philosophiquement les choses. Et si nous nous bornons à la constatation aussi simple que possible des faits, il semble bien qu'on peut arriver à préférer un animal auxiliaire, et même parfois un simple instrument, un objet inanimé, à beaucoup de ses associés. C'est un fait aussi que l'association n'hésite guère à sacrifier parfois de façon scandaleuse et parfois aussi, semble-t-il, par une triste fatalité, la santé, le bonheur, la vie même de beaucoup de ses membres à la production de simples instruments de l'association humaine dont celle-ci pourrait à la rigueur se priver.

En un autre sens encore, nous sommes les esclaves et comme les instruments de nos instruments. Nous nous habituons à eux, nous en arrivons à leur subordonner volontairement nos goûts et nos actes, à les considérer comme une espèce de « fin en soi », à leur attribuer une valeur propre indépendante de l'utilité que nous espérons en tirer. L'exemple de l'avare est trop beau, pour ne le point invoquer ici, si connu qu'il soit. Pour lui l'or a perdu son caractère de moyen, il est devenu la fin absolue, et l'avare se reprocherait de se servir de lui, c'est lui qui le sert et lui sacrifie ses désirs, ses devoirs et ses droits. Mais ce caractère de l'avarice, ce culte désintéressé de l'instrument, ce fétichisme singulier, nous le rencontrons à des degrés divers et sous diverses formes en bien des coins de la vie sociale. Un bon ouvrier, un ouvrier de l'esprit ou de la main, peut aimer pour lui-même le produit de son travail, lui subordonner sa vie et sa pensée au delà du nécessaire. Il se complaît dans son œuvre et l'aime pour elle-même, non point pour le profit qu'il en pourra tirer ni pour le plaisir ou l'utilité des autres hommes. Il sera même jaloux de ceux-ci, ne leur cédera pas volontiers ce qu'il a fait. Il peut se dévouer à son œuvre, régler sa vie sur elle, renoncer, pour la parfaire, aux joies du monde, négliger le gain, mépriser la gloire. Et l'on voit apparaître cet esprit exclusif qui anime si souvent les travailleurs passionnés de tout ordre et se traduit si bien par des formules comme : « l'art pour l'art » ou « la science pour la science ». Ne condamnons pas trop vite cet esprit, ni trop rigoureusement. Il est nécessaire et il est bon qu'il se forme, si singulier, si faux même qu'il puisse être. Il suppose un renversement de l'ordre des fins qui est une erreur évidente, mais il peut favoriser la réalisation de la fin supérieure, précisément parce qu'il en crée les moyens, et il peut contribuer à l'ordre qu'il nie. Les fins secondaires ou subordonnées sont trop aisément négligées si ceux qui ont la charge de les réaliser ne s'exagèrent pas leur importance.

Cet esprit de spécialisation absolue, ce fétichisme pénètre partout. J'ai rappelé des formules connues sur l'art et la science. Mais on a vu un roi de Prusse, le père de Frédéric II, se composer une si belle armée, qu'il craignait fort de l'endommager en l'exposant à une guerre. C'était « l'armée pour l'armée », et l'avare dirait « la richesse pour la richesse », et d'autres sans doute « l'administration pour l'administration ». Mais c'est ainsi que se forment des œuvres d'art, des sciences, des armées, des trésors, des corps de fonctionnaires qui seront d'autant mieux utilisés par la société, en bien des cas, que ceux qui les auront créés, auront moins pensé à elle et à eux-mêmes, d'autant plus beaux, d'autant plus solides, d'autant plus précieux qu'ils auront été faits pour eux, par des adorateurs qui n'auront voulu que les créer beaux, solides, riches et précieux et y auront employé aveuglément, mais avec zèle, leurs peines et leur vie.

Aussi bien ne pouvons-nous pas avoir la prétention de remonter à la fin dernière des choses et d'y subordonner notre activité. S'il y en a une et si nous la pouvions connaître, il est à croire qu'elle nous trouverait assez indifférents, et aussi très maladroits et passablement ahuris devant elle. Lui vouloir tout rapporter serait, pour beaucoup de gens, le moyen de ne jamais rien faire. Que d'ailleurs il faille tenter de s'en rapprocher, que l'interversion des rapports d'importance et de finalité soit toujours dangereuse, je le reconnais ou plutôt je le proclame volontiers. L'homme ne peut que se faire des idoles, mais leur culte, s'il ne peut être proscrit, doit être surveillé, régularisé, utilisé. Sans l'action incessante du « même » associatif, toutes les petites chapelles des arts, des métiers, des spécialités quelconques aboutiraient vite à l'anarchie.

Il apparaît d'ailleurs que bien des hommes, quelles que soient leurs fonctions, ne sont guère que des instruments. Ceux-là paraissent n'avoir pas de valeur propre, d'importance personnelle, ils ne valent guère que par les services

communs qu'en peut obtenir la société et qu'un autre à leur
défaut rendrait, en moyenne, à peu près aussi bien qu'eux.
Il ne s'agit pas ici de savoir si ce fait est moral, et si,
dans un monde où s'établirait le règne des fins, il devrait subsister. Je ne veux ici que le constater et je crains
que dans aucune société il ne soit évitable. Chair à canon,
chair à travail, chair à plaisir, c'est ce que bien souvent
les meneurs, les dirigeants ont vu dans leurs associés.
Mais eux-mêmes, revêtus de plus de splendeur et d'importance, sont restés aussi, plus qu'ils ne l'ont cru, des
moyens et des instruments. Qu'ont-ils été de plus pour
ceux qui ont tâché de les exploiter en les flattant ou qui les
ont trahis quand leur intérêt ou leur passion leur a fait
signe ? L'inégalité des hommes, pour réelle et grande
qu'elle soit, est inférieure à ce que le veut l'orgueil des
importants de ce monde. Je veux dire qu'aucun homme
n'est une fin en soi, une fin absolue, et qu'il serait absurde,
non point seulement comme le voudrait le Kantisme de
les considérer tous comme tels, mais même d'en considérer
ainsi un seul, fût-il le plus grand.

La maxime criticiste peut avoir son intérêt comme
réaction du « moi » contre le « nous », de l'autre contre
le même. Elle peut acquérir quelque utilité, acceptée et
peu comprise, en améliorant certains rapports entre associés, encore que j'aie des doutes sur son influence. Prise à
la lettre, c'est une sorte de plaisanterie inconsciente comme
de vouloir persuader au condamné à mort qu'il est de
son intérêt, au fond, de satisfaire à l'ordre et d'être exécuté. Toute la vie sociale suppose que l'individu, s'il est à
quelques égards une fin relative, s'il lui est permis de
se considérer comme tel, est surtout un serviteur du
« nous » et un moyen pour le « même » associatif. Est-ce
en les considérant comme des « fins en soi » qu'on

envoie les hommes au combat, et même qu'on sacrifie volontairement certaines unités pour préserver l'ensemble en attirant ou en accrochant l'ennemi sur quelques points ? Je veux bien qu'on les grandisse ainsi, mais c'est encore à condition qu'ils acceptent le sacrifice. Peut-être en est-il qui auraient fui s'ils avaient su où on les menait et qui meurent sans grandeur. Est-ce que ceux-là précisément, et ceux-là seuls, on n'avait pas le droit de les exposer ? Mais comment ne pas voir plutôt dans de pareils événements le sacrifice des individus à un « même » qui les dépasse, à l'être synthétique dont ils sont les éléments, à l'abstraction qui exprime un être idéal supérieur encore, à la patrie, à la civilisation, à l'humanité, à la justice peut-être. Et il se peut qu'en certains cas l'individu doive être une fin, c'est lorsque le « même » s'en accommode, mais il reste forcément et à bien des égards un moyen. Ses révoltes mêmes sont utilisées en ce sens par l'association. Il est vrai que lui aussi peut tâcher d'utiliser pour son propre avantage le parti que l'association tire de lui.

Ce double caractère de moyen et de fin existe donc à la fois dans l'instrument et chez l'associé, mais les proportions du mélange sont variables. D'une manière générale l'instrument est plutôt un moyen pour l'associé, l'associé une fin pour l'instrument, mais surtout l'un et l'autre sont des moyens pour la fin associative. Tous les autres caractères distinctifs qu'on peut relever se ramènent à celui-là qui est essentiel.

De même l'esclave, le serviteur, l'associé, le chef ne sont pas absolument distincts, leurs caractères se mêlent parfois et se combinent.

Il n'y a plus d'esclaves en titre à l'heure actuelle dans les pays civilisés. Mais beaucoup de caractères essentiels de l'esclavage survivent encore. Si l'esclavage consiste à ne pas agir selon sa propre nature, mais selon la direction que nous imposent des forces extérieures, selon une fatalité que nous n'avons pas voulue et que nous ne pouvons éviter, nous sommes tous plus ou moins esclaves, même les dirigeants, même les rois. Nous n'avons que la ressource d'y prendre goût, si, comme on l'a dit, « l'esclavage avilit l'homme jusqu'à s'en faire aimer », et si c'est là un avilissement, car en certains cas on peut croire que c'est une exaltation et l'on se fait gloire d'être « l'esclave du devoir ». Nous portons tous « sur notre épaule nue, la lettre sociale écrite avec le fer ».

Un travail plus pénible que celui de bien des esclaves, une vie aussi précaire, moins assurée, plus menacée, un assujettissement parfois plus strict, bien des blancs, bien des « hommes libres » s'y résignent parfois sans trop de peine. Ils ont des droits théoriques, entre autres celui de déposer à de longs intervalles, le dimanche, un bulletin dans une boîte rectangulaire. Mais ils ne peuvent pas toujours user de leur droit s'ils n'ont pas des âmes de héros ou des rancunes plus fortes que la crainte. Ce qu'on peut trouver triste, c'est qu'il n'est pas sûr que personne y perde toujours beaucoup. Ces droits qu'ils ont, ils ne seraient pas capables de les exercer avec beaucoup de clairvoyance et un savoir suffisant. Ces droits sont-ils beaucoup plus qu'un trompe-l'œil, et beaucoup mieux qu'une hypocrisie sociale ? Nos esclaves ont au moins de plus que ceux d'autrefois l'illusion de la liberté, et s'ils obéissent ils peuvent croire qu'ils veulent obéir. C'est une consolation appréciable.

Mais pour qui la liberté et les droits théoriques sont-ils une réalité ? Où est l'homme qui connaît le but et la marche de la société, ses ressources, ses besoins, ses maux et leurs remèdes, et qui peut agir selon son savoir ? Un tel monstre n'existe pas. Pour peu qu'un homme veuille avoir des opinions fermes sur les questions qui dépassent son métier, ses occupations habituelles, sa routine quotidienne, ses études sérieuses, presque toujours ses convictions s'égarent. Il se laisse mener par des tendances sentimentales puissantes et aveugles, par des idées abstraites dont il ne peut apprécier les incarnations. L'homme est un singulier animal : son intelligence est trop faible, trop mal éclairée, trop peu organisée pour critiquer et rectifier ses instincts, et ses instincts ne sont point assez sûrs pour qu'il puisse les employer en toute sûreté et mépriser les critiques de la raison. Aussi, qu'on le pousse à se fier à sa raison, à écouter son cœur, à se fier aux traditions, et surtout si on lui déclare que l'essentiel est « d'agir », risque-t-on de l'engager dans une voie très périlleuse. Le mieux serait une intelligence qui se méfiât d'elle-même, qui saurait voir et réfléchir, qui tiendrait grand compte des instincts et des traditions, prononcerait en dernier ressort et déclancherait une action qu'elle n'aurait pas énervée par avance. Mais s'il est aisé de tracer ce programme, il est difficile de le réaliser.

Dans les cas les plus favorables, un homme connaît une partie et un moment du « même » social qu'il aide à maintenir et à transformer. Le rôle de la raison est, en cela, plus important qu'il n'a été de mode de le reconnaître, mais il consiste aussi à reconnaître ses limites et son impuissance. L'expérience est courte, difficile à interpréter, l'instinct peu sûr. Il en résulte que nous sommes agis bien plus que notre amour-propre ne l'admet, agis par les morts et les traditions laissées, agis par nos compagnons souvent ignorants eux-mêmes de leur influence, agis par tout l'inconscient parfois hostile qui est en nous, agis par la pression des besoins sociaux. Nous sommes, surtout aux époques des crises, emportés dans un tourbillon social qui nous entraîne comme l'océan soulevé roule un noyé, sans que nous sachions d'où il vient, où il va, ce qu'il est et ce qu'il va faire de nous et des autres. Et dans ce tourbillon, l'homme s'agite comme il peut, souvent il agit, sans le savoir, à l'inverse de son désir. Ni l'homme, ni les groupes humains n'ont coutume de bien savoir ce qu'ils font. On a beaucoup parlé de l'incidence de l'impôt et de ses surprises, mais si l'on pouvait connaître les suites de tous nos actes, que de contradictions on trouverait entre les intentions et les résultats ! Encore ne faut-il pas oublier que les intentions, les vraies intentions sont en grande partie méconnues, ignorées de l'agent lui-même, que les résultats ne nous sont révélés que par fragments, imparfaitement, qu'ils n'ont jamais fini de se dérouler.

Ainsi sommes-nous tous, à des degrés très divers, des instruments et des esclaves, même les despotes les plus autoritaires. Examinez, par exemple, la vie de Napoléon Bonaparte, vous verrez comment sa carrière a été permise, dessinée, dirigée, favorisée, entravée, et brisée finalement, par des ensembles puissants de forces associatives extérieures à lui. Mais il a su pendant quelque temps s'assimiler à une part considérable du « même » auquel il se rattachait, réagir sur lui, contribuer à sa vie et à sa transformation qu'il n'avait pas commencée, qu'il n'a pas finie non plus, mais dont il a fixé un moment curieux, étincelant et dangereux. Et c'est en étant d'accord avec son maître en effet que l'esclave peut oublier son esclavage et même l'amoindrir sinon l'annuler, qu'il arrive à réagir et à déterminer à son tour l'orientation des forces qui le dirigent. Il en est du tourbillon social comme de la nature dont il est une partie : on ne lui commande qu'en lui obéissant.

Ainsi s'affirme toujours, plus ou moins dominatrice, plus ou moins étrangère, plus ou moins hostile ou favorable à tel ou tel élément, la force propre de la synthèse. L'âme sociale n'est pas l'association des âmes individuelles, mais précisément parce qu'elle les unit et les systématise, elle les dirige, les pétrit à sa guise, les emploie plus ou moins aveuglément à ses fins propres, ignorées de tous, à peine pressenties ou partiellement aperçues par quelques-uns, indécises parfois elles-mêmes et qui vont se modifiant selon les réactions des individus et la rencontre des circonstances. Pendant ce temps, la plupart des individus croient agir à leur gré et dans leur sens propre, leurrés comme des troupeaux que des maîtres indifférents mèneraient, en leur laissant croire qu'ils se dirigent eux-mêmes, vers des destinées imprévues et tragiques.

Si nous redescendons un peu, si nous considérons les rapports des hommes entre eux, et non leurs rapports avec l'ensemble social, nous avons l'occasion de faire des remarques analogues et de rectifier certaines apparences.

Dans toute société une masse amorphe et sans initiative marquée suit l'impulsion donnée par ses meneurs. Des meneurs et des modes qu'ils inspirent s'imposent ainsi, plus ou moins durables, qu'il s'agisse d'art ou de chapeaux, de robes ou de littérature, de cuisine ou de philosophie. Je crois qu'en ce moment la tendance générale, la « mode » puisque nous parlons de modes, est de méconnaître l'importance du meneur. Il ne semble pas qu'on risque d'exagérer fâcheusement l'influence des initiateurs. Il y en a beaucoup, en art, en science, et partout sans doute, dont l'œuvre a une valeur unique. Des éléments précieux manqueraient à l'humanité s'ils n'avaient pas vécu. Cependant le pouvoir de leur personnalité n'est pas absolu, il ne peut être fécond que si le germe qu'il apporte trouve le support et la nourriture qu'il lui faut. Ils ne peuvent agir sur la foule que s'ils sont acceptés par elle et choisis parmi tous ceux qui peuvent prétendre à la diriger, élus par les idées et les goûts de cette foule et par ces tendances à demi inconscientes, qui la mènent sans qu'elle le sache. Je parle ainsi du reste pour simplifier les choses sans les altérer; mais entre l'inventeur et la foule, les intermédiaires se pressent, vulgarisateurs par lesquels l'idée arrive peu à peu, par une voie plus ou moins longue et compliquée, en profitant des organisations spéciales comme la famille, les syndicats, les groupes d'amis, les agglomérations urbaines, la presse, les conférences, le corps enseignant, les sociétés littéraires ou politiques, les réunions publiques, les conversations, à atteindre la masse agissante et vivante d'un pays ou même de l'humanité. Ce ne sont pas toujours les mêmes hommes que la foule suit. De temps en temps elle quitte l'un pour s'attacher à l'autre, et généralement elle a le choix entre plusieurs guides. Si l'on songe un peu à l'entraînement des peuples et à la fortune des idées et des désirs, on trouve que le hasard y tient une place importante. Des événements fortuits en un sens, imprévus, qui aident à la formation des grands courants, la précipitent, la retardent, l'empêchent. Si Bonaparte n'était pas revenu d'Égypte au moment voulu, le coup d'État de Brumaire se serait fait sans lui et tout ce qui a suivi eût pu être sensiblement différent. D'autre part, l'entraînement est dû aussi aux qualités du meneur, du chef qui se propose. Elles peuvent être supérieures, comme chez Périclès et Bonaparte, elles peuvent être médiocres, et nous n'aurions pas à remonter très haut dans notre histoire pour en être convaincus.

Mais la masse elle-même intervient et les qualités du chef doivent la séduire. Il serait excessif de rendre le chef, le

conducteur de peuples ou de foules seul responsable de tout
ce qui arrive. Pourquoi l'a-t-on choisi pour le suivre lui et
non un autre ? Il est des gens d'un haut mérite à qui les circonstances n'ont point été défavorables et qui n'ont jamais
pu se faire suivre. Et ce ne sont pas toujours leurs défauts
qui leur ont nui, leurs qualités ont pu les desservir encore
plus. L'écrivain méconnu, l'artiste, à défaut de l'admiration
de ses contemporains, peut espérer une gloire posthume.
Mais l'homme d'action qu'on laisse isolé, que peut-il attendre
de l'avenir ? quelques regrets, peut-être, ou bien la reprise
par d'autres d'une partie de l'œuvre rêvée, mais ce ne sera
plus lui qui la mènera à bien.

Chacun a donc sa responsabilité. Si le conducteur répond
de sa direction, la foule est responsable du choix qu'elle
en a fait et de son obéissance. L'entraînement révèle bien
la vraie nature de l'entraîné et cette nature se révèle dans
la forme qu'elle donne, en la réalisant, à la pensée de son
conducteur, dans les transfigurations, dans les déviations
ou dans les élargissements qu'elle lui impose. Plus ou
moins bien, plus ou moins loin, l'entraînement nous
permet de pénétrer dans l'âme de la foule et de la
comprendre. Et si notre connaissance reste superficielle, c'est que le peuple que nous essayons de juger est
sans doute assez superficiel lui-même, et qu'il se laisse trop
facilement séduire, ce qui est enco	un fait assez im-
portant. Il est bien évident d'ailleurs qu'on ne saurait
porter un jugement sérieux sans tenir compte des circonstances, des nécessités du moment, des raisons du prestige,
des apparences plus ou moins trompeuses.

N'oublions pas, d'autre part, que l'élite et la masse ne
sont jamais rigoureusement distinctes. Chacun de nous est
à son tour entraîneur et entraîné, de l'élite et de la foule.
Nous sommes de la « masse » quand nous acceptons sans

les vérifier les opinions des autres, et quand nous croyons par exemple à l'existence de New-York sans être jamais allés en Amérique. Nous sommes de l'élite quand nous donnons aux autres nos propres convictions, quand nous leur communiquons nos sentiments. Qu'il y ait d'ailleurs ici des différences énormes, cela n'est pas douteux quoi qu'on n'en veuille pas toujours tenir compte. Et en tout cela c'est encore la division du travail que nous retrouvons sous une infinité de formes.

VII

La hiérarchie associative et les représentants
du « même » essentiel.
La représentation et l'autorité.

§ 1. — *La représentation*

La représentation et l'autorité, bien que rentrant dans le cadre immense de la division du travail et étant des principes de différenciation pour les éléments, méritent, par leur importance, d'être examinées à part, bien que nous les ayons entrevues déjà.

Représenter quelqu'un, un individu, une association, c'est pouvoir agir à sa place, au sens le plus large du mot, décider, penser, sentir, c'est être tel que notre pensée, notre sentiment, notre volonté puisse être prise pour la pensée, le sentiment, la volonté de ceux que nous représentons. Les éléments d'une association représentent toujours un peu quelque chose d'autre qu'eux-mêmes. En chacun d'eux se réfléchit quelque parcelle de la vie d'autres éléments, de la vie d'un groupe, de la vie de l'ensemble, mais il en est beaucoup qui représentent vraiment peu de chose, d'autres en qui vient se concentrer une importante part de la vie sociale, ou même, à un moment donné, l'ensemble de la société. Il en est dont les pensées, les décisions, les actes n'importent guère en dehors de leur entourage immédiat, ou même dans cet entourage. Il en est d'autres dont les volontés engagent un groupe entier, une nation, une association de peuples. En ce sens une assemblée souveraine, un roi, un ministre représentent bien plus l'ensemble d'une nation qu'un commerçant, un artiste, un artisan. Ils en symbolisent mieux la synthèse et l'action générale parmi les autres peuples, et leurs actes, même leurs paroles, engagent beaucoup plus vite et plus largement l'ensemble social.

L'autorité est généralement jointe à la représentation. L'autorité d'un Louis XIV vient de ce qu'il représente l'État, de ce qu'il peut arriver à se confondre avec lui. Mais bien des distinctions nuancent les différentes manières de représenter un groupe social, et comportent différentes formes d'autorité.

La représentation n'est pas attachée forcément à une seule personne. Le Comité de salut public, cette « dictature à neuf têtes », a pu représenter à certains égards la France à un moment donné, comme Napoléon un peu plus tard. Une remarque de plus d'importance, c'est que la représentation vraie est toujours, au moins pour une part, chose « naturelle » et qui ne peut dépendre absolument du choix, sauf pour les cas très simples où la fonction du représentant est infime et peut être remplie à peu près indifféremment par n'importe qui. Ni le suffrage universel, ni la volonté d'un desposte, ni l'hérédité, ni la décision d'une aristocratie ne suffisent à créer le vrai représentant d'une nation. Ils ne peuvent que créer, en certains cas, quelques-unes des conditions de la représentation efficace. La représentation parfaite est impossible à atteindre, mais on en approche très inégalement.

Il faut distinguer la représentation officielle de la représentation réelle. Chacune reste imparfaite sans l'autre et elles ne vont pas toujours de compagnie. L'une résulte de l'investiture, l'autre des qualités naturelles du représentant et de leurs rapports avec les idées, les connaissances, les désirs, les besoins exprimés ou latents, inconscients ou reconnus de la société qu'il représente. Parfois un écrivain, un orateur, un agitateur sans mandat, un membre de l'opposition représente, mieux que les gouvernements, l'état mental, les idées, les aspirations, les désirs, les besoins réels d'un peuple et d'autant mieux qu'ils ont eux-mêmes contribué à créer et à répandre ces idées et ces désirs. Ils arrivent quelquefois à changer les résolutions des gouvernants ou bien à prendre leur place. Parfois ils sont réprimés, et le gouvernement peut arriver à modifier l'esprit sinon les besoins de l'association, de manière à paraître la représenter encore.

Les conflits ne sont pas rares entre les représentants par nature et les représentants par fonction, car ceux-ci, à cause de leur organisation même, ont souvent peine à suivre le changement qui s'opère dans les idées, les désirs, les besoins de l'association. Souvent ils gardent encore l'autorité effective, la représentation de la volonté sociale quand ils ont perdu l'autorité intellectuelle et morale. De là des crises inévitables. Quand la discordance est trop grande et que des griefs particuliers la rendent insupportable, les chefs officiels ne sont plus écoutés. C'est, suivant les cas, la crise ministérielle, la grève, la révolution. Vous retrouvez partout, dans tous les domaines, ces constatations. Il serait intéressant de comparer, par exemple, à ce sujet Cousin et Auguste Comte comme représentants de l'esprit philosophique français, l'un ayant pour lui l'autorité officielle, la direction de l'enseignement, une opinion publique plus large certainement, l'autre isolé, incompris sans influence officielle, sans autorité reconnue, apprécié seulement de quelques disciples, mais représentant toutefois quelques tendances vivaces et puissantes qui allaient lui donner une autorité intellectuelle bien inférieure, certes, à celle qu'il rêvait, mais bien supérieure à celle de son brillant rival qui eût sans doute même été choqué de se voir considéré comme tel.

En général, ni les individus, ni les groupes, ne se rendent vraiment compte des intérêts généraux de la nation. Personne n'est capable de choisir avec un discernement éclairé des représentants chargés de s'en occuper. Il y faudrait vraiment trop de science, trop de pénétration, trop de force d'esprit. Ce qui subsiste d'harmonie générale est dû plutôt au conflit des intérêts qu'à une direction vraiment rationnelle. Pourtant quelques hommes s'élèvent çà et là, qui ont compris les besoins profonds de leur peuple à leur époque, et les nécessités du moment, et qui sont capables d'en poursuivre avec énergie la satisfaction. Ceux-là sont les représentants-nés. S'ils arrivent à se faire donner par surcroît une investiture officielle ils peuvent accomplir de grandes choses, d'accord avec leur nation, et parfois aussi malgré elle, car elle ne se comprend pas toujours elle-même.

Les exemples en sont bien connus. La « dictature de la persuasion » de Périclès paraît avoir assez bien accordé la direction générale d'un État avec les idées et les désirs de citoyens pourtant assez mobiles. Louis XIV a bien représenté la France, somme toute, pendant la première partie de son règne, même dans ses erreurs parfois. Napoléon semble avoir, pendant la première partie de son consulat, profondément senti les besoins généraux du pays et y avoir conformé sa conduite, d'accord avec l'ensemble de la nation. Richelieu, Bismarck ont eu de dures luttes à soutenir, pour accomplir une œuvre importante, soit contre leur roi, soit contre l'aristocratie ou contre l'opinion même du pays. Cavour, dont l'œuvre n'est pas sans analogie avec celle de Bismarck, a été mieux soutenu par le sentiment populaire.

Il semble donc que la représentation vraie de l'ensemble d'une association aussi complexe que celle d'un peuple exige une spécialisation rigoureuse, un génie particulier, un savoir abondant et sûr. Cependant, c'est pour cette fonction si compliquée que chacun se croit naturellement désigné où se juge tout au moins capable de choisir un candidat. Il est vrai qu'on ne compte pas non plus les gens qui, sans avoir étudié la médecine, ont d'abondantes idées sur les remèdes qu'il convient d'éviter et même sur ceux qu'il faut prendre. Je n'ose croire que les résultats de cette confiance soient très heureux, malgré toutes les excuses qu'on peut donner pour elle.

Ce qui est assez intéressant, c'est que chacun croit que sa spécialité propre le désigne précisément pour représenter tout un pays. C'est un des mauvais côtés de l'exalta-. tion de l'esprit professionnel. Après la révolution de 1848, un grand nombre de littérateurs crurent devoir se vouer à la politique, et le pays leur en fut peu reconnaissant. Les médecins, les savants, les philosophes ont montré assez souvent quelques prétentions à représenter l'ensemble du peuple. Les industriels et les négociants sont convaincus que rien ne prépare aussi bien à la politique que la pratique des affaires, et des ouvriers ou des paysans jugent que les classes les plus nombreuses sont toutes désignées pour la direction générale d'une nation. Mais la vogue des avocats a été plus grande et plus tenace. Et en fait on a pu trouver parmi eux, comme parmi les ouvriers, les professeurs, les écrivains et les savants, quelques hommes qui avaient le don, et une partie du savoir. C'était déjà beaucoup, mais ils auraient mieux valu encore s'ils avaient reçu à temps un dressage spécial.

Je n'en méconnais pas, du reste, les dangers. La routine et l'infatuation sont les écueils de tous les spécialistes. Il n'est pas à présumer que ceux de la politique y échapperaient plus que beaucoup d'autres. Ici comme partout un contre-poids serait nécessaire. Ce serait sortir de notre sujet que de nous attarder à le chercher. Mais tous les petits groupes représentant des intérêts relativement restreints, quoique parfois très importants, trouveraient certainement ici un de leurs emplois.

§ 2. — *De quelques différences dans la représentation.*

On entrevoit aisément l'effroyable complexité de la représentation vraie. L'universelle solidarité des associés, le « même » dont ils participent tous, font que, à quelque degré, chacun de nous représente en quelque chose tous les autres. L'universelle inégalité, la division infinie des fonctions, des idées, des sentiments rend cette représentation inégale chez tous. Inégale, non pas seulement parce que les différents associés ne représentent pas au même degré la vie de leurs compagnons et celle de l'ensemble, mais encore et surtout peut-être parce qu'ils n'en représentent pas les mêmes éléments. Chacun représente ceux qui font partie des mêmes associations que lui, dans la mesure de sa participation à ces différents groupes. Il faut donc qu'un grand nombre de représentants prépare peu à peu l'action coordonnatrice suprême et contribue à former et à diriger, à faire vivre le « même » général.

Ils y contribuent chacun selon sa spécialité, chacun selon ses forces, et l'influence de la représentation, officielle
ou non, est de tous les instants. L'individu associé n'agit
peut-être jamais absolument selon sa seule nature propre.
Ses interventions, ses pensées, ses désirs portent plus ou
moins l'empreinte sociale et par là ils représentent toujours
autre chose qu'eux-mêmes, le « même » général, ou des
associations restreintes, ou d'autres individus. Il n'y pas
lieu d'entrer ici dans les détails de cette représentation et
d'en examiner les différents modes. La représentation ne
nous intéresse que comme fait général. Il faut cependant,
pour en mieux comprendre la nature et la complexité,
dire un mot de la différence des représentations de moments différents. Dans une synthèse qui, comme celle des
peuples humains, n'est pas terminée, mais se dessine
peu à peu et se transforme, il est inévitable que certains
éléments représentent plutôt le passé, d'autres le présent
et d'autres encore l'avenir incertain. Ils constituent la force
de la tradition, de l'actualité, des nouveautés fécondes et
du changement. Sans doute la même personne peut représenter à la fois plusieurs moments, par différents côtés de
son esprit et de son activité. La division du travail se fait
non seulement entre les individus, mais chez l'individu
même.

De ces représentations des moments divers dérivent
bien des luttes et des troubles, comme au reste de toutes
les représentations d'intérêts différents. Ici cette raison
spéciale s'ajoute aux autres, que le passé et l'avenir risquent un peu d'être sacrifiés au présent. L'avenir est de
beaucoup le plus menacé. Le passé pèse encore sur nous
et parfois même d'un poids assez lourd, il se défend. De
plus, il a généralement pour lui, en temps normal tout au
moins, les organisations acquises, les groupes et les pou-

voirs officiels qui retardent un peu, cela est inévitable, sur la marche des esprits et sur la transformation des désirs, des besoins. L'avenir au contraire reste vague, douteux. La prudence conseille de ne pas favoriser aveuglément ses représentants réels ou prétendus dont il est assez difficile de vérifier le mandat. Il est vrai qu'en revanche il incite des enthousiasmes violents, des pensées plus fortes que judicieuses. Et il a pour lui encore cet espoir insensé mais tenace et souvent fécond qui leurre perpétuellement l'humanité en lui présentant la crise actuelle comme la dernière, ou presque. On se promène dans un pays un peu accidenté, que l'on ne connaît pas, il est intéressant et l'on s'y plaît, mais on désire encore mieux, quelque point de vue plus large, d'où le regard s'étendra sur de vastes horizons, d'où l'on embrassera l'ensemble du pays, quelque plateau élevé où l'on n'aura plus qu'à marcher à l'aise, à contempler et à rêver. A chaque tournant de chemin on l'attend. Et derrière ce tournant, la route reste barrée encore, un nouveau tournant renouvelle les déceptions et les espoirs. Il faut le dépasser, on le dépasse et le paysage se transforme un peu, mais toujours un nouveau tournant s'offre à nous, et nous allons à lui. Ainsi fait l'humanité, sans que les paysages qu'elle découvre vaillent ceux que nous donne une vallée ombreuse et fraîche ou bien une cime élevée dans un air frais et pur.

Cet avenir que certains associés représentent, ils le représentent parce qu'ils le préparent et qu'il le créent, jamais d'ailleurs tel qu'ils se figurent. Les rêves dont l'homme s'enchante ne se réalisent pas. Mais ils s'incarnent tant bien que mal, mutilés, déformés, salis, dans la lourde réalité qu'ils ont fait lever. Les précurseurs ne font pas l'avenir à eux seuls, ils ne peuvent, pour le créer, que s'appuyer sur les forces actuelles déjà, encore méconnues dont ils pressentent tant bien que mal l'existence et la direction. Il faut encore que la foule les accepte pour chefs et les suive. Comme elle choisit généralement un peu au hasard, les avortements se multiplient, et aussi les germes peu viables. La finalité sociale s'exerce alors pour protéger, conserver ou supprimer, et parfois elle utilise, dans un sens opposé à leur direction naturelle, les forces de changement.

De tous côtés surgit pour parer aux difficultés l'idée d'un pouvoir coordonnateur central, qui représente l'ensemble de la synthèse, les intérêts divers et contradictoires, les besoins visibles ou cachés, la tradition, le présent et les germes d'avenir disséminés et déjà puissants. Cet organe central existe dans l'organisme et c'est le système nerveux, et particulièrement le cerveau. Dans les sociétés humaines il n'apparait que sous des formes bien imparfaites.

§ 3. — *Rapports de la représentation et de l'autorité avec l'assimilation et la division du travail.*

La représentation et l'autorité continuent à nous montrer à la fois l'assimilation et la différenciation, le même et l'autre, l'unité fondamentale et la division du travail. L'opposition de ces deux grands principes les aide à collaborer à la réalité sociale, et à développer la solidarité.

Le premier est niveleur, le second est d'essence aristocratique. L'imitation telle que l'a comprise Tarde, l'imitation du supérieur par l'inférieur, n'est pas tout à fait sans doute l'assimilation, mais elle lui ressemble à certains égards et elle tend à la réaliser jusqu'à un certain point. Elle va en tout cas vers l'égalitarisme. Politiquement, elle mène à la souveraineté nationale, au suffrage universel, au féminisme radical. Socialement, à l'abolition des classes, des castes, des privilèges, à l'ascension de tous à tous les emplois, à certaines formes de socialisme ou à certaines formes d'anarchie, au collectivisme ou au communisme. Elle tend encore à la vulgarisation des connaissances et des plaisirs, de la science et de l'art, à la moindre différence ou au nivellement des fortunes, à l'uniformité croissante dans les pratiques administratives, dans l'enseignement, et par là sans doute à la généralisation des monopoles de l'État. Comme l'égalisation des intelligences et des caractères est impossible en fait, elle tend au moins à faire négliger leurs différences, à faire croire qu'elles n'existent pas. Elle tend à amoindrir l'autorité, et peut-être indirectement à nier l'hérédité ou du moins à en diminuer les effets.

L'assimilation, telle qu'elle doit sé produire pour constituer une synthèse, est quelque chose d'assez différent. L'imitation est une de ses formes et n'en reste assez souvent qu'une simple ébauche, une apparence, et comme une simulation. On conçoit très bien des synthèses sans imitation, mais non sans ressemblance, sans identité partielle, sans « même » essentiel, créé souvent non pas tant par l'imitation des éléments les uns par les autres que par l'influence même de la synthèse et des conditions d'existence générales qu'elle crée. L'imitation n'en a pas moins une place très importante dans la vie sociale, mais elle reste un moyen, un des principaux moyens employés et dirigés par le « même » pour la subordination des éléments. L'assimilation, l'influence du même est aussi démocratique, égalitaire en son essence, mais elle ne peut se réaliser, toujours partiellement, que par le procédé aristocratique de la division du travail.

Le second grand principe social, la division du travail,

des idées et des sentiments est, en effet, essentiellement aristocratique (1). Quand les fonctions sont différentes, et parce qu'elles sont différentes, et différemment remplies, certaines d'entre elles peuvent être également nécessaires, mais elles ne sauraient avoir toutes le même mérite, ni même, ce qui est bien différent, un prestige pareil. Elles prennent aussi des valeurs très différentes par la manière inégale dont ceux qui en sont chargés s'acquittent d'elles. Les unes sont, nous l'avons vu, forcément supérieures aux autres, et ceux qui les remplissent forcément inégaux soit en raison de leur fonction même, soit en raison de leur zèle et de leur habileté à servir l'association. Un ouvrier maladroit n'est pas l'égal d'un bon ouvrier, et un chef ne peut pas plus se passer de son armée qu'une armée ne peut se passer de chef, mais un bon chef est tout de même au-dessus d'un bon soldat, de même qu'un chef incapable est beaucoup plus dangereux qu'un soldat stupide ou même qu'un déserteur.

La division du travail crée encore l'inégalité plus directement. Toute hiérarchie, en effet, est un cas de différenciation des fonctions. La subordination des hommes les uns aux autres est une expression de la division du travail en rapport avec les nécessités sociales d'une part, et d'autre part, si la société vit à peu près convenablement, avec les aptitudes psychologiques et physiologiques des différents individus. C'est ainsi qu'un général, un capitaine, un soldat dans un même corps d'armée, un ingénieur, un contremaître, un ouvrier dans une même usine, s'acquittent de fonctions différentes, non équivalentes, hiérarchisées et

(1) Il est assez curieux de voir que l'auteur des *Lois de l'imitation*, Tarde, était de tendances plutôt aristocratiques à certains égards, et que Durkheim, qui a tant insisté, à un point de vue différent du mien, sur la *Division du travail*, paraît plutôt un démocrate convaincu.

tendant vers un même but. Malheureusement les sociétés humaines paraissent vouées à la méconnaissance continue de leur nature et de leur intérêt. Tantôt elles subordonnent à des privilèges mal justifiés l'unité fondamentale à laquelle participent tous ses membres réels, et méconnaissent la ressemblance variable mais toujours réelle et profonde qui les associe; tantôt elles cherchent à réaliser l'unité par une égalité factice, mensongère et ruineuse qui, au lieu d'élargir et de grandir le « même », l'empêche au contraire de prospérer, et risque de l'empêcher de vivre en s'opposant à la division et, par suite, à la hiérarchie des fonctions sociales, et en méconnaissant l'existence et la valeur des différences.

Une société bien réglée comporte, au contraire, d'une part un profond sentiment d'unité qui relie tous ses membres entre eux et surtout à l'ensemble dont ils font partie et qui est très inégalement représenté par chacun d'eux. Il faut qu'ils se sentent tous unis par une sorte de substance générale à laquelle ils participent, il faut qu'ils se voient collaborateurs, travaillant à une même œuvre qui les dépasse tous, il faut que, en tant que tels, ils se sentent solidaires les uns des autres, qu'ils s'aiment pour eux-mêmes, s'ils le peuvent, mais surtout qu'ils s'aiment « en Dieu », je veux dire dans la plus haute synthèse à laquelle ils soient capables de collaborer, et dans toutes celles qui sont associées à celle-là et qui en dépendent.

D'autre part, la société comporte aussi de profondes différenciations, moins profondes que l'unité essentielle. Il faut que ses membres sentent la différence de leurs aptitudes et de leurs fonctions, leur subordination, toujours réciproque à quelque degré — car le chef dépend toujours un peu de ceux qui lui obéissent — mais forcément très marquée. L'inégalité seule peut faire vivre le « même » et

préser er la similitude profonde des membres de l'association et ce qu'il y a d'identique et par conséquent d'égal
en chacun d'eux.

Il ne faudrait pas s'exagérer la portée de la division du
travail. Il importe de ne perdre de vue ni l'un ni l'autre de
ces principes : l'unité du système ne peut être obtenue que
par l'inégalité, la différence, la hiérarchie des éléments et
de leurs fonctions, et l'inégalité ne se justifie que parce
qu'elle est nécessaire et en tant qu'elle est nécessaire à la
systématisation. Aussi faut-il admettre que de profonds
changements dans les inégalités sociales peuvent s'imposer,
qu'il faut adoucir ou supprimer certaines d'entre elles, si
l'intérêt du système y est engagé. Mais il exigera aussi
parfois que l'on en crée de nouvelles. La vieille fable des
« Membres et de l'Estomac » n'a pas mal présenté, sous une
forme familière et concrète, une vérité abstraite essentielle.
Malheureusement, il arrive à la société de marcher sur les
mains, de se servir de sa tête comme arme offensive, et on
dirait parfois qu'elle s'entraîne à penser avec ses muscles ou
avec son ventre. Toutes les inégalités ne sont pas bonnes.

Une association nous apparaît ainsi toujours, et l'examen de la représentation et de l'autorité confirme notre
formule, comme un effort plus ou moins heureux du même,
de l'identique, pour se constituer, vivre et grandir, non pas
tant en supprimant les différences qu'en les utilisant pour
son propre triomphe.

§ 4. — *La représentation et l'autorité dans la vie
mentale, la vie organique et le monde physique.*

La vie des systèmes psychiques, de l'esprit et de ses
éléments comporte, comme la vie sociale, la représentation

et l'autorité. Il y a dans chaque esprit des éléments dominants et des éléments subordonnés, secondaires. Le désir qui mène l'esprit à un moment donné, amour, ambition, avarice, se subordonne une foule d'éléments divers qu'il unit dans un même ensemble, et qu'il utilise selon les lois de la division du travail. Il « représente » évidemment plus qu'eux l'ensemble de l'esprit, il exerce une autorité évidente sur les éléments directement subordonnés et aussi sur beaucoup d'autres éléments qu'il utilise ou dont il arrête l'activité. Il est des sociétés où l'élément militaire jouit d'une considération particulière, d'autres où l'élément industriel exerce une prépondérance marquée. Pareillement, il est des esprits en qui la passion sexuelle gouverne et d'autres où c'est l'ambition ou l'amour de l'art. Et de même encore, dans chaque tendance, selon les individus, selon les moments, selon les cas, c'est tel ou tel élément qui représente la tendance, qui en groupe les éléments secondaires, et qui est investi de l'autorité. Il est des amours où le désir sexuel mène la troupe psychique, d'autres où c'est une sorte d'amitié tendre, d'autres où commande l'orgueil ou la vanité. Sans doute, ces différents éléments ne s'excluent pas, puisqu'il en est qui sont essentiels, mais ce ne sont pas toujours les plus nécessaires qui tiennent la première place.

La « représentation », associée à l'autorité, n'est pas moins nette qu'elle. Chaque tendance directrice, à un moment donné, peut représenter réellement le moi, l'ensemble de la personnalité mentale. Elle la représente imparfaitement (en un sens au moins, et parfois parce qu'elle la représente de façon trop flatteuse), mais assez pour l'engager, pour la rendre responsable, pour attirer sur elle l'approbation ou le blâme, la haine ou l'amitié. Un élément d'une tendance représente aussi la tendance entière, et c'est parfois à lui que l'on s'en prend, c'est lui que l'on favorise ou que l'on réduit pour atteindre, en vertu de la solidarité qui les unit, la tendance même, et même parfois la personnalité. Au reste, la solidarité psychique est plus étroite que la solidarité sociale, et l'on atteint beaucoup plus sûrement un esprit en agissant sur un de ses éléments, qu'une nation en favorisant ou en réprimant un de ses membres.

Les éléments psychiques sont pris, comme les éléments sociaux, dans un réseau très compliqué de fins et de moyens où le rapport normal s'invertit quelquefois. Tous les éléments n'ont pas dans l'esprit une importance égale ; il en est qui sont relativement des « fins », d'autres plutôt des moyens. Ils sont cependant tous fins et moyens les uns relativement aux autres, mais très inégalement. On peut bien considérer l'homme individuel comme « une intelligence servie par des organes », si l'on veut ou plutôt comme une âme servie plus ou moins mal par tous ses éléments et par le corps lui-même, c'est-à-dire en somme, comme une synthèse servie par ses composants, un « même » servi par une pluralité diverse. Il est également vrai que le corps est servi jusqu'à un certain point par l'âme, les systèmes subordonnés par les systèmes dirigeants, dans la mesure où cela est bon précisément pour la synthèse et la vie du même.

Dans la vie physiologique il est assez visible que le système nerveux des animaux supérieurs est à la fois le représentant et le directeur de l'organisme entier. Et d'ailleurs, affirmer cela n'est guère que répéter sous une autre forme ce qui vient d'être dit au sujet de l'esprit. Tout l'organisme, et le monde extérieur aussi, envoie des représentations plus ou moins conscientes ou inconscientes au système nerveux qui les coordonne et réagit, influençant les diverses fonctions vitales et dirigeant l'ensemble de la conduite, servant aussi par conséquent les divers organes qui le servent.

Quant aux systèmes purement chimiques ou physiques, il serait sans doute plus difficile d'y démêler les mêmes caractères que dans les synthèses supérieures. Cependant il est peut-être permis de rappeler ici la subordination des molécules d'un cristal à la forme de l'ensemble. Dans une sorte d'organisme physique comme le système solaire, l'importance différente des éléments, l'action prépondérante de quelques-uns d'entre eux, la tendance des activités de tous à conserver le système, la réciprocité de leurs actions inégales sont fort apparentes encore. Dans la formation de la molécule chimique, on entrevoit, semble-t-il, des vérités analogues. Les théories, les hypothèses, les représentations symboliques qu'on a proposées pour nous faire entendre la valence des atomes, la substitution, la constitution de la molécule, la stéréochimie permettent de comprendre ou d'imaginer jusqu'à un certain point ce que peut être une société d'atomes et comment elle ressemble, malgré toutes les différences, à une société d'hommes. Ni l'inégalité, ni la division du travail, ni l'autorité, ni la réciprocité des actions, ni la conservation du « même » par la diversité des éléments n'y semblent étrangères.

VIII

Considérations diverses.

A

LES SOCIÉTÉS DU POINT DE VUE DE L'EXTENSION ET DE LA COMPRÉHENSION

Les associations diffèrent à tant d'égards, et, si je puis dire, si confusément, qu'on ne saurait songer à passer en revue les caractères qui les distinguent. Beaucoup de ces caractères sont d'ailleurs assez évidents, la complexité, par exemple, ou le degré de systématisation, la permanence, la transformation plus ou moins rapide, etc. Ils peuvent parfois servir à faire remarquer les traits communs des sociétés qui persistent parmi leurs différentes incarnations, en s'y affirmant plus ou moins. Il est pourtant un genre de caractère dont je dirai quelques mots parce qu'il nous est une occasion de remarquer un peu mieux l'enchevêtrement et la complication des systèmes humains et peut-être aussi d'en tirer quelques conclusions.

Il s'agit de l'extension et de la compréhension. Je prends ici ces mots dans un sens analogue à celui que leur donne la logique. Une association comprend plusieurs éléments, par exemple, plusieurs hommes, c'est ce que nous appellerons son extension, mais elle ne les lie directement que par certains côtés, pour certains actes, pour certaines fonctions, et c'est l'ensemble de ces fonctions déterminées, imposées par l'association même, que nous appellerons la « compréhension » de celle-ci.

Il est des sociétés où l'extension et la compréhension sont faibles. Par exemple, une association scientifique et littéraire, une académie unit un nombre d'hommes toujours restreint et souvent même rigoureusement limité. D'autre part, elle ne prend pas l'individu tout entier, elle ne dirige que certaines formes, définies et spéciales, de son activité. Elle ne s'inquiète guère, en principe au moins et par essence, de savoir si, en même temps que poète, auteur dramatique, ou savant, il est aussi professeur ou avocat, célibataire ou marié. Les qualités communes qu'elle exige sont peu nombreuses, elle crée un « même », fondé sur ces ressemblances, qui peut être important, mais qui reste relativement abstrait, séparé d'une grande partie de la vie. Ces qualités sont celles par lesquelles un homme est un historien, un poète, un philosophe, un chimiste ou un physicien, ou même simplement un amateur de science ou de littérature. Le reste n'intéresse l'association que fort indirectement et par ses rapports avec des convenances sociales générales, selon l'importance qu'elle leur attribue. Mais ici l'enchevêtrement des liens sociaux commence à s'indiquer. Un congrès spécial à durée limitée, une association temporaire de quelques individus pour obtenir une mesure d'un intérêt restreint sont encore de bons exemples de sociétés à faible extension et à faible compréhension. Leur courte durée limite encore leur extension dans le temps.

D'autres sociétés au contraire ont une extension et une compréhension très grandes, et même illimitées en principe.

Une association comme l'Église catholique, par exemple, groupe de nombreux millions d'individus. Elle en grouperait davantage et reste ouverte à tous. Elle peut virtuellement unir tous les hommes et son nom même souligne son ambition d'universalité. Elle tend à faire entrer en elle l'univers entier, en y trouvant la confirmation, l'instrument, le point d'appui de sa doctrine, et elle aspire à réaliser par son union avec l'absolu la société universelle. D'autre part, elle associe entre eux ses membres à tant d'égards, elle enveloppe leur vie par tant de côtés, elle veut régler leur activité de tant de manières, elle veut pénétrer si bien leur âme de partout et si profondément, qu'elle tend vers une compréhensien totale en même temps que vers une extension infinie. Son but est de s'assimiler tous les hommes pour les associer à l'infini, et, dans chaque homme, l'homme tout entier.

Entre les deux extrêmes, toutes les nuances sont possibles, et toutes les combinaisons. La famille est une association à extension toujours relativement faible et à compréhension étendue. La patrie tend quelquefois à grandir en extension, mais surtout elle est très compréhensive (au point de faire entrer parfois dans son « même » la religion par exemple). L'extension lui est moins essentielle, elle est une patrie, qu'elle soit petite ou qu'elle soit grande. Encore est-il bon qu'elle dépasse certaines limites et reste en deçà de certaines autres. Trop petite, elle est trop faible pour prendre tous ses caractères naturels ; trop grande, elle tend à se diviser. Le mariage est une association de compréhension riche et d'extension réduite à son minimum dans le cas du mariage monogamique. Il n'y a plus au delà, en ce sens, que l'individu, qui est comme la limite d'une société où l'extension décroît tandis que la compréhension augmente. L'univers actuel, multiple et

incohérent, représente au contraire le terme absolument
opposé, le maximum d'extension coïncidant avec un minimum de compréhension qui interdit toute association
véritable.

B

L'ENCHEVÊTREMENT DES LIENS SOCIAUX

§ 1. — *Combinaisons de synthèses.*

A diverses reprises nous avons dû constater un singulier
enchevêtrement dans les sociétés humaines. Ces enchevêtrements existent-ils déjà dans les sociétés d'atomes ?
On est porté à croire que des molécules déjà formées peuvent, sans se résoudre en leurs éléments, entrer dans des
molécules plus complexes ; l'association se ferait alors entre
molécules diversement composées et qui garderaient leur
caractère synthétique. Les atomes se trouveraient ainsi faire
partie de deux sociétés différentes et pour ainsi dire superposées, celle de la molécule qui les unit directement, et
celle de la molécule plus complexe où leur molécule est
entrée comme élément. Il est vraisemblable aussi que les
atomes gardent quelque organisation et ne se dissolvent
pas complètement pour entrer dans une molécule. Le système formé par la terre et la lune, ou par Jupiter et ses
satellites, fait partie, sans se déformer, du système solaire.
Les satellites ont donc des mouvements compliqués et pour
ainsi dire une hiérarchie de devoirs. Le système solaire
lui-même est emporté dans l'espace vers la constellation
d'Hercule sans qu'on ait encore précisé, je crois, le « but »

réel de ce mouvement, j'entends le système supérieur
auquel il se rattacherait.

Il semble donc que la superposition des synthèses soit
en somme un fait universel. Les forces constitutives de
l'atome organisées en élément dernier de la matière
seraient engagées elles-mêmes parfois en des molécules
plus complexes, organisées chez les êtres vivants en
cellules, puis en tissus, en organes, en appareils, en
organismes, les organismes en groupes d'individus, en
groupes supérieurs, en nations, en systèmes de peuples
associés, en attendant des synthèses plus hautes si elles
doivent se produire. Les forces les plus élémentaires participent plus ou moins directement à cette immense série
d'activités superposées et combinées.

Si nous considérons en particulier l'homme et les sociétés humaines, nous pourrons examiner, à côté des ressemblances générales qui les rapprochent de tout ce qui existe,
ce qui les caractérise spécialement, et, de plus, mieux voir
le détail des faits et, par là peut-être en apprécier plus
exactement l'ensemble.

Il ne s'agit plus ici simplement d'une superposition de
systèmes, et l'enchevêtrement est plus compliqué, ou du
moins sa complication nous apparait plus nettement. Chacun de nous est bien engagé dans des systèmes qui, à
certains égards, se superposent : famille, municipalité,
département, État, ou paroisse, diocèse, Église ; bureau,
division, service, administration ministérielle. Mais il est
aussi engagé dans des services qui ne se superposent
pas, et, par exemple, un employé de ministère est en
même temps un administré et un citoyen, il peut être
aussi membre d'une église, il peut être encore membre d'associations très diverses, sociétés coopératives, sociétés de
secours mutuel, sociétés artistiques ou littéraires, marié et

père de famille. Toutes ces associations peuvent ou s'ignorer presque ou n'entretenir que de très vagues rapports. L'individu cependant appartient à toutes, il fait partie à la fois de tous ces systèmes. Il leur appartient comme élément, il est soulevé et entraîné par tous ces tourbillons. D'autre part, il est une combinaison unique de fonctions sociales et de produits sociaux. Il accomplit l'ensemble de celles-là, il combine ceux-ci d'une façon inimitable, et c'est là son individualité. Tous ces fragments de tourbillons qui sont en lui, il les unit en une personnalité unique, incommunicable, et il est plus ou moins en opposition, comme l'est chacun de ses associés, avec les associations mêmes dont il fait partie, et avec tous leurs membres. Il vit d'associations, il n'existe que par la société, mais il en meurt aussi quelquefois et toujours au moins il en pâtit. Il se débat contre les systèmes sociaux même lorsqu'il en fait volontairement partie et pour son plaisir, à plus forte raison quand la naissance ou des circonstances contraignantes l'y ont fait entrer. Mais alors qu'il s'oppose à eux, qu'il cherche à s'en débarrasser momentanément, à déserter, à disparaître et à se reprendre, c'est encore avec leur aide qu'il le fait, avec les moyens qu'ils lui fournissent, avec les idées, les sentiments qu'ils ont contribué à former. L'enseignement des autres, des compagnons, des livres, des doctrines, agit encore dans les passions les plus nettement antisociales. On ne s'élève dans l'air qu'en s'aidant de la pesanteur, et l'on ne combat la société qu'en s'appuyant sur elle, sur le groupe ennemi ou sur un autre groupe.

De même que le fait est un conglomérat de lois, l'homme est un système de sociétés (en prenant le mot, bien entendu, dans le sens de la compréhension et non de l'extension), des sociétés auxquelles, au point de vue de l'exten-

sion, il appartient comme élément. Les diverses sociétés se
coordonnent ou se subordonnent en lui, plus ou moins
étroitement. Elles ne sont pas plus égales en lui qu'il
n'est, en elles, l'égal de ses associés. Assez souvent elles
s'entr'aident et se fortifient. La famille peut amener l'enfant et l'homme à servir la patrie et la religion, et réciproquement. Sur un autre plan, une association industrielle ou commerciale peut favoriser la naissance de
sociétés d'art ou de sport, qui grouperont, à leurs moments de loisir, quelques-uns de ses membres. Ainsi les
formes sociales diverses peuvent dériver l'une de l'autre,
s'associer en quelque unité plus large, ou, sans s'unir
directement, favoriser chacune de son côté la vie de synthèses supérieures et réprimer, affaiblir les oppositions
naturelles qui existent entre elles et qui subsistent toujours à l'état latent, reparaissent parfois et provoquent
des luttes. Cette harmonie des associations diverses qui
groupent diversement les mêmes éléments et les combinent
aussi à d'autres, ne présente d'ailleurs qu'une incarnation
particulière de la loi générale de l'association, la subordination de l'autre au même. Dans les groupements un peu
compliqués cela ne va guère sans conflits.

§ 2. — *Entrecroisement et hiérarchie des associations pour un même élément.*

En suivant un boulevard de Paris, nous rencontrons
une foule bigarrée de gens à pied, en voiture, affairés ou
tranquilles, assis aux terrasses des cafés, entrant dans
des magasins, dans des banques, dans des cinémas. C'est
un nombre incalculable d'associations que nous coudoyons
en quelques minutes. Tous ces gens qui, pour le moment,

forment une même foule, profitent des mêmes commodités et sont superficiellement solidaires les uns des autres, vivent engagés en des sociétés extrêmement nombreuses et diverses. Il en est de diverses nations, de diverses religions, il s'y mêle des habitants des divers quartiers de Paris, des habitants de nos diverses provinces, des négociants et des artistes, des gens de lettres et des militaires, et chacun, en entrant dans la foule, en s'associant plus ou moins à elle, y garde la marque des associations plus importantes dont il fait partie, continue à les servir et à s'en occuper, et s'en préoccupe encore, inconsciemment ou non, s'il cherche à s'en distraire et s'enrôle pour un moment dans un groupe nouveau de promeneurs, de consommateurs ou de spectateurs.

Nous nous faisons, par ce petit coin d'une ville, une idée de l'inextricable tourbillon de systèmes divers bien imparfaitement harmonisés qui emporte et agite sans cesse l'humanité, qui la groupe, qui la divise, et qui, en somme, la constitue ; car ni l'humanité, ni même l'homme tel que nous pouvons le concevoir n'existeraient sans ce frémissement perpétuel, pas plus que la molécule n'existerait sans doute sans la danse des atomes, ni l'organisme sans l'agitation des molécules.

Tous ces hommes qui passent continuellement sous nos yeux sont ainsi toujours occupés à des manœuvres multiples dont un infime élément nous apparaît. Toujours ils s'appliquent à des tâches semblables ou différentes, ils poursuivent des résultats qui s'appuient ou se combattent, et souvent qui s'aident et se nuisent à la fois, à divers degrés et par divers côtés. C'est que le désordre est partout, même là où nous admirons le plus d'ordre et de finalité.

Si nous considérons un homme seul et non plus la multitude des hommes, nous arrivons à de semblables

constatations. Pour servir les différents « mêmes » qui
sont enracinés en lui, l'homme a recours à la division du
travail. Chacune des associations qui l'englobe est représentée en lui par des idées, des désirs, des tendances conscientes ou non. Mais il y a certains éléments dont toutes
peuvent avoir besoin, des idées, des sentiments, des
images, surtout l'appareil moteur, et qu'elles ne peuvent
pas utiliser toutes à la fois. Souvent elles se trouvent en
concurrence. Une d'elles ne veut pas toujours disparaître
au moment voulu. Elles se disputent l'homme. Le sentiment de la famille et l'amour de la patrie ne vont pas toujours sans conflits tragiques. Il surgit des querelles parfois
ardentes entre l'État et la religion, entre la religion et la
famille; des dissenssions aiguës peuvent toujours animer
l'une contre l'autre les diverses tendances de l'individu
qui correspondent à des associations différentes, même
lorsqu'elles sont comprises dans un groupe supérieur.
L'amour des enfants et l'amour conjugal, par exemple,
peuvent être des éléments de l'amour de la famille, cela
ne suffit pas pour que leurs rapports ne soient pas troublés
quelquefois. Tous les conflits peuvent être craints, et
beaucoup déchirent l'homme. De là bien des troubles dans
les sociétés et dans les individus, bien des hésitations, des
trahisons, des déchirements, des résolutions aussi et des
héroïsmes bien des lâchetés et bien des sacrifices. De
là, quand le trouble se généralise, des luttes sociales, des
discordes, des insurrections et des révolutions, parfois la
décadence ou la mort d'une société, parfois une rentrée
violente dans l'ordre ancien, ou l'avènement d'un ordre
plus ou moins nouveau, une renaissance, la formation
d'associations nouvelles ou leur nouvelle coordination, la
transformation de la hiérarchie.

Et la morale, dans son rôle positif, n'a pas d'autre but

que de classer et de hiérarchiser, au point de vue de l'ensemble de la société et de l'individu, les différentes associations qui s'entre-croisent dans la première et qui sont représentées dans le second. Les prescriptions de la morale tendent toujours à la coordination et à la subordination de nos divers genres d'activité. Chaque genre d'activité représentant en nous une association plus ou moins distincte, c'est la coordination ou la subordination de ces associations mêmes qui se trouve ainsi prescrite par la morale.

Qu'elles s'aident ou se combattent, toutes les associations auxquelles l'homme se relie vivent continuellement en lui et par lui, comme il vit en elles et par elles. Sans cesse elles naissent et grandissent, décroissent et meurent, se transforment ou restent longtemps à peu près stationnaires, s'unissant, se combattant, se disputant ou se partageant régulièrement des éléments divers et aussi les mêmes éléments, toujours actives, toujours composées de vibrations plus ou moins ordonnées et variables dont nous pouvons suivre parfois le détail dans les rapports des individus, et, à l'intérieur des âmes, dans le jeu des idées et des désirs. Quelques grandes formes synthétiques s'organisent çà et là, restent relativement stables et dominent la poussière des synthèses inférieures, lui donnent ou lui prêtent un sens et une forme régulière. Elles changent pourtant aussi, se transforment, croissent, disparaissent, mais, semble-t-il, sans que toute cette vie un peu confuse se cristallise, comme les associations simples des éléments matériels, en lois précises et en forces régulières. On dirait, en termes d'anthropomorphisme, que la nature ayant fabriqué avec quelque succès les formes simples de l'existence a voulu se hausser au-dessus de son génie et s'attaquer à des combinaisons plus difficiles où jusqu'ici, du moins, ses efforts sont restés inégaux à la tâche entreprise.

§ 3. — *Importance des sociétés humaines*
pour l'étude de la synthèse.

Les sociétés humaines, comme il fallait s'y attendre, ont fourni presque toute la matière de ces derniers chapitres. Ce sont, nous l'avons vu, celles qui nous renseignent le mieux sur l'intimité des faits d'association. Elles sont à notre échelle, et ce sont les seules aussi, peut-être, où les phénomènes gardent cette indépendance relative qui leur laisse une existence individuelle vraie. Cette existence individuelle, cette activité indépendante des éléments, c'est un des principaux caractères qui nous permettent de connaître ces éléments, et, par suite, d'observer leurs relations et leurs groupements, en comprenant un peu mieux leur rapport au composé synthétique. Les formes imparfaites ou troublées des phénomènes sont particulièrement favorables à l'étude de ce rapport. C'est ainsi que les phénomènes pathologiques ont permis à la psychologie de mieux comprendre le mécanisme de certaines fonctions mentales.

Enfin, elles nous montrent particulièrement bien la variété infinie des formes que peut revêtir une seule réalité abstraite comme l'association. Elles nous aident à concevoir comment cette réalité peut rester la même, dans ses caractères essentiels, à travers des existences concrètes qui vont de l'atome et de ses éléments mêmes jusqu'aux sociétés humaines, comment elle se retrouverait identique dans les associations supra-humaines et vraiment universelles que l'on peut rêver. Enfin, et d'un point de vue tout différent, il ne faut pas trop oublier que les sociétés humaines nous intéressent spécialement et que des conclusions pratiques générales sortent sans doute logiquement des faits que nous avons étudiés.

IX

Vues d'ensemble et conséquences pratiques.

§ 1. — Dangers et excuses de l'individualisme.

La formule de l'association, « le même se subordonnant le différent », en indique la nature essentielle, et par là peut nous signaler les conditions de son existence.

Le « même » est la principale, puisque la différence, la pluralité, si nécessaire soit-elle à l'existence de la société, n'y prend part que pour se subordonner. Dire que le « même » est l'essentiel de l'association, c'est subordonner l'individu à la société, et, en ce sens, nier l'individualisme. Le « même », en effet, n'appartient pas à un individu. Et plus nous avons examiné l'association, plus nous avons reconnu la force et le sens de l'association même qui, tout en se fondant sur les ressemblances antérieures de ses éléments, crée réellement le « même » social, la forme synthétique qui n'est réalisée dans aucun individu, mais exige leur union et réclame le concours de tous. De même que l'eau n'est réalisée ni dans l'oxygène, ni dans l'hydrogène, mais dans leur combinaison, de même la France n'est pas réalisée dans et par tel ou tel citoyen, si grand qu'il soit, et encore que certains individus la représentent incomparablement plus que beaucoup d'autres, mais par l'ensemble des Français et par la suite des générations disparues et même des générations futures. Elle n'existe pas pleinement encore, peut-être, et on ne la pourra connaître à fond que lorsqu'elle aura revêtu quelque forme immuable et définitive ou qu'elle aura commencé sa décadence.

Quelque inégaux que puissent être les membres de la société, l'inégalité est moindre entre n'importe lesquels d'entre eux, qu'entre le plus important et l'ensemble dont ils font tous deux partie. Ils représentent tous le « même » associatif, et tous le représentent toujours fort imparfaitement.

A vrai dire, ceci ne saurait résoudre entièrement la question de l'individualisme. Tout ce que je viens de dire s'applique à l'individu par rapport à ses compagnons en tant qu'ils représentent une même société. Mais outre la société où il se trouve engagé avec eux, il peut porter en lui d'autres adaptations sociales, il peut se trouver membre de groupes sociaux supérieurs, et par là il peut dépasser non seulement ses compagnons du même groupe, mais le groupe lui-même. Et ainsi il arrive que certains membres de nos sociétés actuelles dépassent ces sociétés, quelles qu'elles soient, parce qu'ils sont virtuellement membres de sociétés supérieures, parce qu'ils ont en eux les facultés, les pouvoirs, les qualités qui les adapteraient à une association plus haute, plus compliquée, plus pure que celle dont ils font partie. Ceux-là sont presque fatalement des victimes, s'ils ne peuvent ni se contenter du milieu où ils vivent, ni transformer à leur image et élever à eux la société qui les encadre. Les précurseurs trop en avance sont souvent dans ce cas, ils obtiennent parfois une gloire posthume; mais d'autres présentent des virtualités qui ne se réaliseront jamais, ils ont souffert dans leur vie sans qu'aucune compensation leur soit accordée lorsqu'ils ne peuvent plus en faire usage, de manière au moins à ce que ceux qui les continuent connaissent leur triomphe tardif.

§ 2. — *Ressemblances secondaires et vie sociale.*

A côté du « même » synthétique, plus ou moins représenté dans les individus, réalisé seulement par l'ensemble, d'autres ressemblances existent et tendent à se développer par la vie sociale, et nous les avons aperçues déjà. Elles sont dues à la similitude des conditions sociales et naturelles, à l'éducation, au milieu, elles sont dues à l'influence du « même » associatif, elles sont dues aussi, pour une part dont Tarde a bien montré l'importance, à l'imitation inter-psychologique. Elles restent secondaires tant qu'elles ne sont pas utilisées, régies, développées et adaptées par le « même », mais elles peuvent en certains cas lui faciliter sa tâche, comme, en d'autres cas, la gêner ou la rendre plus ardue. Nous en avons indiqué déjà les tendances et les dangers. Il y a des tendances à l'assimilation que désavouerait le « même » et qu'il y a intérêt à retenir, à compenser par la division du travail. Le désir très vif de l'égalité, la soumission voulue et généralisée à la majorité, voilà des formes de la vie sociale qui demandent à être soigneusement surveillées. Excellentes dans certains cas spéciaux, quand elles peuvent augmenter la sympathie, ou quand il faut réagir contre des inégalités fâcheuses, des formes de gouvernement qui ne correspondent plus à la situation du moment, quand il s'agit d'affaires peu difficiles, quand on a besoin surtout de simplifier certaines actions .

ou certaines manières d'être collectives, elles peuvent en
d'autres cas appeler le péril ou la ruine (1).

§ 3. = *Utilité de l'opposition.*

La nécessité de la diversité, de l'autre, dans une association nous induit à reconnaître le caractère utile de l'opposition. L'opposition sous toutes ses formes, dans une société bien organisée, résulte forcément de la division du
travail et des opinions et lorsqu'elle se développe et se systématise, elle peut en être considérée comme une forme.
Elle doit donc collaborer à la vie du même. Ce n'est pas
qu'elle y tende forcément par sa nature propre, au contraire. Mais la synthèse a précisément pour caractère de
faire agir les forces qu'elle associe autrement qu'elles n'agi-
raient si elles étaient libres. Il y a toujours quelque con-

(1). Il est souvent utile, dans la vie sociale, de supposer égaux
des facteurs qui ne le sont pas, des services différents. Par
exemple une lettre paie le même prix, qu'elle pèse 4 grammes ou 15,
qu'elle ne sorte pas d'une petite ville ou qu'elle voyage de Paris à
Nice. De même il est souvent utile de traiter en égaux des éléments
qui ne le sont en rien.
D'autres fois il faut bien reconnaître ce qu'il y a de fondé dans
certaines inégalités, même des plus choquantes pour la plupart des
esprits. Les inégalités dues à la naissance sont de celles qui ont le
plus révolté l'opinion, et c'est contre elles surtout que le dogme de
l'égalité fut dressé. On n'a jamais pu cependant, et vraisemblablement on ne pourra jamais les supprimer. Certaines, et des plus
fâcheuses, sont d'ordre naturel, congénitales ou héritées, et il faut
bien que la société en tienne compte. Elle ne peut demander les
mêmes services et procurer les mêmes avantages à un idiot-né et à
un homme normal. Elles sont d'ailleurs parfois les conséquences
naturelles et mêmes assez justes de l'inégalité des parents. Toutes
choses égales d'ailleurs, le fils d'un assassin n'est pas absolument
considéré comme le fils d'un grand homme. La solidarité familiale,
la solidarité de la patrie et de la race ne sont point négligeables.
Il ne serait ni possible, ni désirable, ni juste qu'il en fût autrement.

trainte, plus ou moins acceptée, dans l'association et dans la synthèse. Nous avons plus ou moins vu tout cela. Mais il faut à présent considérer un côté de l'opposition que nous avons laissé de côté, je veux parler de l'opposition extérieure à l'association considérée, et qui provient des réalités qui ne sont pas en association avec elle. Elle doit être utilisée d'une manière analogue quand cela se peut, et parfois elle devient par son utilisation même le point de départ d'une association nouvelle et l'ébauche d'une nouvelle division du travail au service d'un « même » nouveau.

L'utilisation n'est pas toujours possible puisqu'il est des cas où l'opposition extérieure supprime une association. Mais la réaction normale d'une association attaquée ou rencontrant une résistance est de développer immédiatement le « même » menacé, de faire servir à sa vie cette pression extérieure qui le met en danger. Elle ne peut se défendre qu'en supprimant ou en atténuant celles de ses oppositions intérieures qui deviendraient périlleuses, en s'organisant plus étroitement. Une guerre avec un ennemi redoutable accroît l'union dans un pays sain, augmente la subordination des différences à l'unité. Assez souvent cette menace extérieure, cette opposition fait naître l'association, le « même » encore inéprouvé, et il est assez ordinaire que l'origine de l'association se trouve dans la conscience d'intérêts communs menacés et dans la nécessité de les défendre.

L'opposition extérieure provoque ainsi des associations. Elle les développe aussi. Elle leur donne une direction nette et un sens précis, elle resserre le même un peu flottant, précise le caractère parfois indécis de l'association. Elle oblige celle-ci à se fortifier, à se corriger. Le catholicisme, a certainement dû quelque chose aux grandes hérésies qui l'ont amené à définir ses dogmes, à se réformer lui-même, à instituer de meilleurs disciplines. De même, une nation

qui a des voisins puissants et hostiles est plus portée à la
prudence, à la vigilance, à l'union des citoyens, encore
que parfois elle ne le soit vraiment pas assez. De même la
concurrence pousse une société industrielle à chercher de
meilleurs débouchés, des procédés de fabrication plus
efficaces ou moins coûteux. De même encore un roi, un
ministère, en face d'une opposition habile, est obligé de
faire appel à ses partisans, de gouverner avec plus de
discernement et d'habileté s'il tient à vivre.

L'individu, qui est aussi une association, se concentre
de même, se ramasse devant un danger. Les rivalités sont
une occasion pour chacun d'organiser sa personnalité. Les
discussions, les heurts, les froissements excitent chacun
de nous à systématiser ses idées, ses croyances, ses désirs.
C'est ce que l'on exprime quand on vante la nécessité et
les bienfaits de la dure « expérience » de la vie. Et l'on
exagère d'ailleurs, car l'on préfère souvent ne pas voir ce
que coûte cette expérience et qu'elle exige parfois le sacrifice de ce qu'il y a de plus haut dans l'individu, encore
que le roman nous le raconte quelquefois (1).

Les éléments psychiques agissent de même. Un désir
froissé, s'il vit encore, s'épure ou devient plus violent, plus
adroit, fait appel aux idées, aux réflexions, à d'autres
désirs pour arriver à satisfaction. Les croyances attaquées
réagissent en évoquant des arguments nouveaux, des
idées qui entreront dans leur synthèse pour l'enrichir et
la fortifier.

L'opposition intérieure ne diffère pas de celle que les
associations rencontrent au dehors. Elle est toujours extérieure par rapport au système attaqué. La lutte du
gouvernement et de l'opposition, extérieure si l'on consi-

____

(1) Balzac a bien montré ce résultat.

dère chacun des deux adversaires, devient intérieure si l'on songe à l'État. Mais ce qui établit une différence, c'est que, en certains cas, les deux associations en lutte font elles-mêmes partie de la même association supérieure, — par exemple le gouvernement et l'opposition dans une même patrie, deux individus dans une même famille, — et c'est là ce que l'on peut appeler l'opposition intérieure dont la guerre civile est une forme extrême puisqu'elle va jusqu'à compromettre l'association supérieure. Plus normalement le système supérieur intervient pour diriger, régler, terminer les oppositions intérieures et prévenir leurs dangers pour les groupes en lutte ou pour lui-même, en profiter, quand il le peut, pour s'organiser mieux et, par la division du travail, faire collaborer à l'ordre les causes qui le troublaient. Les Grandes Compagnies désolaient la France, du Guesclin, en les emmenant en Espagne, rétablit l'ordre dans son pays et fait combattre à son profit ceux qui en compromettaient la bonne vie. Au reste, il est parfois difficile d'établir une limite rigoureuse entre les oppositions intérieures et les autres, à cause de la solidarité qui relie à quelque degré tout ce qui existe, et aussi parce que cette solidarité, même dans les cas plus favorables, n'est jamais parfaite.

Il ne faut pas perdre de vue, en effet, que l'opposition intérieure est un fait universel. La division du travail n'est qu'une façon d'utiliser ces oppositions et de faire concourir à l'ordre ce qui tend naturellement vers l'anarchie.

§ 4. — *Dangers du manque d'opposition.*

La valeur de l'opposition extérieure ressort des cas où son défaut devient une cause de ruine ou bien des cas où

son absence signale la disparition par évanescence,
dénouement heureux du drame de l'association.

Quand, en effet, l'association a vaincu les obstacles,
réalisé pleinement le « même » qu'elle représentait, elle
n'a plus de raison d'être, elle disparaît, se dissout ou se
transforme et choisit un « même » nouveau. Mais c'est
encore la disparition du « même » primitif. L'opposition
disparue, l'association cesse. La police, en tant qu'organisée contre les malfaiteurs, si elle pouvait arriver à
les supprimer tous (à supposer que d'autres organes
sociaux aient pu prévenir la formation de criminels nouveaux), n'aurait plus qu'à disparaître. Les chasseurs de
vipères seraient bien obligés de chercher un autre métier
s'ils arrivaient à détruire la race qu'ils combattent. La
synthèse psycho-organique qui les caractérise devrait
disparaître avec la réalité à qui elle s'oppose. Un gouvernement dont les volontés ne trouveraient plus aucun
obtstacle ne serait plus tout à fait un gouvernement, mais
une simple administration, à moins qu'il ne fût une tyrannie
qui tendrait par ses exigences croissantes à créer devant
elle des obstacles nouveaux.

Une évanescence partielle ne va pas toujours sans désordre. Les éléments qui persistent ont parfois quelque
peine à s'employer utilement. La conquête complète du pouvoir par un parti politique fait cesser ou atténue sa lutte
contre bien des adversaires. Mais le « même » qui animait
ce parti disparaît en tant qu'il tendait précisément à cette
conquête. Une fois qu'il a réalisé ce que désiraient tous ses
membres, un parti n'existe plus en tant que parti. On voulait la république, la monarchie, l'empire, on l'a. Il reste
à l'organiser, à faire vivre le régime. Mais ici le « même »
n'est pas formé, on ne s'entend plus. Le « même » victo-
rieux a disparu quand l'opposition a disparu elle-même

ou est devenue insignifiante. A sa place plusieurs « mêmes »
nouveaux se forment, plusieurs partis se dessinent. Sans
doute les différences existaient déjà, mais elles se subor-
donnaient à l'idée principale, au même. Celui-ci disparu,
l'association disparaît, les divergences s'accusent et vont
créer des associations nouvelles, des partis à peine ébauchés jusqu'ici au sein du grand parti et qui vont passer au
premier plan. Qu'on se rappelle seulement les débats sur
l'Union républicaine, les luttes entre opportunistes, radi-
caux et socialistes après le triomphe du parti républicain.
On ne combat plus pour la république après l'avoir conquise,
mais pour telle ou telle forme de république. Et si un
nouveau parti arrive au pouvoir, il se divise encore forcément, les intérêts personnels, les tendances individuelles,
les groupes secondaires et les sous-groupes se sentent
plus libres et vont chacun dans son chemin jusqu'à ce
qu'un même nouveau les rallie.

Une opposition extérieure suffisante est nécessaire,
pour maintenir la cohésion d'un système. On sait assez les
dangers du pouvoir trop absolu. S'il est mauvais pour le
pays, il est mauvais aussi pour lui-même. Il tend ou à se
dissoudre ou à devenir une tyrannie abusive qui en désor-
ganisant le pays, finit par se désorganiser elle-même. De
même la volonté d'un enfant gâté risque de s'aveulir ou
de dégénérer en caprices impérieux absurdes. Il y a eu
des « pouvoirs gâtés » et des « peuples gâtés » qui ont
trop perdu à certaines heures le sentiment des limites de
leur puissance, des révoltes possibles, des réactions inévitables, qui ont provoqué leur propre ruine.

Il y a aussi des hommes et des femmes gâtés qui
n'ont pas rencontré autour d'eux des volontés capables
de les amener à un meilleur équilibre mental, des auteurs
gâtés par le succès, des peuples gâtés peut-être par une

vie trop facile. Et certes, on n'exagérera jamais les maux de la guerre, mais il sera peut-être bon pendant bien longtemps qu'on en sente au moins la menace pour que les associations nationales gardent la cohésion et la force désirables.

De même, un désir qui se satisfait immédiatement disparaît de la conscience et, à moins qu'il ne repose sur un fonds organiqu très solide, qu'il ne soit renforcé par de longues hérédités et qu'il ne reste dans l'esprit une sorte de tendance permanente qu'une satisfaction momentanée ne saurait satisfaire, il peut disparaître pour toujours, il ne tend pas à former un système d'idées et de sentiments bien riche, bien complexe, ni très envahissant. Les amours contrariées sont les plus violentes ; un peu d'opposition excite le désir quel qu'il soit, en bien des cas. De là des raffinements comme le « doux nenni avec un doux sourire » souhaité par Marot, de là le danger de contrarier directement, chez les enfants, les désirs qu'on veut les empêcher de satisfaire. Une idée, facilement formée, sans opposition, sans contradiction passe facilement inaperçue, demeure comme inconsciente, risque de ne s'accrocher à aucune autre idée, de ne pas éveiller cette activité un peu troublée, un peu effervescente d'où sortent les belles théories et les grands systèmes. Ceux-ci naissent en général d'agglomérations d'images et d'idées provoquées par l'opposition et la lutte, par des conquêtes, des annexions, des généralisations qui ne sont pas sans troubles ni sans heurts. Une facilité extrême de l'esprit a ses inconvénients parfois sérieux et même ses dangers.

§ 5. — *L'opposition n'est jamais tout à fait absente.*

L'opposition ne manque jamais complètement. Elle est partout, elle est toujours. Aucune force ne se déploie sans s'opposer à quelque autre force. Mais si une certaine opposition est nécessaire au même, toute opposition ne lui est pas favorable.

Cela est assez évident. Les catastrophes naturelles, les éruptions de volcans et les tremblements de terre, ou les banals accidents de nos rues nous en avertissent assez. La guerre peut donner quelque unité à un peuple, mais elle peut aussi le supprimer. Un peu de persécution anime le zèle des croyants, une persécution féroce et habile peut éparpiller ou exterminer les dissidents, supprimer avec eux ou exténuer leur foi. Il ne faut souhaiter ni trop de facilité de vie, ni une opposition prévoyante et tenace aux idées ou aux rêves que l'on aime.

Ce n'est pas toujours la violence qui fait le danger de l'opposition, la ruse y concourt puissamment. Diviser pour régner   viser pour triompher, ce sont des maximes bien faites. s associations comprennent toujours des éléments et des sous-groupes dont les désirs peuvent être excités et tournés contre l'association même. C'est la séduction sous toutes ses formes si variées, séduction par l'amour, par la richesse, par la puissance, par l'envie, par la peur, par les sentiments les plus hauts, comme par les plus bas. Le mot, bien entendu, ne comporte ici ni blâme, ni nuance péjorative. Il y a des associations qu'il peut être bon et louable de dissoudre, la séduction est un mode de dissociation qui s'oppose à la violence. C'est par la « séduction » qu'on recherche souvent l'amendement des coupables et des vicieux ; on cherche à les séparer d'un milieu malsain, de les dégager d'associations compromettantes et dangereuses. Elle existe non seulement dans le domaine social, mais aussi dans l'esprit, dans les éléments psychiques, et en un sens jusque dans le démembrement des combinaisons chimiques.

L'opposition agit sur les individus et sur les éléments comme sur les groupes sociaux. On nuit à une individualité en la comprimant trop comme en la laissant trop libre. On nuit souvent à un désir, à une croyance si l'on peut empêcher le premier de se satisfaire, la seconde de se maniferter, de se développer librement. C'est par séduction parfois qu'on agit ; on désorganise un désir en lui créant un remplaçant, en attirant vers un autre désir, qui ne peut être satisfait en même temps que le premier, quelque-uns des éléments nécessaires à celui-ci. De même on discute une doctrine en tâchant de semer le désaccord entre les idées qui la composent, en présentant à quelques-unes d'entre elles d'autres théories, d'autres conceptions d'ensemble qu'on espère leur convenir mieux. On peut aussi combattre directement une tendance par des défenses absolues, ou bien en se mettant plus ou moins bien dans l'impossibilité d'y céder (les ermites qui fuient le monde pour éviter la tentation et la faute, les Skoptzy russes). Et l'on peut écraser une croyance, une opinion par une véhémente affirmation contraire.

Si l'opposition existe toujours au dedans et au dehors d'une association, si une certaine quantité et une certaine qualité d'opposition sont même utiles ou nécessaires à la constitution même et à la santé de l'association, c'est une bonne règle d'hygiène pour celle-ci que de choisir, dans la mesure du possible, cette opposition. Cela n'est pas toujours possible. Cela l'est en bien des cas, et à quelque degré. Instinctivement l'individu évite certains adversaires, certains contacts hostiles. Ce sont les plus forts d'abord, et nul ne se croirait lâche pour éviter un rocher qui menace de tomber, ou pour ne pas traverser une voie de chemin de fer quand un rapide se montre à proximité. Ce sont aussi les plus bas, les ennemis avec qui la lutte directe peut paraître une sorte de déchéance. Ce sont aussi, si l'on a l'âme généreuse ou dédaigneuse, ceux qui sont trop faibles, et contre qui un triomphe ne serait ni une gloire, ni un réconfort.

C'est affaire à chaque association de tâcher de trouver les adversaires qui lui conviennent le mieux et d'en tirer bon parti. Il y a beaucoup à gagner avec ses ennemis. On apprendra d'eux à lutter contre eux et à lutter contre d'autres, à éviter leurs défauts, à s'inspirer de leurs qualités ; on y peut apprendre aussi à vivre avec eux en harmonie, et un conflit peut être suivi d'une association. La lutte peut montrer à deux peuples comme à deux individus que chacun d'eux peut en somme être utile à l'autre. Tout cela dépend naturellement des adversaires et des conflits. Mais la lutte même, parce qu'elle est une occasion de contact, peut être une occasion d'association, exactement comme l'association, étant aussi une occasion de contact, peut devenir une occasion de conflit. Et quand le conflit fait place à l'harmonie, c'est par le moyen de la division du travail qui permet de laisser subsister des différences, parfois de les multiplier ou de les développer, mais en les soumettant à un même nouveau que les rapprochements de la lutte ont fait naître ou développé.

§ 6. — *L'autorité comme forme d'opposition.*

Peut-être se fera-t-on une idée plus exacte de l'autorité en la rapprochant de l'opposition. Elle en est visiblement une forme. Toute autorité s'exerce en s'opposant, elle dirige l'homme, ou tout autre élément d'association, en inhibant, en contrariant certaines de ses virtualités. Depuis ses formes les plus nettes jusqu'aux plus atténuées,

depuis l'ordre impérieux jusqu'à l'influence la plus persuasive et la plus douce, le caractère de l'autorité est toujours le même. Il s'agit |toujours de diriger l'activité des
éléments dans une voie que, livrés à eux-mêmes, elle ne
prendrait pas. D'autre part, toute opposition tend aussi à
exercer une influence sur l'être qui persiste. Cette influence est souvent une réaction directe, mais elle est aussi
souvent une adaptation. C'est en ce sens que l'opposition
peut être utile ; elle aide souvent l'association à qui elle
s'adresse, à agir avec plus de force et de précision, précisément en inhibant les tendances qui séparaient les
éléments et pouvaient les diriger vers la dissolution. On
peut conclure, il me semble, que l'autorité est un cas de
l'opposition, un cas de l'opposition interne, presque toujours, et un cas où l'opposition provoque l'adaptation et
tend à servir le « même » supérieur.

L'autorité paraît bien essentielle à l'association. Dire
que le différent n'est subordonné au même, c'est établir l'autorité, sur le différent, du même et de ce qui le représente. En fait, nous la constatons partout, puisque
c'est l'association même, la synthèse qui détermine la
forme et la direction de l'activité des éléments.

On l'a méconnue souvent, et non sans qu'il y eût de sa
faute. Le rêve anarchiste enchanta naguère des esprits de
bourgeois et il ensanglanta leur vie. Il n'est pas utile d'en
nier absolument le charme ni la grandeur. Mais en fait, ou
bien il négligeait complètement les conditions nécessaires
d'une association, ou bien il s'attaquait non point à l'autorité elle-même, mais à certaines formes d'autorité. Je le
prends ici, bien entendu, dans ses formes les plus hautes,
qui malheureusement manquaient, par principe, d'autorité
pour renier et pour combattre les autres. La conception
d'une société naturellement harmonieuse où chacun accom

plirait par goût une tâche librement choisie n'est pas sans quelque parenté, malgré les oppositions sociales, avec la théorie de la société-organisme qui, un peu avant elle, a joui d'un prestige qu'elle méritait seulement en partie. Tout ce qu'on en peut dire de plus favorable, c'est que, si elle n'est pas absolument contradictoire en soi, elle ne saurait s'appliquer à notre humanité. Ce qu'il faut ajouter, c'est que l'autorité ne serait nullement supprimée dans la société idéale, pas plus que dans l'organisme, où, comme disait Huxley, discutant le « nihilisme administratif », les globules du sang ne sauraient tenir un meeting sans se faire accuser de tentative de congestion et réprimer en conséquence si possible. Il est évident que les individus ont forcément des tendances, des virtualités d'action que la société doit arrêter par son influence, en diverses façons

L'autorité n'est que la condensation, l'organisation de cette influence. Il y a des hiérarchies d'influences plus ou moins définies, plus ou moins reconnues. L'homme met autant d'empressement à s'y soumettre que de mauvaise grâce à reconnaître qu'il s'y est soumis, et il n'est nullement rare de rencontrer un farouche amour de l'indépendance et un violent désir de « rester soi » chez des gens qui se laissent volontiers mener par leur entourage et dont la personnalité est d'ailleurs médiocre. C'est une des petites revanches du « moi » contre les « autres » qui sont en lui, et elle est d'autant mieux supportée, encouragée même, qu'elle est sans grande importance en général.

Rien n'est plus nécessaire à l'individu social que l'influence des uns sur les autres. Aucun de nous n'est capable de marcher droit, qu'il le sache ou non, qu'il le veuille ou non, sans être tenu en lisière, d'assez près peudant longtemps, d'un peu plus loin pendant toute sa vie. L'autorité est souvent dissimulée, en bien des cas elle ne nous heurte pas sensiblement; elle n'en est pas moins réelle et toujours présente. On voit d'ailleurs ce que l'homme et la société deviennent lorsqu'elle disparaît ou s'affaiblit, lorsque l'individu se trouve soustrait à toute autorité et à toute influence directrice organisée, dans certains moments de guerre ou de révolution, ou dans des pays lointains où font défaut les contrepoids normaux à ses désirs instinctifs, ou encore lorsque sa situation privilégiée le met hors de pair en l'investissant d'un pouvoir trop absolu, car l'autorité aussi doit être toujours soumise à la pression efficace des conditions associatives.

X

L'association et l'existence.

§ 1. — *Union essentielle de l'association et de l'existence.*

En étudiant les conditions générales de l'association, ce
sont en somme les conditions générales de l'existence que
nous avons examinées. Il semble bien que l'association,
la synthèse, la systématisation, ne soient que d'autres
noms de l'existence. Tout ce qui existe, existe vraiment
en tant que synthèse plus ou moins imparfaite, systématisation plus ou moins serrée, et tout ce qui existe,
peut-on ajouter, existe d'autant plus que la synthèse est
moins imparfaite et l'association plus stricte. L'existence
absolue serait alors la systématisation parfaite ; mais,
comme nous l'avons entrevu déjà, elle se confondrait avec
le pur néant. L'absolument absolu est une sorte de limite
dont on se rapproche plus ou moins ; on pourrait dire que,
en l'atteignant, l'existence passe brusquement, comme
certaines fonctions géométriques (la tangente trigono-
métrique) de plus l'infini à moins l'infini.

Rappelons-nous d'abord qu'il y a de l'association partout. De l'atome aux sociétés humaines aucune société ne
peut se dire absolument simple. Sans l'association, sans
le système qui les constituent, ni l'atome, ni la molécule,

ni les groupes astronomiques, ni les individus biologiques,
ni l'esprit, ni les groupes sociaux ne sauraient avoir la
moindre réalité. Ils n'existent que par l'association.

Souvenons-nous ensuite de notre définition du système : la subordination de l'autre au même, l'unité s'aidant de la pluralité. Tout ce qui existe a son unité et sa
diversité, présente des caractères communs essentiels et
des éléments, et, de plus, ne se distingue de ce qui n'est
pas lui, et n'existe vraiment que par ce même et ce divers,
par ce qu'il y a de commun et par ce qu'il y a de différent
en chaque réalité.

Cela est évidemment vrai, quand il s'agit d'un individu,
même quand il s'agit d'une collectivité définie. Mais quel
que soit l'ensemble que nous considérons, et si disparate,
si hétérogène qu'on le veuille, il a toujours son unité et
notre affirmation de réalité l'indique. Aussi affirmons-
nous cette collectivité en bien des cas, par un mot au
singulier : une paire, une couple de pigeons, un quarteron,
un kilogramme de pommes de terre, une foule d'hommes,
et les grammaires laissent-elles volontiers libre quand un
mot collectif s'accompagne d'un verbe, l'emploi du singulier ou du pluriel. Les exemples grecs, latins ou français
sont dans toutes les mémoires.

Si incohérent que puisse être l'assemblage de choses
que nous désignons d'un mot et dont nous affirmons
l'existence, il faut bien qu'il reste une certaine unité, qu'un
« même » y apparaisse, aussi réduit qu'il puisse être. Le
fait seul d'exister et de pouvoir être représentées en même
temps ne suffit pas à former un vrai système, pourtant il
révèle déjà quelque ressemblance et, par suite, une condition et même un rudiment d'association. Le fait seul
que ces choses entrent dans un même groupe les prépare
à s'unir et à s'opposer, c'est-à-dire à préciser les rapports

que notre proposition a constatés. Seules des choses qui n'auraient aucun rapport ne présenteraient aucune trace de systématisation, mais elles ne pourraient être unies dans une même proposition, puisque le fait de les unir affirme déjà un rapport si ténu, si lointain soit-il. On nous avertit au début de l'arithmétique que l'on ne peut additionner avec quelque sens et quelque succès que des chiffres représentant dés objets de même espèce. Et en effet on peut élargir l'espèce ou le genre autant qu'on le voudra, mais on ne peut se passer, dans une collection quelconque, de quelque qualité semblable, de quelque « même » plus ou moins abstrait. On ne peut additionner des pommes et des poires en tant que telles, mais on y arrive si on considère les unes et les autres comme des fruits, en ne tenant compte, par conséquent, que de leurs qualités communes, de leur « même ». On peut dire ainsi: quatre pommes et cinq poires font neuf fruits, et pareillement : quatre pommes et trois porte-plume donnent sept objets matériels. Ainsi de suite, et rien ne peut exister sans être composé d'éléments reliés par un même. Rien n'existe sans unité.

Rien n'existe non plus sans différence et sans opposition. Sans différence et sans opposition extérieures, car une réalité ne s'affirme, ne se réalise qu'en se distinguant; sans différence ni oppositions internes puisque nous ne connaissons rien d'absolument simple et que nous ne pouvons concevoir une chose qui existerait sans les oppositions de droite et de gauche, de haut et de bas, d'avant et d'après, une chose qui ne serait ni dans le temps ni dans l'espace, et le temps, l'espace, l'existence même sont déjà créateurs de ressemblance.

On peut donc affirmer que les choses n'existent, en quelque sorte, qu'en fonction les unes des autres, en ressemblant aux autres et aussi en se distinguant d'elles. C'est en somme, je ne dirai pas la relativité de la connaissance, mais la relativité de l'existence que nous constatons ainsi. S'il y a de l'absolu ce n'est pas dans les choses mêmes, c'est dans leurs relations qu'il existe et que nous pouvons le découvrir. Mais nous aurons à revenir sur cette question en étudiant la connaissance.

L'existence et l'association seraient donc une même chose, considérée un peu différemment. Nous pourrions à bon droit transposer sur un autre plan ce qui a été dit précédemment, et reconnaître à l'existence les caractères de l'association. L'existence implique le même et l'autre, et jusqu'à un certain point la subordination de l'autre au même. Elle suppose à la fois l'unité et la pluralité.

Ce qui distinguerait l'existence et l'association, ce serait tout au plus que nous grouperions sous le nom d'associations les existences où la subordination de l'autre au même est particulièrement sensible. L'association serait donc une existence supérieure et condensée, la simple existence désignerait une association moins stricte où la prédominance du « même » pourrait être moins nette que dans la véritable association. En somme, l'existence et l'association seraient bien essentiellement une même chose, et il y aurait le plus d'existence là où il y aurait le plus d'association.

§ 2. — *L'existence et le mal.*

Des difficultés se lèvent. Que deviennent de notre point de vue les qualités qui font le contraire de l'association ? La lutte, le mal, la discorde, la contradiction, la séparation existent-ils ? peuvent-ils exister, représentant non point un « même », mais la négation du même ou sa subordination à l'autre ? Et si l'on veut soutenir qu'ils n'existent pas réellement, on paraît contredire violemment l'expérience.

C'est en somme l'immortel « problème du mal » qui se pose ici, sous un de ses aspects. On peut dire, tout d'abord, que le mal sous toutes ses formes, la discorde, la dissociation, n'est pas, à proprement parler, *une* existence. Il résultera au contraire de l'opposition de deux ou de plusieurs existences qui ne peuvent se fondre en une. Il indique le triomphe de la pluralité sur l'unité. La réalité des existences est incontestable, mais le mal, la lutte, la discorde, en tant qu'ils sont essentiellement et radicalement le mal, ne représentent pas *une* réalité distincte de cette pluralité d'existences.

Ce n'est là qu'une considération secondaire et accessoire. Il faut surtout dire que le mal, en tant qu'il prend une existence distincte, devient dans une certaine mesure, et à certains égards, un bien. Si l'on considère l'ensemble des choses qui s'opposent, on voit que cet ensemble existe encore par ce qui reste de « même » dans les réalités différentes, d'accord et de ressemblances entre les existences réglementaires qui s'opposent et se repoussent mutuellement. Comme sept pommes et huit pêches font quinze fruits, un amas d'existences en lutte fait tout de même un ensemble d'êtres qui présentent des propriétés communes. Ces êtres gardent encore quelque harmonie dans leur désordre. Nous avons eu déjà l'occasion de le constater. C'est par là que le mal obtient une existence réelle. Il est un bien d'ordre inférieur et plus mêlé, si l'on regarde le concret, ou bien à un degré d'abstraction plus élevé, c'est-à-dire que pour y percevoir l'ordre, il faut faire abstraction d'une grande partie des

éléments en présence et de leurs rapports. Ainsi un duel, qui
est un conflit pouvant aller jusqu'à la mort des deux adversaires, est une réalité par ce qu'il contient encore d'associatif, de systématique, de « même », par les ressemblances génériques, naturelles et sociales des adversaires,
par les conventions admises également par eux, par la
combinaison réglée des actes qui fait du duel un drame
qui commence, se développe et se termine, par la série
coordonnée de démarches qui le précède et qui le suit.
Pour le considérer comme une sorte de système et d'association, il faut abstraire, oublier l'opposition violente qu'il
décèle ou plutôt ne la considérer que comme un principe
directeur qui va systématiser pendant un certain temps
la conduite des deux adversaires. Et il y a si bien une systématisation réelle qui fait l'unité du mal, que certaines personnes d'une sensibilité un peu particulière et anormale
en viennent assez aisément à faire abstraction de ce qui
devrait les froisser, pour admirer, pour aimer même le
mal en lui-même pour sa grandeur, pour son étendue,
pour sa violence, pour les caractères qui en feraient un
bien pour tous si nous n'en considérions pas le côté purement destructeur. Encore faut-il souvent se dire que ce
qui est un mal pour l'un est, pour la même raison, un bien
pour l'autre. Et tout à l'heure, au reste, nous avons abouti
à cette conclusion, que le conflit et l'association pourraient être considérés comme des cas d'une même réalité,
plus semblable à elle-même, sous ses divers aspects, qu'on
n'est porté à le croire.

La réalité est toujours faite d'union et de discorde, et le
bien et le mal ne sont que des qualités relatives des phénomènes et de leurs relations. D'autre part une organisation dont l'existence est commencée tend souvent à s'organiser davantage. Aussi peut-il arriver que le mal se

régularise, prenne une sorte d'unité et d'existence différenciée, que le désordre s'organise en quelque manière. Mais alors le mal devient une sorte de bien, et le désordre une forme inférieure de l'ordre. Cela est vrai surtout si on le considère en lui-même, abstraction faite de ses relations avec d'autres existences qui ne peuvent s'unifier avec lui, et dont sa réalité marque et signale l'imperfection. J'ai rappelé plus haut l'exemple du duel, et il n'est pas douteux que le duel ait atteint un remarquable degré de systématisation, et que, d'autre part, il ait, malgré ses dangers et ses inconvénients, pu rendre quelques services aux individus et à l'association. L'existence d'une bande d'apaches est un mal pour la société. Elle en révèle en même temps les vices et les discordances. Prise en elle-même, elle n'en est pas moins une association, et, si l'on abstrait suffisamment, un bien relatif pour ses membres. Et plus elle offrira les caractères de l'association : la subordination de tous au « même » associatif, la discipline, la division judicieuse du travail, la hardiesse des conceptions et la prudence résolue de l'exécution, plus elle sera un bien en elle-même et pour elle-même (pour ses membres aussi) et plus elle sera un mal pour la société supérieure où elle s'exerce. Le mal consiste en ce que deux ou plusieurs ne peuvent pas suffisamment arriver à ne faire qu'un, il est essentiellement un égoïsme. L'être supérieur en qui l'union se ferait n'existe que d'une façon trop imparfaite et insuffisante. En ce sens, le mal, la discorde, l'opposition, la contradiction indiquent toujours une non-existence, parfois la suppression d'une réalité antérieure. Comme d'ailleurs des oppositions, des conflits interviennent dans toute réalité, on peut en déduire que chaque existence implique par là une non-existence, un néant relatif. Mais comme l'absence de contradiction conduit aussi au néant, l'existence s'affirme comme une sorte de compromis entre deux néants, ou, si cela peut prendre un sens, d'association entre deux néants, le néant par systématisation complète, et le néant par excès de désordre et d'incohérence.

L'existence supposant toujours une certaine quantité de désordre mêlée à une certaine quantité d'ordre, le désordre existe évidemment dans cet amalgame. Mais il n'a pas besoin pour exister d'autant de bien qu'on en a pu remarquer dans les exemples que j'ai choisis pour la commodité de l'exposition. La proportion en est naturellement très variable.

D'autre part, ne confondons pas le mal avec l'idée du mal, idée réelle, idée positive capable d'entrer en bien des associations et qui est la représentation coordonnée d'un manque de coordination. Elle est positive par elle-même, comme l'est toute idée d'une négation, et, comme telle, elle demeure par elle-même un bien relatif.

Autre difficulté : si rien n'existe qu'en s'opposant, à quoi s'oppose l'ensemble, la somme de toutes les choses existantes ? On peut répondre que l'ensemble existe en tant que tel comme s'opposant aux parties qui le composent. Elles ne sont pas « en dehors » de lui, si l'on veut, mais elles sont distinctes de lui et cela suffit. Peut-être aussi peut-on ajouter que l'ensemble des choses qui sont s'oppose aux choses qui furent ou aux choses qui seront. Peut-être encore l'ensemble des choses qui sont, qui furent et qui seront s'oppose-t-il à ce qui n'a jamais été et ne sera jamais. Une telle considération parait plutôt fondée sur un artifice de l'intelligence que sur la réalité ; elle soulèverait des difficultés assez lourdes, et nous pouvons nous passer d'elle puisque l'opposition de l'ensemble en tant que tel, avec ses éléments nous suffit.

§ 3. — *L'espace et le temps.*

L'espace et le temps — cela résulte de ce qui précède — doivent être considérés à la fois comme de grandes formes de ressemblances générales entre les êtres, et aussi comme des formes importantes et particulièrement précises et nettes de la division du travail. C'est dire qu'ils sont, en somme, des sortes d'immenses synthèses, d'associations universelles. La subordination du différent au même est loin d'y être parfaite, quoique nous apercevions sans peine la possibilité d'une subordination très rigoureuse des parties dans l'espace abstrait et dans le temps abstrait, puisqu'ils se prêtent admirablement à l'épanouissement des lois mathématiques.

Que l'espace et le temps soient des « mêmes », il n'en faut point douter. Tout ce qui existe participe de l'un et de l'autre vraisemblablement, et, en tout cas, de l'un d'eux, le temps. Cela suffit pour soumettre toutes les réalités à un certain nombre de lois semblables, lois abstraites qui tranchent par leur rigueur et leur simplicité sur le prodigieux enchevêtrement de leurs réalisations. Le temps et l'espace, tout en servant de base, de point de départ aux associations, tout en leur offrant des conditions essentielles par le « même » qu'elles leur fournissent, ne forment par eux-mêmes que des synthèses très abstraites et non point de vrais systèmes vivants et agissants.

Mais ils sont merveilleux au point de vue de la division du travail et de la différenciation dont ils réalisent sans doute les formes les plus générales et les moins imparfaites, les conditions universelles et, semble-t-il, nécessaires, — nécessaires au moins dans les aspects et les fragments du monde qui nous sont accessibles. Chaque être,

chaque élément d'être se distingue de tous les autres par
son occupation d'une partie de l'étendue et d'une partie de
la durée: Par là il s'oppose, en fait et à certains égards,
à tous les autres, en même temps qu'il devient abstraitement semblable à eux. Cette opposition peut être très
vive, elle persiste toujours, au moins à l'état virtuel. L'espace et le temps sont le résultat d'une sorte de partage du
réel, pour rendre le réel accessible à plus d'êtres, pour partager la réalité en la morcelant, pour rendre réelle, en la
divisant, une virtualité riche, confuse et qui ne peut devenir actuelle qu'en s'émiettant, en se précisant, en se spé-
cialisant. Deux êtres ne peuvent jamais occuper simultanément la même position du temps et de l'espace. Ils peuvent
occuper la même position dans l'espace, jamais au même
moment ; ils peuvent occuper la même place dans le
temps, jamais au même point de l'espace.

L'espace et le temps sont une condition et une forme de
la pluralité, de la diversité des êtres. Ni la pluralité ne peut
exister sans eux, ni eux-mêmes ne peuvent avoir aucune
existence dans une unité absolue. Ils paraissent donc à la
fois conditionner abstraitement la pluralité et être abstraitement conditionnés par elle.

Naturellement, par leurs rapports mêmes avec la pluralité et avec la division du travail, l'espace et le temps sont
aussi des facteurs de l'ordre, et des conditions des systèmes. C'est en tant qu'ils sont, comme nous l'avons vu,
des conditions et des formes de la division du travail et
de la différenciation des fonctions. Ils permettent d'éviter
de graves conflits. En même temps qu'ils décèlent l'opposition, le mal, et qu'ils y prennent part, ils permettent d'y
remédier dans une certaine mesure, selon un procédé général, peut-être universel, que nous rencontrons partout et
que j'ai souvent dû signaler. De ce point de vue, la fièvre

dans le domaine de la biologie, la conscience psychique sont des analogues du temps et de l'espace.

Des réalités évitent constamment les heurts et les destructions en se distribuant convenablement dans l'espace et dans le temps. Des cas familiers et communs rendent cette vérité trop évidente à tous. La queue des spectateurs à la porte d'un théâtre est une utilisation systématique du temps et de l'espace pour procurer à chacun sans trouble la satisfaction qui lui revient. Mais on peut considérer sous le même aspect bien d'autres aventures. Écrire un livre, par exemple, c'est — par un côté du travail au moins — ordonner dans le temps et dans l'espace et réaliser dans leurs rapports d'harmonie et de contraste, une foule d'idées résumées tout d'abord généralement en une tendance, en une impression d'ensemble dont les éléments se dégagent en s'ordonnant, en se divisant, et, objectivement, en se distribuant dans des moments successifs et à des places différentes. La marche d'une pendule est la distribution dans le temps des effets d'une force qui ne peut se dépenser d'un seul coup à cause des obstacles qu'elle rencontre, et qui, s'ordonnant par là même, vient permettre en outre la coordination d'innombrables actes humains. Le développement d'un être peut être considéré à peu près de même. Si l'on fait abstraction des accidents, du hasard, des circonstances secondaires et non essentielles du milieu, on peut dire que l'être vivant est virtuellement contenu dans son germe, et que toute la série des faits internes qui le constituent, de ses pensées, de ses actes est le déroulement dans le temps et dans l'espace d'une force qui ne peut réaliser immédiatement ses effets. Elle va, selon les circonstances, les réaliser successivement dans le temps et dans l'espace, s'aidant de ces circonstances, dans bien des cas, parfois contrariée, retardée, déviée ou brisée par elles. (Je me borne ici à cette indication qui devrait, pour ne pas donner prise à des critiques évidentes, être développée et commentée.) Ainsi la série des phénomènes s'ordonne en s'établissant dans le temps et dans l'espace, pour manifester le « même » essentiel qui se trouve au début d'une série systématisée. Nous verrons tout à l'heure ce que c'est que cette évolution. Le temps et l'espace sont peut-être les formes et les conditions les plus générales de la division du travail, par là — comme par le « même » abstrait qu'elles impliquent — de l'association, et par là de l'existence (1).

§ 4. — *L'existence et l'humanité.*

Pour bien entendre l'existence, il faut se méfier de certaines idées suggérées par un langage forcément imprécis, et acceptées par une pensée volontiers un peu vague. Le verbe *être*, qui semble indiquer l'existence, est souvent employé en des cas où l'existence n'intervient pas. On dit : « Cette pensée est inexistante », un peu comme on dit familièrement, par une contradiction naïve, ou, plus rarement, par un procédé subtil : « Il y a des absents ». Ce qui se présente ici, c'est en somme le caractère positif de la négation, tout à fait analogue à la réalité du mal, du désordre, que nous avons examinée tout à l'heure et dont il n'est

(1) Ces idées peuvent prendre une forme métaphysique qui ne les rendrait pas plus vraies, mais qui les condenserait et en éclaircirait peut-être le caractère essentiel. On dirait que l'être est une force qui, se heurtant à d'autres forces, ne peut développer instantanément ses effets et n'arrive à les dérouler qu'en inventant le temps et l'espace qui lui permettent de réaliser peu à peu ses virtualités et de s'accommoder plus ou moins heureusement des forces adverses dont elle modifie, en retour, l'expansion.

qu'un cas particulier. C'est bien toujours une réalité que l'on désigne et la contradiction n'est qu'apparente, résidant non point dans l'idée, mais dans l'expression.

L'existence est une chose plus nuancée, plus variable qu'on n'a coutume de le croire. Nous parlons très souvent de certaines réalités sans qu'on voie nettement le sens qu'il faut leur attribuer, et c'est là une source continuelle d'erreurs plus ou moins dangereuses, et quelquefois fécondes. On ne s'entend pas toujours autant que l'on croit sur ce que c'est qu'exister et être réel. ⁎

Par exemple, on entend parler de l'humanité comme d'une réalité qui existerait au même titre que la famille ou la patrie auxquelles on peut parfois l'opposer. Et je ne dis pas qu'il ne soit pas légitime de le faire, mais il y faut quelques précautions. Il ne sera peut-être pas inutile, pour mieux entendre l'existence, d'insister sur ce cas que j'ai eu déjà l'occasion d'indiquer.

Comment l'humanité existe-t-elle ? Elle existe d'abord, au sens compréhensif, comme un ensemble de caractères abstraits qui définit l'homme, se retrouvant toujours chez l'homme normal et ne vivant que chez lui. Elle est un « même », une synthèse de qualités abstraites plus ou moins solidaires.

Elle existe encore comme ensemble des êtres qui présentent ces qualités. Elle désigne alors une collection, une somme d'êtres. Elle est la totalité des hommes, et son nom indique cette totalité comme un nom correspondant désignerait la totalité des lièvres ou des loups, ou même un ensemble d'objets inanimés quelconques, la totalité des encriers ou celle des parapluies. Avec ce même sens collectif on dira qu'un spéculateur s'est assuré « le blé » de toute une contrée.

Enfin elle tend peut-être à exister, mais elle n'existe que

très peu, très partiellement en tant qu'elle serait un ensemble organique bien coordonné, une association systématique de tous les peuples, une synthèse harmonisée de
tous les êtres humains. En ce sens peut-être n'existera-t-elle
jamais pleinement. Pourtant une certaine solidarité, incertaine et variable, s'impose aux hommes. Ils se ressemblent
sur bien des points, les conditions changeantes de l'existence ont multiplié entre eux les rapports. De là, plus d'associations, plus de solidarité entre eux, et naturellement aussi
plus de conflits. Il semble bien qu'il y ait un réel progrès en
tout cela, j'entends que l'association soit devenue plus large,
la solidarité plus serrée, et aussi les conflits plus vastes,
puisque les conflits tiennent de si près à l'association.
L'humanité peut donc être considérée comme s'ébauchant
dans des formes vagues, mobiles et troublées dont nul ne
peut prédire avec sûreté la systématisation future ou
l'avortement, bien qu'il soit vraisemblable qu'un progrès
dont on ne peut dire l'importance doive s'accomplir encore.
Actuellement, en tant que tout constitué et solidement
organisé, elle n'existe que peu ou pas. C'est pourquoi elle
ne saurait actuellement s'opposer à la patrie, beaucoup
plus systématisée, beaucoup plus existante qu'elle, de la
même manière que la patrie s'oppose à la famille, par
exemple, ou à la ville natale, et se placer au-dessus d'elle
avec la même certitude et pour des raisons analogues. De
telles idées ne seraient admissibles que si les patries se
trouvaient unies en quelque confédération de peuples
étroite et serrée, comme les familles sont associées rigoureusement dans la patrie.

Tout ceci peut impliquer que l'existence est une quantité
variable, que certains êtres réels existent plus ou moins que
d'autres. Et cela est vrai ou faux selon comme on l'entend.

Ce n'est pas, dira-t-on, l'existence qui varie, mais bien

les qualités de ce qui existe. L'humanité ne saurait exister plus ou moins, mais l'ensemble des hommes est plus ou moins systématisé. De même, la solidité d'un corps quelconque n'est pas plus ou moins existante, mais un corps est plus ou moins solide. Et, en effet, en un sens abstrait, tout ce qui existe, existe au même titre, le phénomène le plus fugitif, le plus simple, le plus imperceptible existe, en tant que tel, aussi bien et tout autant que le plus complexe, le plus durable et le plus aveuglant. Deux est un nombre, tout aussi bien qu'un milliard.

Mais au fond, cela revient au même. Tous les hommes majeurs en France ont légalement le même droit de vote, mais leur pouvoir n'est pas du tout le même. Il y a un minimum d'existence qui peut être considéré comme égal dans tout ce qui existe. Tous les êtres qui existent n'existent pas également. Nous sommes tous égaux devant la mort en ce sens que nous mourons tous, mais ce n'est pas la même chose, ni être vraiment égal devant la mort que de mourir à un jour ou à cent ans, d'être faible, malade et pauvre, ou d'être riche, bien portant, et à même de se soigner de toutes les façons utiles. Tous les nombres, qui sont également nombre, si l'on veut, ne mesurent pas des quantités pareilles, et tous les êtres existants ne profitent pas de la même dose d'existence. Il en est qui existent vraiment plus que d'autres. Il en est qui sont plus que d'autres voisins du néant, comme il est des nombres qui sont, plus que d'autres, proches du zéro, de l'absence de nombre. Tous les hommes ne sont pas également hommes, ils ne possèdent pas tous au même degré les attributs de l'humanité. On peut seulement dire qu'ils en possèdent un certain minimum, assez difficile à définir avec précision, faute duquel un être n'est plus un homme. De même, les êtres n'existent pas tous également. Tout ce

qui est présente un certain minimum d'existence, faute de
quoi il ne serait pas. Mais s'il ne faut retrancher que deux
unités au nombre deux pour le ramener au zéro, à un pur
rien, il faut ôter un million d'unités au nombre un million
pour le même résultat. Pareillement, il faut ôter beaucoup
plus de qualités, d'attributs, de forces, d'actions et de virtualités à certaines existences qu'à certaines autres pour
les réduire au néant. Toutes les existences ne sont pas
égales en durée, en ampleur, en force, en richesse, en complexité, en harmonie, elles ne sont pas des existences
égales. Nous avons tous connu des individus qui existaient
à peine, d'autres qui vivaient beaucoup plus. Nous ne
sommes égaux ni devant la vie, ni devant la mort, ni devant la richesse, ni devant l'intelligence ou le savoir, alors
même que nous soyons tous doués de quelque vie et de
quelque intelligence, nantis, au moins, de quelques pièces
de monnaie, ornés de quelque savoir. Et bien que nous
existions tous, nous ne sommes pas non plus égaux
devant l'existence et tout ce qui existe n'existe pas au
même degré.

Ce qui précise le degré de l'existence, c'est précisément
le degré de la systématisation, de son ampleur, de sa
rigueur, de sa richesse. L'homme qui existe vraiment,
c'est l'unifié, le maître de soi, qui se dirige et se conduit
lui-même, chez qui le « pouvoir personnel » est puissant
et durable. Celui qui n'existe guère, qui est à peine une
personne, c'est celui dont la volonté flotte au souffle des
circonstances, au gré des parents, des amis, des meneurs,
ou même de ses propres caprices. En effet, ce qui existe
en lui, ce sont plutôt les autres, ou bien ce sont des
éléments psychiques plutôt qu'une vraie personnalité.
C'est tout, excepté lui.

Il faut tenir compte du nombre et de la richesse des

éléments. On est d'autant plus, toutes choses égales d'ailleurs, qu'on a plus d'idées, plus de tendances, plus de désirs, qu'on sent davantage, qu'on pense plus, qu'on agit plus, c'est-à-dire que l'association qu'on groupe est plus grande et plus forte. En somme, un être existe d'autant plus, en un sens, et dans la réalité concrète, qu'il unifie en lui plus d'êtres, plus d'existences. Le maître souverain, celui qui aurait la puissance suprême et la toute-science, celui en qui l'univers entier s'ordonnerait, posséderait seul l'existence vraie, l'existence dans sa plénitude, et c'est bien là ce qu'enseignent les religions.

D'autre part, l'existence personnelle diminue à mesure que la synthèse supérieure dont elle fait partie se développe et s'harmonise. L'existence est mise en danger par la perfection du système comme par sa désagrégation et nous retrouvons ici une forme de la fin par évanescence. Les éléments de l'esprit existent moins quand l'esprit existe davantage, leur réalité devient moins individuelle, c'est-à-dire moins précise et moins définie. De même l'individu existe moins, toutes choses égales d'ailleurs, quand il est engagé dans un groupe bien discipliné, hiérarchisé, systématisé, où la volonté de l'ensemble dirige ou remplace toutes les volontés particulières. Le groupe prend alors plus d'existence que l'individu. La réalité de celui-ci se perd, se fond dans la réalité de la société, et c'est la société qui apparaît comme un individu puissant et actif.

Ainsi nous retrouvons toujours, comme conditions de l'existence, les éléments et les traits essentiels de l'association, la réalité simultanée du même et de l'autre et la subordination relative de celui-ci à celui-là. Au contraire, la non-existence résulte de l'absence de ces éléments et coïncide avec la disparition de l'association. La non-existence survient soit par le défaut de la systématisation,

soit par sa perfection. Et, de plus, l'existence, comme on
l'a vu, accompagne et suit l'association. Quand une association se fond dans une autre, l'existence de l'élément disparaît plus ou moins dans l'existence de l'ensemble. Les raisons qui font l'association plus ou moins
forte, plus ou moins nette, plus ou moins profonde, attri-
buent dans la même proportion les mêmes qualités à l'existence. Il se trouve donc qu'en étudiant l'association, c'est
aussi l'existence même que nous avons étudiée, et notre
théorie de la systématisation est une théorie de l'existence et de la réalité.

§ 5. — *L'existence et ses conditions.*

Voudra-t-on tenter de découvrir quelque contradiction
à rechercher les conditions et les caractères essentiels de
l'existence ? Il peut sembler que nous mettons en dehors
de l'existence ces conditions mêmes tout en les considérant comme réelles. Mais les conditions ne préexistent
pas toujours au conditionné, elles peuvent représenter
simplement les formes ou les éléments nécessaires à sa
venue, et prendre naissance en même temps que lui. Elles
peuvent n'être que les caractères généraux et nécessaires
du conditionné. En particulier les conditions de la synthèse
et de l'existence telles qu'elles ont été analysées ici ne sont
pas forcément en dehors de l'association et de la réalité. Nous
ne connaissons pas d'homme qui ne vive à quelque degré
d'une vie sociale et sans doute aucun être humain n'a jamais
été absolument isolé. Cependant l'existence des individus
est bien une condition nécessaire de la société, et sans eux
il est trop clair que la société ne saurait exister. Mais sans
celle-ci l'homme ne pourrait exister non plus.

Peut-être conviendrait-il de généraliser. Il est concevable que, dans un monde soumis au déterminisme, tous les phénomènes sont, à des titres divers, conditions les uns des autres, et que même les derniers venus conditionnent toute la série qui les précède, puisque cette série ne pouvait se produire qu'à la condition de les amener. Mais ce n'est pas le moment d'examiner cette question dont la solution ne nous est pas indispensable.

D'autre part on pourrait dire, si l'on était sûr de mettre dans ce propos un sens satisfaisant, que la réalité a peutêtre plusieurs plans et que l'existence telle que nous la pouvons concevoir n'occupe qu'un de ces plans, qu'il y a des existences virtuelles, des existences latentes, qui sont réelles pourtant, autrement que comme phénomènes observables par nous, autrement, par conséquent, que les virtualités et les latences que nous connaissons dans le monde de nos phénomènes. Celles-ci se ramènent à l'existence réelle de quelques faits qui, si certaines conditions précises se réalisent, amèneront d'autres faits précis et parfois partiellement prévus. Ainsi certaines conditions de l'existence seraient réelles, sans l'être à la façon de ce que nous considérons comme existant. Enfin et comme il est habituel qu'une synthèse manifeste des qualités qui n'appartiennent pas à ses éléments, comme c'est même le caractère de la synthèse de le faire toujours à quelque degré, peut-être l'existence est-elle une synthèse d'éléments qui, en dehors d'elle, n'existent point. Je n'insiste pas sur ces considérations métaphysiques, un peu hasardeuses. Nous pouvons dire simplement d'ailleurs que les éléments, les conditions de l'existence n'existent qu'unis en une synthèse réelle, que l'existence les suppose, et nous revenons à la première solution de la difficulté qui nous suffit pour éviter la contradiction inacceptable.

CHAPITRE II

L'évolution.

En étudiant l'association, nous nous sommes occupés
plutôt de la nature essentielle des choses que de leur vie
et de leur développement. Mais il n'y a pas de réalité sans
activité, ni d'activité sans transformation. Les associations que nous examinions se modifiaient sans cesse, et
nous avons dû nous en apercevoir, mais sans nous arrêter
à ces changements. Ce sont eux, ou du moins certaines de
leurs formes principales, qui nous retiendront à présent.

I

Évolution et dissolution.

§ 1. — *Évolution et nature des choses.*

L'idée de l'évolution a dominé depuis quelque cinquante ans, une bonne part de la mentalité des hommes civilisés. Évoluant elle-même, elle s'est enrichie, répandue, elle a grandi. Les sciences naturelles, les sciences sociales, les sciences morales, la philosophie en ont subi l'influence et l'ont fait rayonner partout. Elle a reformé les esprits, — un peu superficiellement sans doute, — elle est devenue comme une catégorie, une forme de l'intelligence. Une part de son œuvre est acquise et doit rester inébranlée. Elle n'en demeure pas moins imparfaite, assez mal organisée, même assez mal définie, ruineuse çà et là. Quelques constructions nouvelles, élevées un peu à la hâte, s'effondreront ou sont en pièces déjà. Laissons-les à terre. Mais, sur d'autres points, il reste beaucoup à édifier.

Nous n'avons pas à nous engager ici dans les questions purement scientifiques. Les sciences de la vie, de l'esprit, des sociétés ont encore de larges champs à parcourir. Les sciences mathématiques, les sciences physiques susciteront sans doute un jour des vues nouvelles qui semblent s'annoncer déjà. L'évolution des lois physiques et chimiques, l'évolution des atomes, l'évolution des réalités mathématiques, voilà des sujets qui seront peut-être un jour féconds en résultats précieux.

D'autre part, il semble qu'il reste encore beaucoup à dire sur le sens profond de l'évolution. Souvent — non pas toujours — on y a cherché plutôt une histoire des êtres qu'une philosophie véritable. Les lois de Spencer, par exemple, paraissent indiquer plutôt les moyens de l'évolution que sa nature essentielle ; elles montrent plutôt la forme des transformations — forme moins générale que Spencer ne l'a cru — plutôt que leur sens et leur fond. De plus, l'accessoire n'y est pas subordonné au principal. Cela ne leur enlève point leur valeur, qu'on rabaisse peut-être trop aujourd'hui, mais cela la restreint et la précise. L'évolutionnisme appliqué par Brunetière à la littérature, ou les ouvrages de Letourneau, prêteraient à des critiques analogues et plus graves sans doute.

Aussi bien, ce fut parfois une prétention des évolutionnistes que de remplacer la philosophie par l'histoire, ou de faire tenir celle-là dans celle-ci. L'idée d'évolution a inspiré une sorte de religion étroite et peu clairvoyante. On a pu saisir en bien des esprits cette croyance que l'histoire d'une institution, par exemple, et sa nécessité évolutive dispense de l'étudier en elle-même et de l'apprécier par d'autres moyens. Il serait plus juste de renverser le procédé. La connaissance de l'évolution d'une réalité quelconque n'a pas sa fin en elle-même. Mais elle est un moyen précieux, quoique incomplet, d'en comprendre la nature et d'en apprécier la valeur. Et la connaissance des formes générales de l'évolution et des grands groupes de phénomènes où elles s'incarnent doit pareillement aider à nous acheminer vers une appréciation générale du sens et de la nature de l'évolution.

En certains cas les questions d'origine peuvent être essentielles. L'origine d'une croyance peut nous permettre d'en établir d'une manière décisive la valeur, par exemple s'il s'agit d'un faux miracle. Il s'en faut qu'il en soit toujours ainsi. L'évolution qui conduit à une erreur peut partir d'expériences réelles, celle qui mène à une croyance exacte peut être le développement d'une illusion. De même, l'origine d'un organe dans la série animale ne nous renseigne pas toujours exactement sur sa fonction actuelle et l'étymologie d'un mot ne nous dira quelquefois nullement sa signification d'aujourd'hui. Le parti pris historique a trop dominé certains esprits, Renan par exemple.

C'est dire qu'à côté de l'étude des évolutions et des transformations, il faut toujours réserver une place importante à l'étude de la nature propre des choses et — il ne faut pas trop craindre les mots, — de leur essence et de leurs qualités. Ces essences et ces qualités ne sont d'ailleurs que des abstractions dominatrices, des faits généraux plus ou moins persistants où se rencontrent et dont dépendent la plupart des autres rapports et des autres faits que nous révèle la vue du monde. Eux-mêmes dépendent à des titres divers de ce qui les précède et de ce qui les entoure. L'universelle solidarité ne permet pas d'isoler absolument un seul être dans l'univers, pas plus que d'isoler absolument et de faire vivre à part une qualité abstraite, un fait incarné en d'autres comme la blancheur du lys ou la souffrance de l'ascète.

Que maintenant l'essence et les qualités soient souvent elles-mêmes le résultat d'une évolution, cela est sûr ou très vraisemblable. Qu'elles le soient toujours, c'est une hypothèse intéressante. Nous ne pouvons aller plus loin. Rien n'établit que deux et deux aient dû apprendre longuement à faire toujours quatre, ni même que deux atomes d'hydrogène se soient livrés à des tâtonnements prolongés pour se combiner à un atome d'oxygène et former ainsi de l'eau, ni que nos espèces chimiques actuelles se soient élaborées par des transformations successives. Cependant il peut y avoir là bien des découvertes à faire. Il n'en resterait pas moins que toutes les transformations qu'on pourrait supposer ou découvrir auraient encore comme point de départ des essences et des qualités déjà existantes. Ne posons pas le pied sur ce rouet. Rappelons seulement que l'existence semble avoir des formes générales, des caractères nécessaires, sans quoi rien ne serait, et remarquons d'autre part que l'évolution en tout cas a évolué. Je parle de l'évolution même, non de l'idée que nous nous en faisons. L'être vivant, par exemple, a appris à se transformer, si chaque individu reproduit en quelques années ou même en moins, une série de transformations analogues à celles que son espèce a mis d'innombrables siècles à réaliser.

§ 2. — *La nature de l'évolution.*

Si tout a son essence, l'évolution a la sienne. A mon avis, ce qui caractérise essentiellement une évolution, c'est la systématisation croissante, l'accroissement de la finalité interne dans la réalité qui évolue. Il y a toujours accroissement de système dans l'évolution. Il y a toujours évolution quand la systématisation s'accroît. Inversement la dissolution est un relâchement, une désagrégation du système.

J'entends que c'est ainsi qu'il faut prendre l'évolution si on veut attribuer au mot un sens précis et ne pas en faire un simple synonyme de changement, de transformation, qui désignerait aussi bien la dissolution que l'évolution, la chose à définir que son contraire. Il me semble naturel et juste d'admettre que l'enfant évolue en devenant un homme, que l'État romain a évolué de la fondation de Rome au siècle des Antonins, que la vie a évolué des premiers êtres vivants aux mammifères et à l'homme (malgré quelques réserves possibles sur certains points). Mais je ne puis admettre que l'esprit « évolue » quand le ramollissement du cerveau le mène à la démence, ni même qu'un homme « évolue » en passant de l'étude des lettres à celle des sciences, ou bien à la pratique de l'administration ou du commerce, sinon en tant qu'il réaliserait par là une amélioration de son esprit, de sa condition ou de son caractère. Il suffit, dans des cas semblables, de parler de changement, ou, si ce changement a d'autres caractères que ceux de l'évolution proprement dite, de le désigner par un autre mot.

La systématisation croissante, l'unité progressive, nous les trouvons donc dans toutes les évolutions réelles : quand l'enfant devient homme, quand la cité crée autour d'elle un état puissant, quand la vie devient plus complexe, plus riche, et en même temps mieux ordonnée, plus résistante ou plus souple, plus forte ou plus large, quand un chaos quelconque — toujours relatif et partiel — s'ordonne progressivement en quelque système, quand nos connaissances se synthétisent en théories régulières, quand une agglomération de travailleurs s'associe et s'unifie en quelque vaste groupement syndicaliste ou coopératif, sans doute même quand une nébuleuse se résout en un système astronomique stable.

Il apparaît ainsi que l'évolution se rattache étroitement à l'association telle que je l'ai définie, et cela sera rendu

plus évident par la suite. L'évolution est essentiellement
une association qui progresse, qui s'élargit, qui s'améliore,
qui devient de plus en plus une association. Elle est la
formation et le développement d'une synthèse. Cela se vérifie s'il s'agit de l'association d'éléments physiques, comme
s'il s'agit de l'association d'éléments organiques, physiques
ou sociaux. Un organisme évolue quand ses organes sont
plus étroitement, plus harmonieusement associés; une
société évolue quand ses membres inaugurent entre eux
des rapports plus précis, mieux coordonnés, aptes à servir
plus utilement la vie de l'ensemble, et celle aussi des éléments. L'évolution est toujours un accroissement de l'association, de la finalité interne de l'être qui évolue, une
plus grande utilisation de l' « autre » par le « même ».
Prenons ici le mot « être » dans un sens étendu ; un ensemble de caractères abstraits se transforme et progresse
comme un être concret ou une collection d'êtres. La vie,
l'animalité, la science évoluent, en un sens, comme un individu, ou comme un État.

L'évolution ainsi comprise est évidemment un « progrès ». Je crois qu'il faut en venir là, malgré les distinctions, assez mal fondées, par lesquelles on a voulu séparer
le progrès de l'évolution. C'est ainsi seulement que nous
pourrons ne pas confondre l'évolution avec une transformation quelconque ou avec la dissolution. Il importe
d'éviter cette confusion, de classer à part les évolutions et
les dissolutions. Ces classes de tranformations prennent
un sens spécial — positif chez l'une, négatif chez l'autre —
et une portée que ne possèdent pas les autres formes de
changement, et elles tiennent de cette caractéristique une
importance philosophique particulière. D'autre part, il vaut
mieux ne pas se contenter du mot « progrès » qui garde
un sens restreint, plus humain, qui reste entaché d'un

finalisme un peu étroit, d'un optimisme trop commun et peu soutenable.

§ 3. — *Formes diverses de l'évolution.*

Dans l'évolution, la finalité s'accroît ; elle peut grandir de bien des manières. Elle grandit avec le nombre des éléments qui s'y soumettent, comme par la rigueur et l'harmonie plus grande de leurs rapports, si le nombre ne change pas. Toutes choses égales d'ailleurs, c'est un progrès pour une intelligence de s'enrichir de quelques idées, pour une société de voir augmenter le nombre de ses adhérents, pour une nation de voir s'accroître le nombre de ses membres. Mais c'est un progrès aussi pour un esprit d'ordonner plus logiquement ses idées, de les épurer, pour une nation de mieux coordonner l'effort des citoyens, de mettre plus d'harmonie dans leurs intérêts divers, de distribuer les fonctions avec plus d'à-propos, d'améliorer ses lois, en un mot de mieux utiliser ses membres pour la vie de l'ensemble et pour leur propre vie, même si leur nombre n'augmente pas. En certains cas un progrès peut résulter d'une diminution du nombre des éléments. Une armée pourrait gagner quelquefois à compter moins de soldats, si, cette diminution n'étant pas trop forte, ceux qui restent sont plus vigoureux, plus courageux, mieux armés et mieux entraînés. Et même l'expulsion ou la suppression de certains éléments inutiles, nuisibles, dangereux est un côté de l'évolution sociale comme de l'évolution biologique ou psychique.

L'accroissement de la finalité interne, l'évolution résulte ainsi de faits très différents et même opposés. La plupart des caractères qu'indique la formule de Spencer sont compatibles avec la diminution de la finalité comme avec son accroissement. Dans une évolution l'intégration de matière peut être remplacée par son contraire. C'est le cas, par exemple, d'un peuple qui fonde de nouvelles colonies. De même, le passage de l'homogène à l'hétérogène signale parfois le contraire d'un progrès, comme Spencer lui-même l'a remarqué. Il en est de même du passage de l'indéfini au défini. Par contre, le passage de l'hétérogène à l'homogène peut déceler une évolution, un progrès véritable. Par exemple, lorsque quelque opinion, quelque sentiment général se répand dans un peuple et rend les croyances et les désirs plus semblables en les accordant mieux. Si la division du travail comporte un passage de l'homogène à l'hétérogène, toute extension du « même » suppose plutôt la marche inverse. Dans tous les cas, ce qui importe vraiment, ce qui définit le caractère de progrès ou de décadence des transformations, c'est l'accroissement ou la diminution de la systématisation, de la finalité, de l'association. C'est là le caractère essentiel, et il ne semble pas qu'aucune forme spéciale de réalisation lui soit toujours et partout attachée, et puisse le traduire sans erreur.

§ 4. — *Le caractère essentiel de la dissolution.*

La dissolution nous aide à comprendre l'évolution à qui elle s'oppose exactement. Elle est une association qui se défait, une finalité qui s'amoindrit et tend à disparaître, un système qui se désagrège. Elle n'est pas forcément une régression, un retour au point de départ par le chemin de l'aller. L'être qui se dissout ne refait pas communément en sens inverse les étapes de son évolution. Parfois il repasse par quelques points déjà franchis par lui, quelques états de sa décadence rappellent quelques épisodes de sa marche en avant, certains caractères généraux se retrouvent parallèlement dans les uns et dans les autres. Ces ressemblances restent incomplètes et sans grande régularité. On dit bien que la décadence de l'esprit le ramène à l'enfance. C'est là une métaphore. Des analogies rapprochant de l'enfant le vieillard en démence, les différences, même les différences psychiques, l'emportent encore par le nombre et sans doute aussi par la valeur.

Les caractères essentiels de la dissolution sont si visibles dans un esprit qui se désagrège, dans un organisme qui se dissout, dans une entreprise commerciale qui marche à sa ruine, dans une nation qui s'affaiblit, s'exténue, s'offre comme une proie, qu'il me paraît superflu d'en développer la démonstration. Nous la définirons suffisamment, au reste, en étudiant son contraire exact, l'évolution.

§ 5. — *Union de l'évolution et de la dissolution.*

L'évolution et la dissolution se présentent d'ordinaire ensemble dans un mélange en proportions très variables, mais intime et inextricable parfois au point qu'il est difficile ou impossible de les distinguer rigoureusement.

D'abord toute évolution exige des dissolutions. Un progrès ne s'accomplit pas sans provoquer quelque décadence, et cette décadence en est la condition. Le moindre regard en nous et autour de nous nous le révèle. Une action quelconque d'ailleurs ne s'accomplit qu'au détriment de quelque autre. Une croyance qui se développe en nous supprime, opprime, affaiblit d'autres croyances ou les empêche, directement et indirectement, de se former. Elle arrête aussi supprime ou fait arrêter bien des manifestations intellectuelles, affectives et volitives. Le développement des grands magasins a provoqué la décadence de bien des entreprises commerciales peu importantes. L'évolution de l'État romain a supprimé ou affaibli bien des organisations politiques indépendantes. Au reste, il s'agit ici d'un fait signalé, reconnu, et que l'on ne conteste guère, je pense (1).

Mais en certains cas assez curieux l'évolution et la régression se mêlent intimement, et en des proportions telles que l'on peut hésiter sur le vrai sens de la transformation. C'est parce que l'être est en décadence qu'il est en progrès. Son changement est-il en somme une évolution ou une dissolution ? Il est difficile de le dire. Quelquefois la réponse dépendra logiquement et légitimement du point de vue. Mais les points de vue ne sont pas de valeur égale.

Il est des animaux parasites dont les formes, gracieuses et régulières dans leur première jeunesse, perdent complètement, avec l'âge, ces qualités. « On les prendrait alors pour quelque excroissance difforme ou pour quelque lambeau de chair perdu sur le corps de l'hôte. On trouve un certain nombre d'insectes qui mènent ce singulier genre de vie, mais c'est plus particulièrement parmi les crustacés, surtout les crustacés copépodes. Chez presque tous

---

(1) Voir en particulier : Demoor, Massart et Vandervelde, *l'Évolution régressive* (Alcan). Les auteurs, appuyant leur thèse sur une grande quantité de faits, soutiennent que toute transformation organique et sociale s'accompagne de régression. Ils se prononcent catégoriquement aussi contre « la prétendue loi de régression en sens inverse ». Ce que j'ai dit ailleurs de l'inhibition psychique et de sa généralité pourrait également s'invoquer ici.

on rencontre les formes récurrentes les plus bizarres...
On en connaît plusieurs aujourd'hui dont la gracieuse
conformation est si complètement changée, que, sans
recourir à l'étude de l'âge embryonnaire, on ne saurait
plus à quelle classe ils appartiennent. Il ne reste de tous
leurs organes que les appareils sexuels et une peau déformée (1). »

Ces mâles qui se réduisent ainsi à leur fonction essentielle
sont-ils en progrès ou en décadence ? On croit à la décadence si l'on songe à tout ce qu'ils ont laissé perdre ou supprimer de leur vie. Cependant ils ont conservé leur fonction
propre, ils ont peut-être, au prix de grands sacrifices, assuré la vie de l'espèce. Peut-être n'auraient-ils pu l'assurer
autrement. Peut être ont-ils pris le meilleur parti et fallait-
il d'abord prolonger leur vie et préparer sa reproduction.
Leur décadence était alors le seul progrès possible. On peut
discuter, et, faute de renseignements suffisants, ne pas
conclure.

Mais il n'est pas nécessaire d'aller chercher des exemples
troublants chez les crustacés. L'espèce humaine en fournit.
Ce n'est point toujours le parasitisme qui les produit ou les
révèle, c'est parfois aussi le besoin de gagner sa vie et le
désir de n'être point un parasite.

On nous a beaucoup parlé de la dégradation des parasites. Assurément, l'être qui ne rend pas de services aux
autres et qui vit à leurs dépens n'a pas de place dans une
société rigoureusement organisée. Mais ce que l'on appelle
parasitisme est parfois une bonne condition pour le développement de certaines puissances et permet l'évolution de
personnalités dont l'avortement eût été un dommage réel.

(1) VAN BENEDEN, les Commensaux et les parasites dans le règne animal,
pp. 128-129. Voir aussi p. 135.

La Fontaine a vécu en « parasite » une bonne partie de sa vie. Taine nous dit que Franz Wœpke, l'un des très rares hommes qui lui aient inspiré quelque chose comme du respect, subsistait au moyen d'une pension que lui faisait un prince italien, protecteur des mathématiques. Je n'ai pas à discuter ici la protection accordée à des artistes, à des poètes, à des savants par des individus, des souverains, des collectivités, ni la question de « dignité » qui s'y mêle. Il y aurait beaucoup à dire sur la conception de la dignité et sur ses variations. Il suffit d'indiquer que le « parasitisme » en de tels cas peut rendre service non seulement à l'individu, mais à la société, et que la sorte de « dégénérescence » qu'on veut qu'il suppose peut être plus que compensée par les progrès qu'il permet. Les amis de La Fontaine qui l'ont hébergé et nourri n'ont sans doute pas moins rendu service à l'esprit français qu'au poète lui-même.

Inversement, pour « gagner sa vie » il faut parfois sacrifier quelques-unes de ses plus précieuses facultés, réprimer des tendances vivaces et puissantes. Tel homme que réclamait la composition musicale s'est usé en besognes obscures. Tel autre, en qui s'ébauchait un savant de premier ordre, a dû se détourner trop longtemps de sa vraie tâche. Il faut souvent, pour vivre, renoncer à ce qui fait le prix de la vie. Gagner sa vie, c'est quelquefois la perdre. L'évolution psychique, morale, sociale de l'individu comporte souvent de telles dissolutions, de si tristes avortements, que, de l'enfant à l'homme, on peut se demander s'il y a eu progrès ou décadence. Je sais bien que souvent le « poète mort jeune à qui l'homme survit » n'était pas très intéressant. Mais que de fois aussi le survivant ne l'est pas sensiblement plus, ou l'est même moins encore !

Mêmes remarques à faire sur la vie des peuples. Il en

est qui, pour vivre et pour grandir, ont renoncé aux qualités aimables, ou à une certaine fleur de délicatesse. Il
en est aussi qui, pour trop s'attacher à d'irréalisables rêves,
ont risqué de voir s'affaiblir et se dissoudre leur vie,
parmi des peuples différents et hostiles ou dédaigneux.
C'est un problème très grave pour les individus et pour les
nations que de faire évoluer leur vie de manière à vivre
en effet et à mériter de vivre. Chacun y réussit plus ou
moins, selon ses instincts, ses sentiments, sa raison, sa
volonté et sa chance. Mais il faut s'attendre toujours à
voir disparaître une bonne part de la valeur virtuelle de la
vie, au point de rendre en bien des cas, au moins fort
douteuse, et toujours très mêlée, l'évolution de l'être.

§ 6. — *La dissolution générale.*

Nulle forme individuelle organisée n'échappe à la mort.
Cependant, des êtres même plus compliqués que le plasma
germinatif de Weissmann pourraient peut-être acquérir
l'immortalité dans certaines conditions. Mais ces conditions sont-elles réalisables ? Si notre système solaire doit,
comme il le semble, finir un jour, on ne voit guère qu'aucune vie puisse, ici, durer après lui. Et, pour prendre la
question par un côté plus général, la loi de la dégradation de la force ne favorise pas les illusions flatteuses.

En attendant, où l'évolution se constate difficilement, la
dissolution est, en général, peu appréciable aussi et reste
même douteuse. Certains faits induisent à penser que les
différents atomes dérivent peut-être d'une même substance
élémentaire, mais nous n'en savons rien. D'autre part, l'in-
destructibilité de la matière fut une sorte de dogme scien-

tifique. On se met à y renoncer, sans que l'opinion contraire soit communément tenue pour vraie, encore que de récentes spéculations et de curieuses expériences l'aient rendue acceptable. Pour les systèmes astronomiques, l'évolution et la dissolution paraissent des hypothèses vraisemblables. Pour les espèces animales, l'évolution et la dissolution sont mieux connues. Depuis que la terre existe, des espèces y sont nées, des espèces y sont mortes. Mais en ce qui concerne les individus, l'évolution et la mort sont incontestablement établies. Dans la vie des groupes sociaux, si l'évolution n'est pas douteuse, la dissolution, si générale qu'elle soit, pourrait admettre des exceptions, assez peu vraisemblables. Il y a de l'opposition, de la contradiction, et par suite quelque tendance à la dissolution au fond de chaque existence. Il se peut que cette opposition n'ait pas de fin et que le monde ne se repose jamais dans le néant. Mais il semble que toutes les formes particulières de cette opposition et, par suite, de la vie et de l'existence soient, dès leur naissance, par cette discordance interne qui reflète d'ailleurs l'hostilité ambiante et aussi par la pression des réalités extérieures, condamnées à disparaître tôt ou tard. Il y a dans toute vie un germe de mort, et au fond de toute réalité une sorte d'aspiration au néant.

Aussi bien, les êtres disparaissent-ils de bien des façons diverses, et quelques-uns peut-être sans se dissoudre précisément, depuis l'évanescence, la disparition dans l'œuvre accomplie et par une sorte de sur-évolution, jusqu'à la mort prématurée par accident et à l'avortement complet de la vie. Mais il se peut que toutes ces différences disparaissent plus tard dans l'anéantissement de notre monde. Les réussites, par exemple, et les échecs des arts ou des sciences, des individus et des peuples, n'auront probablemen* aucune influence appréciable sur la durée de notre système solaire, dont le refroidissement annulera les comédies et les drames plus ou moins malheureusement dénoués dont il aura été le théâtre. Ils n'en ont pas moins leur importance et leur intérêt pour la pensée humaine et peut-être même pour toute la vie qui existe encore ou qui existera après nous.

II

Les caractères essentiels de l'évolution.

A

LA CONSERVATION DU « MÊME »

§ 1. — *L'évolution et le même.*

Si l'évolution est la formation graduelle, plus ou moins lente, d'une association, nous devons rencontrer en elle les éléments abstraits de l'association, le « même » et l' « autre » et la subordination graduelle de l'autre au même. Et ce sera, si l'on veut, le côté métaphysique de l'évolution, ou, du moins, un fragment de l'interprétation philosophique de l'évolution, et aussi de l'existence.

Le « même » est essentiel à l'évolution. Pas d'évolution sans quelque chose qui subsiste, substance ou forme, si l'on peut distinguer l'une de l'autre, et on le peut provisoirement. Pas même d'évolution sans une identité qui se développe. Ce côté de l'évolution a été souvent méconnu. Mais tout changement, même vers la systématisation, n'est pas une évolution. Supposons que notre monde soit subitement détruit, et que, quelque part dans notre univers, bien loin de notre système solaire, bien loin même de la voie lactée, un autre monde apparaisse subitement, meilleur que le nôtre. Voilà, certes, un changement et un accroissement de systématisation, ce n'est pas une évolution. Même en conservant l'identité du lieu, qui est déjà un « même », le caractère évolutif ne deviendrait pas plus réel. Un arbre meurt sur nos boulevards, on le remplace par un autre plus vigoureux, il n'y a pas évolution de l'un à l'autre. Le roi d'un peuple d'Orient est tué une nuit dans son palais, on élève à sa place un nouveau souverain pris dans une autre famille. Ce n'est pas une évolution encore, c'est plutôt une révolution. Une révolution est un changement, qui peut être un progrès, mais où le « même » conservé est relativement peu important, sans qu'on puisse, entre l'évolution et la révolution, tracer une limite précise.

En effet, si l'on regarde de trop près, si l'on s'attache au détail sans considérer suffisamment l'ensemble, une évolution peut apparaître comme une succession de petites révolutions. C'est la vue de l'ensemble qui permet de juger de la permanence relative du « même » et d'apprécier une évolution en discernant les rapports de ce qui demeure, de ce qui disparaît, de ce qui surgit. Aussi arrive-t-il souvent que ce qui apparaît d'abord comme une révolution prend place, quand l'enchaînement des faits est mieux connu, dans une évolution plus ou moins régulière. Comme il y a beaucoup de faits dont nous ne savons pas bien les rapports avec les autres, il se peut qu'un certain nombre d'évolutions restent méconnues encore, et que des révolutions apparentes prennent un jour une signification nouvelle. D'autre part, il faut bien dire aussi que plus on entre dans le détail des choses, plus on analyse, et plus aussi la discontinuité apparaît, plus nous apercevons la multitude de sauts brusques dont se compose un changement d'aspect uniforme. Probablement un esprit suffisamment myope ne verrait partout que des révolutions, un esprit suffisamment presbyte discernerait des évolutions inconnues. Il faut tâcher de tenir compte des renseignements de l'analyse et de ceux de la synthèse, en constatant que la proportion d'évolution régulière et de révolution varie beaucoup d'une série de changements à une autre série.

Si le « même » persiste, mais en s'affaiblissant, s'il tend à se subordonner à l'autre, nous retrouvons la dissolution. Un peuple que de puissantes factions divisent, un esprit en qui les idées se débandent, en qui les caprices s'affirment plus divers et plus puissants, gardent encore leur identité ; c'est le même peuple et c'est le même individu, mais à un état inférieur. Pas tout à fait le même pourtant. Le « même » s'est amoindri. L'ensemble ne présente plus un pareil caractère d'unité, les éléments ne sont plus unis dans les mêmes formes sociales ou psychiques.

§ 2. — *La persistance du même.*

Prenons au contraire une évolution vraie. Le même s'y affirme de plus en plus. L'enfant devient homme, son moi persiste, il s'étend, il se développe. Il est, pour employer une expression convenant à toutes les réalités qui évoluent, « plus le même qu'autrefois » (1). De même une insti-

---

(1) L'expression se trouve dans *Kaléidoscope* de VERLAINE (Poèmes saturniens), où le poète énumère des suites singulières d'impressions, de sensations, d'images. « Les choses seront plus les mêmes qu'autrefois », dit-il. Et je pense qu'il entend rendre par là une sorte d'im-

tution, un métier, un peuple qui évolue devient de plus en plus ce qu'il doit être, ce qu'il est essentiellement ; il devient de plus en plus le même. Quand les chirugiens cessèrent d'être en même temps barbiers, ce passage de l'hétérogène à l'homogène fut un progrès pour les deux professions. L'État romain a créé, fait persister et développé son « même » en s'agrandissant, en réglant de mieux en mieux les rapports des individus et des peuples. Qu'il s'agisse d'une évolution physique, organique, psychique ou sociale, il se réalise toujours par elle une sorte de logique vivante et progressive, qui est en soi l'affirmation croissante d'une individualité, d'un « même » persistant et s'avérant de plus en plus à travers ses changements et par ses changements, de plus en plus « un », de plus en plus identique à lui-même, de plus en plus conforme à l'idéal désigné, par sa nature propre et aussi par les circonstances de son développement.

L'individu qui évolue devient de plus en plus *un* individu, et, de plus en plus aussi, *tel* individu qui différera de tous les autres. En même temps, et jusqu'à un certain point fixé par son individualité même, il devient de plus en plus semblable aux êtres, s'il y en a, qui ont déjà réalisé le type indiqué par sa nature. Autrement dit, il réalise de plus en plus les types abtraits qu'incarne sa personnalité. L'homme qui évolue devient de plus en plus un homme, la nation qui évolue devient de plus en plus une nation. Le même universel, le même générique, le même spécifique, le même individuel progressent à la fois.

pression assez vague qui nous vient à certains moments, de mieux sentir, de pénétrer plus profondément les choses, de les voir et de les comprendre dans leur intimité. Je prends ici l'expression dans un sens tout à fait différent, mais elle me paraît s'ajuster exactement à ce que je veux lui faire dire.

A mesure que l'ensemble évolue, que le même s'y développe, il se développe aussi dans les éléments. Dans une personnalité qui évolue, les idées, les sentiments prennent de plus en plus la marque propre de cette personnalité, et, par là, ils se ressemblent de plus en plus. Nos idées, nos sentiments, nos œuvres deviennent ainsi mieux caractérisés, plus significatifs de notre personnalité. Ils se signalent de plus en plus par un ensemble de caractères communs ou analogues, ils ressemblent de moins en moins (à certains égards) aux sentiments et aux idées des autres. Dans une nation qui évolue, il se forme de même un esprit national qui se répand et se précise. Même résultat dans une institution, dans un groupe qui évolue. L'esprit syndicaliste se répand, se précise, se renforce à mesure que les syndicats deviennent plus nombreux, plus vastes, plus unis, et que leur fonctionnement se régularise.

Manifestement, ces deux évolutions, celle de l'élément et celle du groupe où il est inséré, s'opposent en partie, et en partie se superposent. L'une nous rend plus nous-mêmes, l'autre nous rend plus semblables aux autres, à ceux qui font partie des mêmes groupes que nous, en nous différenciant de ceux qui restent en dehors. Les deux transformations coïncident bien en partie. Pour être vraiment homme, il faut être un bon animal ; pour être un bon Français, il faut bien réaliser le type humain ; pour être un bon Normand ou un bon Languedocien, il faut être un bon Français ; pour être une personnalité remarquable, il faut d'abord réaliser un certain nombre de types vitaux et sociaux. Mais à certains points les évolutions bifurquent. Un homme, en devenant plus homme, se distingue de plus en plus des autres animaux ; en devenant plus Français, il se sépare de plus en plus des autres hommes ; s'il devient plus Breton ou plus Parisien, il ressemblera de moins en moins aux autres Français ; en devenant de plus en plus lui-même, il se distingue de plus en plus de tous les autres hommes de sa patrie, de sa province, de sa religion et de sa profess.on.

Ainsi les développements de toutes les formes de vie, individuelles et sociales, s'entr'aident à la fois et se heurtent sur des points différents, se favorisent et s'arrêtent réciproquement. Cela est nécessaire, mais le degré de cette opposition varie beaucoup à mesure que la différenciation des individus et des groupes se précise et que la vie leur impose des contacts plus intimes et plus nombreux. Très forte chez l'homme, surtout peut-être chez l'homme des civilisations les plus avancées (1), l'opposition entre les individus paraît beaucoup moins marquée, beaucoup moins essentielle en bien des espèces animales. De là beaucoup de complications. L'évolution de Jacques Bonhomme le pousse à être de plus en plus Bonhomme et de plus en plus Jacques. Mais l'évolution de la France exige aussi qu'il ressemble de plus en plus, à certains égards, à ses compatriotes, et qu'il y sacrifie une part de ses aspirations, de ses goûts, de ses désirs, de ses idées de Bonhomme et de Jacques. Si le pays est fortement organisé, son évolution dominera l'évolution propre de l'individu, la restreindra sur certains points et la marquera plus profondément. Elle ne pourra se faire cependant que selon la nature et les tendances de celui-ci. Des combinaisons infiniment compliquées et infiniment variables, modifient continuellement l'évolution collective, l'évolution individuelle et aussi l'évolution des éléments de l'individu : idées, croyances, tendances, désirs. Ainsi se réalise, sous des aspects bien divers, par d'incessantes

---

(1) J'ai examiné ce fait et ses conséquences dans ma *Morale de l'ironie.*

combinaisons, et à travers d'innombrables luttes, l'assimilation grandissante des êtres, la croissance du « même ».

§ 3. — *Le même et l'autre dans l'évolution.*

A côté de l'assimilation croissante s'établit constamment une différenciation croissante, et nous avons pu l'entrevoir déjà. Un être qui évolue se distingue des autres de plus en plus, ses éléments deviennent de plus en plus différents les uns des autres, et lui-même, en même temps qu'il devient plus le même, diffère aussi de soi de plus en plus. Il en diffère même parce qu'il se ressemble en quelque sorte davantage, et qu'il réalise ainsi de plus en plus un type idéal.

Ce côté du mouvement évolutif est plus frappant que l'autre, et c'est le changement qu'on a surtout aperçu dans l'évolu. Les naturalistes d'une part, les économistes de l'autre ont insisté sur la division du travail physiologique et du travail social. Spencer, après avoir considéré d'abord le passage de l'homogène à l'hétérogène comme la loi même du progrès, lui a toujours gardé une place éminente dans sa formule et dans ses théories. Il est sûr que du gland au chêne, du germe fécondé à l'adulte les différences sont saisissantes. L'empire d'Auguste ne ressemble guère à la Rome de Numa, ni l'homme aux premières formes animales. Plus l'être se développe et plus il est riche en éléments doués d'apparences variées, de fonctions différentes. Et ces éléments vont généralement aussi se compliquant, et s'enrichissant. Il suffirait, pour s'en convaincre, de penser à l'extrême variété des métiers, des occupations, des sentiments, des idées, des

croyances, des images et des perceptions d'un peuple civilisé, à la complexité de tous ces faits et de la comparer
à la pauvreté relative des esprits, à leur différenciation
rudimentaire, à la simplicité relative des idées d'une peu-
plade sauvage, de penser à la variété des organes et des
fonctions d'un organisme supérieur, et à la monotonie,
à l'indigence d'un être rudimentaire. Les faits sont à la
portée de toutes les curiosités.

Il faut donc reconnaître à l'évolution des caractères
dominants opposés et d'apparence contradictoire, deux
mouvements mêlés et opposés vers l'assimilation croissante d'une part, vers la différenciation progressive de
l'autre. Nous ne pouvons ni, avec Spencer (1), voir dans
l'hétérogénéité la marque et la loi du progrès, ni, avec
M. Lalande et peut-être avec Tarde, découvrir cette marque
et cette loi dans l'assimilation.

Si l'évolution est une association progressive, et si l'association est caractérisée par la subordination de l'autre
au même, l'accroissement progressif de cette subordination serait donc le caractère principal de l'évolution.
L'autre et le même lui sont essentiels, mais, si celui-ci
vient, à un moment donné, se subordonner à celui-
là, l'évolution cesse, l'association s'affaiblit, la dissolution commence. La famille commence à se dissoudre
quand le caractère de membre de la famille se subordonne de plus en plus à d'autres caractères, à d'autres
désirs, à d'autres fonctions, quand l'autorité du chef s'a-
moindrit, quand un groupe supérieur, l'État ou la religion,

____

(1) Spencer, il est vrai, a corrigé l'hétérogénéité par la cohérence.
Mais il ne voit pas la valeur relative différente de chacun de ces procédés
ni peut-être leur nature profonde. D'autre part, il n'a pas reconnu l'opposition qui existe entre la cohérence et l'hétérogénéité, ou il n'en a pas
tenu, à mon avis, un compte suffisant.

interviennent davantage dans les rapports entre ses membres et substitue son « même » au « même » familial. De
même la patrie s'altère et se décompose plus ou moins
quand les citoyens d'un même pays viennent à estimer
ce qui les divise au-dessus de ce qui les unit en elle,
leur métier, leur art, leur croyance, leurs intérêts de
classe ou de parti, ou quelque rêve d'humanité supérieure, plus que les liens et les resssemblances que crée
la communauté de patrie. Ces dissolutions peuvent d'ailleurs s'arrêter, se régulariser et accompagner des évolutions plus hautes ou moins hautes, plus stables ou moins
sûres. La dissolution de la famille peut, par exemple, être
en rapport avec une évolution des tendances individualistes
de ses membres, mais aussi avec une évolution de l'État.
Les évolutions supérieures exigent toujours quelque dissolution partielle des associations qui les ont précédées,
dissolutions qu'elle compensent plus ou moins en les faisant évoluer sur d'autres points. Nous avons déjà reconnu
que la dissolution se mêle toujours à l'évolution. Mais
si mêlées qu'elles soient, chacune garde son caractère
propre, encore qu'il ne soit pas toujours facile de le discerner. Le développement de l'État ou le progrès des
tendances individualistes qui escorteraient la décadence
plus ou moins grave de la famille seraient aussi une
subordination de l'autre à un « même » nouveau.

Partout et toujours, dans l'évolution, s'affirme la subordination de l'autre au même, des tendances individuelles
aux systèmes. Cela est vrai de la formation d'un système astronomique comme de la formation d'un système
social.

Il est naturel d'ailleurs que l'évolution soit surtout
visible dans ce dernier cas, et ses phénomènes apparents.
L'association est d'autant plus nette, d'autant plus « as-

sociation » que l'on se rapproche des faits les plus complexes. C'est là une singulière illustration ou confirmation de la loi posée. Il y a, en effet, une évolution de l'évolution même. A mesure que l'évolution se prolonge, à mesure que de nombreuses évolutions se sont succédé, l'évolution affirme de plus en plus ses propres caractères. Elle évolue, et l'association qu'elle réalise devient de plus en plus une association. Ainsi l'évolution biologique est plus nette que l'évolution physico-chimique ou que l'évolution astronomique, l'évolution sociale dépasse en ampleur, en portée, en « évolution », l'évolution biologique. Toutefois ici une réserve s'impose. L'évolution sociale est plus large et plus complexe que l'évolution biologique, mais elle est moins pure et moins cohérente. Son même est plus vaste et se soumet plus d'autre, mais il se le soumet moins pleinement.

De ce point de vue, peut-être pourrait-on dire qu'une certaine forme de perfection évolutive est spéciale aux faits qui tiennent le milieu de la série, le milieu de la classification courante des sciences par ordre de complexité croissante. Il semble que dans les faits les plus simples, en bien des cas au moins, — car je ne voudrais pas trop généraliser ni trop affirmer, — les associations sont trop brusquement formées, avec trop peu de tâtonnements pour qu'on puisse légitimement parler de leur évolution. Dans les plus complexes, au contraire, la matière à organiser, trop pauvre dans le premier cas pour donner une évolution vraie, devient trop riche, trop diverse, et l'on dirait que le « même » n'a plus la force de régenter un « autre » trop multiple et trop divisé.

Si les conditions de l'association sont aussi les conditions de l'existence, il résulte encore de ce qui précède que l'évolution serait un développement de l'existence, une sorte de rassemblement et de condensation du réel. L'évolution tisserait ainsi la réalité brin à brin et ferait une existence pleine et réelle de ce qui n'avait qu'une existence médiocre, apparente et vague. Elle conduirait l'être dans le domaine du réel entre les deux limites qui en indiquent le commencement et la fin, ces deux limites étant l'inexistence par défaut de coordination, et le néant par perfection du système, et disparition de l'autre devant l'identique.

§ 4. — *Transformation et conservation.*

En interprétant les paragraphes précédents nous dirions : *une chose qui évolue est une chose qui se transforme pour se conserver.* Le changement est le moyen de faire durer ce qui ne change pas. Subordonner l'autre au même c'était, au moins par un côté du mouvement, subordonner le changement à la conservation.

Cette conception est juste, à mon avis. Mais encore faut-il s'entendre sur ce qui doit persister, et c'est où la discussion est possible.

On a pu, on peut interpréter, du point de vue qui vient d'être indiqué, les théories de Quinton sur la conservation du milieu marin dans les vertébrés terrestres supérieurs, comme aussi la théorie de Weissmann sur l'immortalité du plasma germinatif et les rapports de ce plasma avec les cellules somatiques, ou d'autres vues analogues sur les relations de l'organisme et de la force fécondante, ou de l'espèce et de l'individu compris à la façon de Schopenhauer. En négligeant ce qui reste trop douteux, on peut se représenter les choses ainsi qu'il suit. Il s'agit de

maintenir la vie, d'en conserver les conditions essentielles.
Pour cela l'organisme se développe et se transforme. Il
pare aux risques qui menacent la vie, il s'ajuste aux conditions nouvelles parmi lesquelles il se sent introduit. Le
milieu marin auquel ses éléments anatomiques sont habitués, il l'enferme en lui quand il abandonne la mer pour vivre
sur terre ; non seulement il ne le modifie pas, mais toute
son évolution ne tend qu'à le conserver, si bien que, tandis
que la salure des mers change, celle du milieu intérieur
reste ce qu'elle était aux âges géologiques abolis. De même
il arrange et dispose ses éléments pour conserver la chaleur nécessaire à laquelle ils sont habitués. La température favorable à sa vie et à son activité, il la maintient
toujours la même, supérieure ou inférieure à la température ambiante, si bien que peu de degrés en plus ou en
moins dans la température intérieure tuent l'animal à sang
chaud. Et tout l'épanouissement de l'individu ne sert
qu'à protéger le germe futur, à lui permettre de subsister et de transmettre à son tour ce flambeau de la vie qui
en symbolise les conditions nécessaires et permanentes.
La substance féconde, ou la force qui l'anime, la volonté
de vivre de l'espèce se perpétue ainsi, immortelle par nature, et sauf accident, passant, sans s'y altérer, à travers
les individus qui la protègent, la conservent, lui permettent de remplir son rôle. En sorte que tout le développement de l'organisme, toute la complication de l'individualité, l'enrichissement de son intelligence et le raffine-
ment de ses sentiments, toutes les délicatesses de l'amour,
transformé d'instinct assez simple en passion complexe
et subtile, toutes les recherches de la science, et toutes
les splendeurs de l'art, et notre industrie même, et notre
vie sociale, tout cela ne serait que l'ensemble des démarches nécessaires pour sauvegarder l'espèce, pour offrir

un abri au plasma germinatif pour conserver et fournir
à l'être le milieu marin primitif dont il a besoin et la
chaleur nécessaire à sa survie.

Voilà ce que l'on peut dire, et à peu près ce que l'on
a dit en effet. M. J. de Gaultier, dans une fort intéressante étude, affirme que la théorie biologique de Quinton, «en montrant dans l'évolution une manœuvre en vue
du maintien d'un état de perfection et non plus une
ébauche s'efforçant vers un lointain achèvement,... a mis
fin à toute interprétation messianique de l'univers. C'en
est fait du messianisme du devenir. Le devenir, avec son
expression concrète dans le phénomène de l'évolution,
n'apparaît plus que comme un moyen pour un éternel présent (1) ».

§ 5. — *Conservation, transformation et finalité.*

Ces conceptions sont séduisantes. Elles ont aussi d'autres mérites et sont valables pour réduire un certain optimisme évolutionniste qui remplaçait la Providence divine
par une formule abstraite, presque aussi bienfaisante qu'elle
et plus agréable à notre orgueil. Malgré les apparences,
et aussi malgré les intentions ou les prétentions de quelques-uns de ses adeptes, elle servait trop souvent à appuyer
une conception du monde trop anthropocentrique et peu
justifiée. Elle visait aussi, sans bien s'en rendre compte,
à satisfaire notre besoin de bonheur, au moins de bonheur

---

1. J. DE GAULTIER, *Une signification nouvelle de l'idée d'évolution,* dans le
volume intitulé : *La Dépendance de la morale et l'indépendance des mœurs.* —
Cf. RÉMY DE GOURMONT, *Promenades philosophiques ; Une loi de constance
intellectuelle.*

pour notre race et pour notre monde, à flatter notre aspiration vers la perfection absolue, reflets idéalisés de désirs plus concrets, plus matériels, plus positifs, illusions agréables et bienfaisantes qui travaillaient inconsciemment à se transformer encore, à se détruire elles-mêmes.

Mais si profitables que puissent être les nouvelles idées sur l'évolution, je ne pense pas qu'elles rendent invinciblement la réalité. Elles ouvrent une question de finalité, elles posent une considération de « but », conscient ou non. Et les questions de finalité sont compliquées, plus difficiles à résoudre, en n'importe quel sens, qu'on ne paraît communément le croire. L' « intention » est presque toujours assez mal comprise, la sociologie et la psychologie sont abondamment pourvues de questions de finalité très simplement et très mal résolues. Celle dont il s'agit ici est intéressante, mais les rapports de moyen et de fin qu'on a voulu donner aux différents éléments de l'évolution biologique ne me paraissent pas très bien établis.

Quelques exemples nous aideront à préciser le problème, à mieux voir la nature de la finalité et ses rapports avec la systématisation. Dans un organisme, a-t-on dit, dans un système en général, les éléments sont réciproquement fins et moyens l'un pour l'autre. Cela est juste et incomplet. Dans le système solaire on peut croire, en effet, que les planètes ne sont pas un simple moyen pour le soleil de montrer son pouvoir, comme aussi que le soleil n'est pas un simple moyen pour les planètes de coordonner leur danse. Mais dans un organisme l'estomac est-il fait pour fournir aux poumons, en leur envoyant des substances préparés à point, la force de continuer la respiration, ou ceux-ci pour aider l'estomac en lui fournissant, pour leur part, les moyens de digérer paisiblement ? Ni l'un ni l'autre sans doute. De même, il est permis de croire que ni les médecins ne sont

exclusivement un moyen de guérir les malades, ni les
malades un moyen de faire vivre les médecins. Ils sont
tous réciproquement fins et moyens les uns pour les
autres. Ainsi Joseph de Maistre affirme que ni le peuple
n'est fait pour le roi, ni le roi pour le peuple, mais chacun
d'eux pour l'autre.

Il ajoutait surtout, ce qui est important : et tous les deux
pour qu'il y ait une souveraineté. Et la formule n'est pas
irréprochable, mais s'il avait dit : et tous les deux pour
qu'il y ait une nation organisée, je n'y trouverais rien à
reprendre, abstraitement du moins, et sauf à discuter sur
le meilleur moyen, selon les temps et les lieux, d'organiser
une nation. Dans un système bien organisé on pourrait
discuter pour savoir si une sorte de coopération spontanée
ne pourrait pas, en certains cas, remplacer la souveraineté;
on ne peut pas mettre en question l'existence du tout, de
l'organisme. Une nation n'est jamais parfaitement unifiée.
Elle peut normalement se demander si sa constitution
répond à ses besoins, si ses finances sont bien admi-
nistrées, si des réformes amélioreraient sa magistrature.
Mais se demander si son existence en tant que nation est
justifiable et doit être conservée serait l'indice d'un trouble
grave dans cette existence même, et n'aurait de sens qu'en
se plaçant en dehors d'elle, en faisant intervenir l'idée de
systèmes différents.

C'est que, ce qui est important, essentiel dans un système, la fin dernière, c'est le système lui-même. Il est vrai
que, dans un organisme bien lié, les parties sont réciproquement fins et moyens les unes pour les autres, mais il
est vrai surtout que toutes les parties sont principalement
des moyens pour la vie de l'ensemble, ce qui ne va pas
d'ailleurs sans quelque réciprocité subordonnée. Ni les
yeux ne sont essentiellement un moyen pour les oreilles,

ni les oreilles pour les yeux, mais les unes et les autres pour l'animal ou l'homme qui les possède, pour l'ensemble qui est leur fin. Ni les soldats ne sont faits pour le chef, ni le chef pour les soldats, mais l'un et les autres pour qu'il y ait une armée.

Cela est vrai quel que soit le système examiné, et, pour ainsi dire, quel que soit l'étage où on l'observe, pourvu qu'on le considère en lui-même. Si nous descendons, au lieu de prendre l'œil comme un moyen pour l'homme, il nous apparaîtra comme une fin pour ses propres éléments. Et nous dirons aussi bien : ni le cristallin n'existe pour la sclérotique, ni la slérotique pour le cristallin, mais l'un et l'autre pour l'ensemble de l'œil. Montant plus haut, au contraire, et voyant dans une armée non plus la fin de ses propres éléments, mais un moyen au service d'un système supérieur : ni l'armée n'a pour fin la magistrature, ni la magistrature n'a pour fin l'armée, mais la nation est leur fin à toutes deux. Tout ce qui compose un même ensemble est subordonné à cet ensemble. Tous les « autres » qui participent d'un « même » doivent être, dans une large mesure, soumis à ce même.

Il n'en reste pas moins que les éléments étant différents, ne sauraient être moyens et fins au même titre. Ni les fonctions diverses et innombrables d'un organisme compliqué n'intéressent également la vie de cet organisme, ni les éléments chargés de les remplir ne s'acquittent de leur tâche avec un zèle pareil et une égale capacité. Certains éléments sont, pour l'ensemble, des moyens particulièrement importants. Il en est qui font figure de fins relatives par rapport à un grand nombre d'éléments secondaires. Il en est qui représentent l'association, le « même » bien plus fidèlement, bien plus largement, bien plus réellement que d'autres, qui y participent mieux et davantage. Ils prennent donc quelque chose de son caractère et de ses privilèges.

Ils en prennent parfois trop. Il arrive qu'un élément parvienne à conquérir dans l'ensemble une place prépondérante, à le dominer, à soumettre au rôle de moyens tous les autres éléments et l'ensemble lui-même, à se servir de lui plus qu'il ne le sert. C'est le cas de la passion, par exemple, lorsqu'au lieu de servir l'âme, elle la soumet et la ruine. C'est le cas de l'ambitieux, du despote qui, au lieu de servir son pays, l'asservit et le mène aux catastrophes. Mais ce n'est là que l'accident, toujours redoutable. Le fait dont il provient n'en est pas moins normal et nécessaire. L'appareil de l'audition, par exemple, qui est un moyen pour la vie organique, est une fin pour ses éléments. Une administration qui est une fin pour chacun de ses employés n'est qu'un moyen dans l'ensemble de la vie sociale. Semblablement et pour revenir au point spécial qui nous occupait, si nécessaire que soit la conservation de la chaleur, il ne paraît pas admissible qu'elle soit la fin de l'évolution, mais elle doit être un moyen pour une fin supérieure, tout en restant une fin pour certaines conditions qui la maintiennent.

Il faut, semble-t-il, voir simplement la fin de l'évolution, fin relative et mieux précisée à mesure que les transformations s'opèrent, dans le développement, la vie plus large, plus sûre, mieux unifiée de l'association qui évolue, individu ou groupe social, dans cette association même.

Il ne faut pas dire que tout le développement biologique, intellectuel, social et moral des vertébrés s'est produit pour permettre la conservation de la chaleur, ou de la composition chimique du sérum, mais que certains êtres ont conservé ces conditions parce qu'elles leur permettaient précisément d'abord de vivre et ensuite de vivre mieux, c'est-à-dire de conserver et d'améliorer leur organisation. Et de même nous pouvons croire que l'organisme n'est point fait pour qu'il y ait un plasma germinatif, mais plutôt le plasma germinatif pour qu'il puisse y avoir un organisme, et, surtout, l'un et l'autre pour que l'espèce se maintienne et se développe. C'est-à-dire que, dans le système que forme un organisme vivant et dans l'ensemble assez mal systématisé que forme la série des générations, si les deux genres d'éléments sont parfois nécessaires, aucun deux n'est, par rapport à l'autre, ni absolument un moyen, ni absolument une fin. Il faut regarder au-dessus d'eux pour trouver leur raison d'être, et c'est la caractéristique de l'association, du système. L'un et l'autre sont des différents qu'unit et que coordonne un « même » supérieur, de la nature duquel ils participent l'un et l'autre.

La bonne règle paraît être de déterminer la hiérarchie des fins et des moyens, dans un organisme, dans une association où les services sont toujours quelque peu réciproques, par la considération de l'importance, de l'influence, de la permanence, de la complexité, de la richesse des éléments considérés. Il est donc naturel de considérer comme fin suprême de l'association, l'association même, et, dans une association qui évolue, l'état final vers lequel elle tend, puis les éléments qui représentent le mieux l'association, les éléments directeurs, les éléments persistants, les plus complexes, etc. Il n'est pas toujours facile de déterminer la hiérarchie avec précision, et sans doute même elle n'existe pas toujours sous une forme nette et rigoureuse. Certaines infériorités peuvent être compensées, plus que compensées même, par certaines supériorités, et il est parfois impossible d'apprécier sûrement ces compensations.

Naturellement le jugement porté varie avec le point de

vue. L'oie de Montaigne pouvait s'imaginer que le monde entier avait été créé pour elle, et l'on peut, en prenant un détail infime, montrer que tout s'est arrangé en ce monde pour en permettre la réalisation, et qu'il est l'aboutissant d'une infinité de séries infinies de phénomènes. Mais tous les points de vue ne se valent pas, et à mesure qu'on s'élève, on domine mieux l'ensemble des faits et on apprécie plus sainement les rapports, comme à mesure qu'on monte sur quelque hauteur on discerne mieux le pays, le cours des rivières, la direction et les croisements des chemins, l'importance relative des hameaux, des villages et des villes. Ainsi l'on jugera mieux des organes en considérant l'organisme, des sentiments et des intentions en connaissant l'ensemble d'un esprit, des hommes en regardant les sociétés humaines dont ils font partie et l'on appréciera plus sûrement leur rôle et leur importance. Sans doute nos jugements resteront toujours entachés de quelque relativité puisque tant de choses, dans l'univers, nous restent impénétrées, mais il nous suffit de nous élever jusqu'où notre condition d'homme nous le permet.

B

LES TRANSFORMATIONS DU « MÊME »

§ 1. — Le « même » change-t-il ?

Tous les chemins nous ont ramenés au même point, à la subordination de l'autre au même, surtout au « même » de l'ensemble, considéré comme la cause ou la raison d'être de la ressemblance et de l'union des éléments. Ici d'autres perspectives s'ouvrent.

C'est que le « même » aussi change ou paraît changer, et qu'il est souvent difficile de bien établir son importance et même sa nature.

En effet, si l'embryon est une synthèse, l'homme adulte en est une autre, sensiblement différente. Ce n'est pas tant pour se conserver, semble-t-il, que l'embryon travaille, c'est pour se développer. Et de même, ce n'est pas pour se conserver seulement qu'une société s'efforce, c'est aussi pour grandir. L'embryon veut devenir homme, le gland veut devenir chêne, la petite association aspire à s'étendre, à égaler ou à dominer ses puissantes rivales. Il semble donc que l'évolution serait par là autre chose que la conservation par le changement, si le même qu'il s'agit de conserver se transforme aussi. Il y a là une difficulté. La conception que nous venons de rejeter, celle de l'évolution ayant pour fin la conservation de la température ou de la constitution chimique du sérum, l'écartait, en apparence au moins, ou en partie et à dater d'un certain moment, en instituant un même moins variable.

Pour résoudre la difficulté, reconnaissons-en l'étendue. Il faut la restreindre au domaine de la vie, de l'esprit, de la société. Les hypothétiques évolutions inorganiques ne présentent pas ici de problèmes particuliers, et d'ailleurs elles sont trop peu connues dans leur intimité pour qu'il y ait intérêt à s'en occuper maintenant. Après les avoir écartées, nous nous trouvons en présence de deux catégories de faits bien différentes, la catégorie des évolutions qui reproduisent une évolution déjà faite, qui répètent d'autres évolutions accomplies, et expriment une habitude de l'être, et la catégorie des évolutions qui aboutissent à des créations nouvelles, qui expriment une invention de l'être. Sans doute il n'y a pas de barrière infranchissable entre ces deux classes, des transitions apparaissent de l'une à l'autre, surtout elles se mêlent toujours plus ou moins; l'invention et l'habitude se combinent, en proportions très variables dans toutes les évolutions. Il n'en est pas moins utile de les examiner dans leurs différences.

§ 2. — *L'habitude et l'invention dans les évolutions.*
L'habitude.

L'évolution d'un gland ne peut donner qu'un chêne, et celle d'un œuf de poule qu'un poulet. Ici la marche des événements, au moins dans ses grandes lignes, est déterminée d'avance; elle se conforme aux précédents, elle suit une sorte de plan déjà tracé. L'embryon normal, placé dans des conditions normales, évolue vers l'adulte normal, puis l'être se dissout plus ou moins vite et disparaît. Placé dans des conditions anormales, il avortera, donnera un monstre — on a pu en fabriquer artificiellement — il ne donnera pas précisément un être nouveau, bien constitué.

Sans doute un homme diffère toujours d'un autre homme, un poulet d'un autre poulet. Les grandes lignes de l'évolution des individus d'une même espèce n'en sont pas moins fort semblables, abstraitement identiques, et, dans une assez large mesure au moins, rigoureusement prédéterminées. Cela est vrai dans le pays des esprits comme dans celui des organismes. Les esprits diffèrent entre eux comme les corps, et plus qu'eux peut-être, mais leur développement, encore qu'il puisse paraître moins régulier, est encore nettement prédéterminé dans ses grandes lignes. L'enfance, la puberté, l'âge mûr, la vieillesse ont des caractéristiques psychologiques comme des caractéristiques biologiques. De plus, chaque espèce, parfois chaque race d'êtres vivants, a une mentalité qui lui appartient bien, qui naît, se développe et se dissout assez régulièrement, si l'on n'y considère que les grands caractères généraux.

A côté des caractères qui peuvent être ceux du genre, de l'esprit ou de la race, de la tribu même ou de la famille, se trouvent toujours des caractères individuels. Ceux-ci ne peuvent faire l'objet d'une habitude, l'individu ne se répétant pas. S'il en est quelques-uns qui revivent en partie, ils deviennent, pour autant, des caractères de famille, plus ou moins durables, des faits d'hérédité. Laissons-les de côté pour le moment. Dans tout ce qui est habituel, dans les évolutions fixées d'avance et préordonnées, ce qu'il s'agit de réaliser, puis de conserver, c'est la production d'un type normal, d'un type déjà réalisé, déjà connu.

La conservation est ici très nette et le « même » ne change point autant qu'il le semblait d'abord. Il est clair que le « même » qu'il s'agit de conserver n'est point représenté par chacun des états successifs de l'être considéré à part des autres, ou ne l'est que très partiellement. Ce n'est pas tel ou tel ensemble concret de phénomènes, tel ou tel état de l'embryon ou de l'individu à ses premiers pas dans la vie qu'il s'agit de conserver, c'est la possibilité d'arriver au type adulte et normal qui pourra, du point de vue biologique, continuer la race en produisant à son tour d'autres êtres capables de recommencer la même évolution, ou, du point de vue social, continuer à faire vivre le groupe et durer sa prospérité. Ce n'est pas toujours, ou

ce n'est pas seulement un tout concret et individuel que
l'évolution conserve à travers ses changements et par
ses changements, mais c'est un groupe, une race ou bien
même une direction unique, une virtualité, une forme persistante, une possibilité toujours la même, et qui ne reste
la même que parce que les phénomènes se transforment.
S'ils se fixaient à un moment donné, s'ils se conservaient
à peu près tels quels, cette possibilité disparaîtrait, un
« même » fixe et imparfait serait atteint. Cela se produit
accidentellement et c'est ce qu'on appelle un arrêt de développement.

Ainsi, ce que l'évolution individuelle dans son ensemble,
tend à conserver, c'est le type de la race qui représente
son terme et son but, l'équilibre instable et caduc vers
lequel elle tend. Et la série des êtres, prise du moins entre
certaines limites, apparaît comme la conservation d'un
type général (espèce, genre, etc.) qui se refait continuellement et disparaît pour se refaire encore, les petites évolutions successives des individus ayant pour caractère
principal, pour fonction essentielle, en transformant peu à
peu l'individu, de reproduire constamment le même type,
et de le conserver à travers les générations successives où
il s'est passagèrement incarné.

§ 3. — *Les évolutions qui inventent.*

Pour les évolutions qui inventent, qui n'en répètent pas
une autre, la question est un peu plus compliquée.

Nous en connaissons un assez grand nombre. Et d'un
certain point de vue nous n'en connaissons pas d'autres.
L'évolution de chaque individu innove toujours, si au lieu

de la considérer en ses ressemblances avec celle des autres individus de même genre ou de même espèce, nous la prenons par ce qu'elle a de différent et d'unique. Deux individus quelconques ne se ressemblent jamais absolument. Deux germes non plus, sans doute, et jamais non plus les circonstances dans lesquelles se déroulera leur vie. Chacun apporte en soi, avec les qualités générales des êtres qui lui ressemblent, de sa race et de son groupe, des qualités qui ne sont qu'à lui. Dès ses premiers pas dans la vie, l'individu revêt une irréductible originalité, la personnalité qu'il développe n'en répète complètement aucune autre, tout ce qui est en elle lui appartient et l'exprime.

Il tend à reproduire le type de sa race, mais en l'incarnant à *sa* façon. Il tend aussi à produire un type individuel. Le « même » qu'il s'agit pour lui de conserver est le type de la race mais sous une forme précise et plus concrète. Il se compose d'abord d'un certain nombre de particularités chimiques, physiologiques, psychiques, sociales, qui sont la marque même, le caractère permanent de l'individualité, et ses conditions d'existence, comme tel degré de chaleur, ou les qualités générales du sérum sont des conditions de l'existence du genre. Mais en même temps il comprend surtout une forme plus concrète, et par là plus complexe que la forme spécifique ou familiale, une forme unique qui se réalise peu à peu par l'évolution vitale et psychique, jusqu'à ce qu'elle atteigne, à l'âge adulte en général (1), son maximum d'existence et qu'elle

---

(1) Je dis « en général » parce que les variations et les exceptions ne sont pas rares. Il est des individus qui paraissent atteindre la plénitude de leur individualité dès la jeunesse, d'autres chez qui elle est retardée jusqu'à la vieillesse. Cela dépend des circonstances pour une part, et pour une autre part, des qualités et du genre de qualités qui illustrent cette individualité. Comparez Rousseau et Hume, Turenne et Condé, ou dans des genres différents Kant et Rossini.

se dissolve ensuite, peu à peu ou brusquement. Ce n'est point dans tel ou tel état passager que réside le « même », c'est dans l'harmonie de ces états et le type que réalise leur système. De même si je sors pour un but précis, pour acheter des allumettes par exemple, ce n'est pas tel ou tel pas qui caractérise cette portion de ma conduite et en fait l'unité, c'est l'ensemble coordonné de la série de mes actes, série où quelques-uns de ces actes représentent beaucoup plus que d'autres l'ensemble de cette petite portion de ma conduite, et le « même » qui en est l'essence. C'est aussi, si l'on veut, l' « idée » qui a inspiré et dirigé la série de mes mouvements. Et l'on peut fort bien, à la condition de s'entendre sur le sens du mot, et de se garder des rapprochements fallacieux, dire que l'évolution de l'individu reproduit l' « idée » de l'espèce ou de la race, et en même temps qu'elle réalise, qu'elle crée l' « idée » de l'individu. Et cette « idée » sera essentiellement le « même » qu'il s'agit de conserver et de faire vivre.

L'évolution des groupes d'hommes, des sociétés de toute sorte est sans doute plus originale encore. Elle l'est au point que l'on ne peut guère, malgré bien des essais et des efforts, y distinguer des formes communes précises, des relations constantes, semblables à celle que nous ont laissé découvrir les individus organisés. On s'y est acharné pourtant ; mais la comparaison, fort utile en son temps, malgré ses défauts de l'organisme et de la société, n'a pu nous conduire assez loin, et nous ne savons pas comment les peuples naissent, se développent et meurent. Ou plutôt nous pensons qu'il n'y a pas de nécessité pour qu'un peuple se développe et meure ainsi qu'un individu, et qu'entre l'évolution de l'un et l'évolution de l'autre, les rapprochements sont plus fallacieux que profonds. Les relations mêmes qu'on aurait cru pouvoir établir entre les éléments

divers et dominants des civilisations, l'industrie par exemple
et le militarisme, se révèlent vagues, douteuses, incomplètes et fausses. Nous sommes tout à fait hors d'état de
prévoir le sort d'un peuple aussi bien que nous prévoyons
dans ses grandes lignes et sous condition celui d'un indi
vidu. C'est que les peuples n'offrent pas à notre connaissance le même ensemble de similitudes que les personnes.
Non seulement ces similitudes n'existent pas, mais peut-
être ne peuvent-elles même pas exister, au moins pour autant que l'avenir nous est accessible. Les phénomènes sociaux n'ont pas cristallisé en formes régulières. Il n'y a
pas un type normal de transformation, avec des phases
régulières de naissance, de développement, de dissolution
et de mort, que l'on puisse comparer aux types d'évolution
des animaux ou des plantes.

De même, pour le développement de la vie en général,
de l'esprit, de l'humanité. On n'y voit aucun plan prédéterminé et l'évolution aurait pu, semble-t-il, se faire tout
autrement si les circonstances l'eussent voulu. Un gland
donnera un chêne ou rien ; un œuf de poule, un poulet ou
rien, mais, des êtres primitifs, il aurait peut être pu sortir
autre chose que le chêne et que le poulet, d'autres espèces
que celles d'aujourd'hui. Celles-ci mêmes sont depuis longtemps fixées. Pourtant rien ne nous garantit que de nouvelles transformations, imprévues, imprévisibles, ne se
produiront pas un jour. Et d'autre part, sans doute dans
l'organisme humain, par exemple, certaines modifications
possibles peuvent être indiquées, parce qu'elles en aug-
menteraient la systématisation, comme la séparation du
foie en deux ou plusieurs organes distincts ou la disparition d'une partie de l'intestin. Mais nous ne pouvons
affirmer qu'il s'en produira aucune, ni que, s'il s'en produit, ce seront justement celles-là qu'on aura prévues. Si

l'homme se transforme, ce sera peut-être dans un sens auquel personne n'aura songé.

Il serait tout aussi vain de prétendre annoncer ce qui adviendra de l'esprit humain. Il a été agréable et facile de prédire l'affaiblissement des sentiments égoïstes, le développement des sentiments sociaux, de l'intelligence, de la raison. Mais nous ne savons pas même très bien si la raison et la bonté se sont sensiblement accrues depuis que l'homme existe. On peut prévoir évidemment, pour quelque temps encore, l'accumulation, et, jusqu'à un certain point, l'organisation de connaissances nouvelles, mais ce n'est pas là un changement, ce n'est qu'une continuation. On peut rêver aussi l'apparition de sens nouveaux qui nous mettraient en rapport plus direct avec certaines forces naturelles, comme l'électricité, ou, d'autre part, une généralisation et un développement de la télépathie ou d'autres pouvoirs encore bien mystérieux ou douteux. Mais en fait nous ne savons à peu près rien des virtualités qui sommeillent encore en nous, des êtres nouveaux que des circonstances ignorées peuvent sculpter en nous et dégager de leur gangue, ni surtout des modifications que l'avenir produira réellement.

Nous ne savons pas non plus ce que deviendront les sociétés humaines. Il ne nous est permis que de risquer sur elles quelques prévisions à courte portée, et douteuses encore. Nous ignorons où leur évolution les aura menées dans un millier d'années, à supposer qu'elles existent alors. Si elles disparaissent, sera-ce par accident, comme l'enfant qu'écrase un tramway, et par le choc, par exemple, de quelque astre errant ? Sera-ce à la manière du vieillard qui s'éteint, et une société peut-elle vraiment « vieillir » ? Mais si elles subsistent, seront-elles encore distinctes ou englobées — comment et jusqu'à quel point ? — dans quelque vaste empire, dans quelque confédération plus ou moins serrée? C'est ce dont nous ne savons rien. Les prévisions tentées ont été assez malheureuses pour nous encourager à n'en pas lancer d'autres, sinon pour notre amusement, et sans prétentions scientifiques.

Reportons-nous aux âges antérieurs. Si nous avions pu connaître le protoplasma indifférencié d'où sont sorties, assez vraisemblablement, toutes les formes de la vie, comment aurions-nous su prévoir l'existence des grands reptiles de l'époque secondaire, des insectes, des oiseaux, des mammifères, de l'homme? Et si nous avions vu les premiers hommes de la fin du pliocène ou du commencement des temps géologiques actuels, comment en aurions-nous déduit l'art grec, le développement industriel des États-Unis, ou le régime des deux Chambres? Évidemment, ni dans un cas, ni dans l'autre, — et il en est de même pour toutes les évolutions inventives, — la ligne que devait suivre l'évolution n'était prédéterminée de la même manière que celle de l'évolution d'un chêne ou d'un poulet, et le « même » particulier qu'elle devait créer et conserver ne pouvait être logiquement prévu. Peut-être l'évolution a-t-elle été rigoureusement déterminée par les séries compliquées d'événements entre-croisés qui ont tissé la trame de la durée vitale. C'est là, du moins, une hypothèse acceptable. Mais aucune finalité préordonnée, aucun dessein préconçu, conscient ou inconscient, ne s'incarne dans cette série de transformations comme dans le développement de l'être organisé qui reproduit un type déjà formé.

Un doute s'élèvera pourtant. Cette évolution qui nous paraît nouvelle, qui l'est pour nous, et qui, comme telle, défie nos prévisions, l'est-elle bien en réalité? La fleur qui disait que, « de mémoire de rose, on n'avait jamais vu

mourir de jardinier », jugeait peut-être comme nous sommes
tentés de le faire. Notre existence dans le temps et dans
l'espace est bien courte. Si loin que l'expérience et l'induction puissent porter nos vues, nos connaissances restent toujours bornées, fragmentaires, insuffisantes. L'évolution de
l'humanité, l'évolution de la vie terrestre pourrait reproduire
quelque évolution analogue, jadis accomplie et répétée peut-
être indéfiniment dans quelque partie éloignée du temps et
de l'espace. Quand on se plaisait à expliquer la vie sur notre
monde par des germes apportés de quelque monde lointain, peut-être aurait-on trouvé quelque charme à cette
idée. En dehors de cette hypothèse, de vérification ma-
laisée, et de faible vraisemblance, on ne voit pas de raison
et encore moins d'expérience qui puisse appuyer une vue
de ce genre.

Le « retour éternel » a été en faveur, sans raison no-
table d'ailleurs, mais à cause de la vogue passagère de
Nietzsche. C'est une hypothèse sans utilité, et dont il n'y
a d'ailleurs rien à tirer pour ce qui nous occupe. Si, au bout
d'un certain temps, les mêmes éléments du monde doivent
se retrouver exactement dans les mêmes rapports qui les
unissaient un jour, — ce qui, dans un temps infini peut
en effet se produire si les éléments derniers sont en nombre
fini et s'il y a des éléments derniers, — il est clair que,
dans l'hypothèse du déterminisme absolu, la même série
de phénomènes doit se dérouler de nouveau, et recommencer indéfiniment. Mais en ce cas, et par hypothèse,
les évolutions antérieures n'auraient aucune influence sur
les suivantes, les cycles se ressembleraient absolument
jusque dans le plus petit détail, et l'on pourrait raisonner
comme s'il n'y en avait qu'un. De toute façon il faut renoncer à comparer nos évolutions, celles qui ne se répètent pas ici-bas, l'évolution vitale, l'évolution de l'esprit,

l'évolution considérée dans son ensemble, de l'être primitif à l'homme, et l'évolution des sociétés, à rien qui leur
ressemble en dehors de notre monde.

§ 4. — *L'évolution et l'essence.*

Si, pour tenir compte des inventions du développement,
nous disons que ce que la vie tend à conserver, c'est la vie ;
l'esprit, l'esprit ; la société, la société, et, d'une manière générale, le système, le système, nous n'aurons fait que constater une fois de plus « la tendance de l'être à persévérer
dans l'être ». Et cela n'est pas inutile, mais notre formule
resterait un peu vague. Peut-être avancerons-nous un
peu plus loin en disant que l'évolution conserve, dégage,
concentre l'essence des choses, et qu'elle y parvient par
une systématisation croissante qui subordonne de plus
en plus les faits secondaires aux faits principaux, et qui
permet à ceux-ci d'étendre leur influence, de dominer avec
plus d'autorité, d'assurer mieux leur propre vie, d'affirmer
de plus en plus leur caractère de chefs et de conducteurs,
de mieux montrer la variété de leurs aptitudes, la richesse
de leur nature, la diversité de leurs puissances. C'est
ainsi que les choses deviennent « plus les mêmes qu'autrefois ». Ainsi un lion réalise mieux qu'un mollusque la
virtualité animale. Un homme civilisé contemporain
exprime mieux l'humanité qu'un Papou, un Fuégien, ou,
pour ne pas sortir de la lignée, que ses ancêtres de l'âge
de la pierre taillée.

Pourtant les êtres inférieurs nous montrent des formes
concrètes de vie et d'esprit qui ne se retrouvent pas chez
les supérieurs. Et l'homme reste sur certains points au-

dessous de l'animal. Mais les supériorités l'emportent, en somme, dans l'évolution, et surtout si l'on considère une évolution déterminée, non point un ensemble d'évolutions différentes comme les transformations de la vie ou de l'esprit. L'évolution sculpte l'être, en précise les contours, le dégageant du bloc où ses formes et ses puissances sommeillaient. Ainsi chacun de nous, en tant qu'il évolue, devient de plus en plus lui-même, comme l'homme qui évolue devient de plus en plus homme, l'animal de plus en plus animal, le réel de plus en plus réel. Et chacun de nous, en conservant ainsi et en développant son essence propre, conserve et développe aussi parfois les essences plus générales de la vie, de l'humanité, indissolublement attachées à la sienne. Tout ceci s'applique à la fois aux évolutions qui inventent le plus, comme à celles où la nature acquise, l'habitude, l'instinct montent à leur plus haut degré.

Cette conservation des caractères essentiels, nous avions déjà dû le remarquer, implique et exige la transformation, la disparition des caractères secondaires. L'enfant qui évolue ne devient pas de plus en plus enfant, il devient de plus en plus homme, car les caractères de l'enfance sont subordonnés. Assurément, d'ailleurs, aucune évolution ne s'accomplit parfaitement, et les caractères transitoires persistent souvent plus qu'il ne faudrait. C'est encore un cas de cette activité indépendante des éléments, dont j'ai eu si souvent à m'occuper. Ainsi voit-on parfois l'homme rester trop enfant. Inversement, certains cas de précocité exceptionnelle peuvent troubler la régularité du développement par la prédominance, chez l'enfant, de tendances qui s'accordent mal avec l'ensemble de ses caractères.

Si l'homme dérive historiquement de l'animal, on ne

peut dire toutefois que l'animal annonce l'homme comme
l'enfant annonce l'adulte, que l'homme est la conséquence
logique de l'animal comme l'adulte est celle de l'enfant,
moyennant le développement nécessaire du « même » par
la subordination des caractères secondaires aux caractères
principaux. On ne conçoit pas un peuple d'enfants, on conçoit fort bien que, sur une planète, l'animalité puisse
évoluer sans aboutir jamais à l'homme ni à un être qui lui
ressemble. Notre terre a vécu bien longtemps avant que
l'homme y traînât ses instincts de brute et ses vagues
aspirations indéfinies. C'est peut-être un hasard malheu-
reux, une déviation qui l'y a un jour introduit.

Pour nous en tenir à ce cas particulier — car on pourrait examiner de même toute transformation d'espèce et
toute invention évolutive, — il semble d'une part que le
déséquilibre spécial de fonctions qui a produit l'homme et
provoqué ses transformations, relativement si marquées en
peu de temps par rapport à ce qui se passe dans les autres
espèces animales, aurait pu se produire dans d'autres
groupes animaux que celui des singes.

Il semble aussi d'autre part qu'il aurait pu surgir dans
le groupe des singes une race supérieure très différente
de l'homme, où les quatre mains, par exemple, auraient
pu être mieux utilisées, où les habitudes sociales, les facultés intellectuelles et morales se seraient construites sur
un tout autre plan.

Il n'en reste pas moins que l'homme était un des abou-
tissements possibles de l'animal, puisque c'est celui qui
s'est réalisé. D'autres étaient possibles aussi soit dans
l'animalité même, soit au-dessus de l'humanité. Quelques-
uns des premiers du meilleur succès sont restés dans le
possible indéterminé dont le réel est un cas singulier.

Un être quelconque, un individu, une race, une forme

posent toujours en quelque sorte implicitement la question : comment puis-je maintenir ma nature essentielle, mon « même » et l'appuyer sur un différent qui lui permette de vivre, de devenir plus solide et plus lui-même, c'est-à-dire de se concentrer et de s'enrichir, de déployer le plus loin possible ses conséquences ? La vie de chacun est la réponse plus ou moins heureuse faite à cette question. Le même, l'essence est semblable au sujet d'une définition géométrique dont les conséquences doivent se discuter successivement et qu'il faut développer, comme dans la série des théorèmes qui dérivent de la définition du cercle ou des droites parallèles. Mais il s'agit ici non de découvrir des conséquences qui sont réalisées d'emblée si le sujet de la définition est réalisé lui-même, mais bien de réaliser peu à peu, dans et par le temps et l'espace, et selon les circonstances, ces conséquences dont on maintient la cause et le principe, le même essentiel.

Toutes ces conclusions ne peuvent arriver à la fois à l'existence parce que chacune d'elles ne sort pas seulement de l'essence posée, mais de cette essence incarnée dans un être complexe et concret, et se développant dans des circonstances particulières, qui sont toujours à certains égards, et à les considérer dans leur complexité, uniques comme la nature concrète de l'être qui les rencontre. On peut comparer encore le « même » essentiel à la majeure d'un syllogisme dont les conséquences peuvent être nombreuses et variées, car elles ne dépendent pas de la majeure seulement, mais de la combinaison des deux prémisses, la mineure représentant ici les conditions indéfiniment variables du développement de l'être.

Les différentes espèces d'animaux apparaissent ainsi comme autant de réponses — parmi la multitude des réponses possibles — à la question : comment maintenir et développer la vie, l'animalité ? Elles sont les conclusions données par l'animalité posée comme majeure, et les circonstances innombrables et diverses auxquelles elle a dû se combiner dans l'organisme et s'adapter dans le monde extérieur.

De même, les différentes races humaines, et aussi les différentes civilisations, les différentes formes politiques et sociales où s'est moulée l'activité humaine, sont des réponses à la question : comment conserver l'humanité et la rendre, si possible, plus humaine ? Nos différentes formes de groupement social répondent aussi à la question : comment faire manifester à l'idée de patrie, par exemple, ou à toute autre idée directrice d'un groupe, ses virtualités propres ? Et l'histoire de chacun de nous est également le déroulement des conséquences de la majeure posée : telle ou telle individualité, et de son maintien ou de sa concentration à travers toutes les expériences de la vie.

Chaque être englobant en lui-même diverses essences plus ou moins abstraites doit donc résoudre des séries de questions connexes mais différentes, être à la fois un Français ou un Anglais, un catholique ou un bouddhiste, un maçon ou un professeur, et aussi être lui-même, tel Français, tel catholique, etc. De cette complexité naissent des difficultés et des conflits qu'il suffit de rappeler ici. A l'autre bout de la série des phénomènes, les molécules diverses et leurs combinaisons sont des incarnations diverses des propriétés essentielles de la matière. Elles conservent en même temps les lois physiques et chimiques et entretiennent des virtualités qui s'épanouiront plus tard dans la vie, dans la pensée, dans des combinaisons d'hommes et de groupes. Plus abstraitement, la matière en général est elle-même une incarnation des abstractions les plus profondes, l'existence, les lois mathématiques, et en permet ou en affermit la réalisation. Car peut-être d'autres entrées de ces réalités abstraites dans le concret se sont-elles produites, dont aucune connaissance ne nous est arrivée, et d'autres sont-elles possibles dont nous ne savons prendre aucune idée.

Il semble donc que, dans la série des phénomènes prise dans le sens de la complication croissante, les vertus primordiales essentielles se conservent et s'associent avec des caractères secondaires et dérivés de plus en plus complexes. Ces combinaisons diverses nous les voyons naître, se développer, parfois disparaître, et celles qui se réalisent nous semblent une infime partie du possible. Elles sont infiniment variées, et nous les connaissons, sous des aspects multiples d'individus, de groupes, de lois abstraites, de formes régulatrices et directrices. Incessamment de nouvelles conséquences des essences primitives, des définitions primordiales, se déroulent par les incarnations variées des abstractions que la réalité préserve. L'évolution est la forme régulière du développement des essences secondaires qui incarnent les abstractions supérieures, qui les portent en elles et les font vivre, en se conservant elles-mêmes, et en se développant. L'évolution a donc un point de départ, qui est la création d'une réalité nouvelle, un cours plus ou moins long qui dégage les conséquences systématisées de cette réalité selon les circonstances qui se présentent, et un aboutissement qui est la conclusion finale de tous les syllogismes réalisés qu'elle a provoqués, et auxquels elle a servi de majeure.

§ 5. — *La transformation de l'essence.*

En disant que l'être qui évolue change pour se conserver, et ensuite se transforme pour conserver son essence, si nous nous sommes approchés de la vérité, nous ne l'avons point sans doute conquise tout entière. Il faut reconnaître que l'essence se transforme aussi, au moins jusqu'à un certain degré et quand ce ne serait que pour devenir plus elle-même. On peut croire que certaines réalités subsistent plus longtemps que d'autres, sans qu'aucune soit assurée de l'immortalité, et, bien que nous en connaissions qui semblent n'avoir jamais changé, on peut soupçonner aussi celles-là de n'être pas éternelles. Ni les lois ni les formes les plus abstraites, comme les lois mathématiques, ni l'existence même ne le sont peut-être. Ainsi, quand nous regardons d'un wagon de rapide les objets qui défilent devant nous, les poteaux qui bordent la voie n'apparaissent que pour disparaître, des arbres, des villages un peu plus éloignés persistent plus longtemps, des hauteurs lointaines nous accompagnent plus longuement encore, quelque montagne élevée dominant l'horizon semble devoir s'éterniser dans notre vision, et pourtant elle aussi finit par en sortir après nous être apparue sous ses aspects divers. C'est la transformation de l'essence qu'il faut examiner maintenant.

Elle est nécessaire. Pour conserver la nature propre d'un être compliqué, comme sont les êtres dont l'évolution nous est accessible, pour la faire vivre, il faut l'incarner dans une série de systèmes bien différents selon la série des circonstances, l'entourer de cortèges de faits soumis qui la protègent et l'amènent à montrer ses diverses vertus.

Mais parmi ces vertus, il en est dont l'exercice la transformera, et, en la transformant, la dressera contre elle-même. Toute chose porte en soi, dans son essence même, des germes de contradiction que l'expérience peut développer. L'unité absolue seule est exempte, par définition, d'oppositions internes, réelles et virtuelles, mais aussi sa définition l'exempte de l'expérience, est contradictoire avec elle. Elle ne peut se réaliser ni même s'entendre autrement que comme une limite vers laquelle la réalité et notre intelligence et notre imagination même pourraient marcher indéfiniment sans jamais l'atteindre. Du point de vue de la réalité actuelle ou possible : un pur néant.

Quel que soit le genre d'êtres que l'on considère, qu'il s'agisse d'individus, de groupes, de partis ou de croyances, de théories, de sentiments, d'esprit ou de matière, il n'en saurait aller autrement. Toute chose tend naturellement à se contredire (1), à se transformer, à se supprimer elle-même.

J'ai déjà indiqué cette vérité tout à l'heure en parlant du rôle nécessaire de la différence et de l'opposition dans toute association, dans toute synthèse. Si l'évolution est une association en voie de se faire, elle ne saurait ne pas présenter ce même caractère essentiel. Il suffit de marquer ici ce que le procédé de l'évolution implique à cet égard.

Toute individualité est caractérisée à la fois par la nature de ses éléments et par la forme particulière que prend leur association. Ce sont là, je l'ai montré ailleurs, les conditions du « caractère ». Mais ces éléments sont

---

1. Cf. ma *Logique de la contradiction.*

toujours quelque peu hostiles les uns aux autres et leur union est forcément modifiée par leur vie et leur activité. Quand l'enfant devient homme, il garde et développe sa personnalité. Mais les éléments n'en sont plus les mêmes. De nouvelles idées, de nouvelles passions y deviennent prépondérantes au détriment des anciennes, les anciennes se sont modifiées à leur contact, les rapports des anciennes qui vont se transformant et de celles qui naissent continuellement et changent aussi à mesure qu'elles agissent et se heurtent aux autres et aux événements du dehors, ces rapports s'altèrent et se transforment, s'établissent sur des plans nouveaux. Cependant l'enfant est toujours reconnaissable dans l'homme. Mais pour qu'il se développe et parce qu'il s'est développé, ses éléments divers, désirs, idées, tendances organiques se sont opposés les uns aux autres et se sont réciproquement modifiés. Il s'est ainsi transformé, et ce qui reste de son moi primitif, après ces oppositions et ces rectifications, est une forme de plus en plus atténuée, de plus en plus abstraite, qui sert toujours pourtant à soutenir le présent et à préparer l'avenir en les rattachant au passé. De même et pour prendre une évolution d'un autre genre, on reconnaît sans doute la France du seizième siècle dans celle d'aujourd'hui. Les éléments s'en sont transformés et leurs rapports aussi. Sentiments, idées, administration, gouvernement, mœurs, rien n'est resté identique. Pourtant la nature essentielle a été conservée, même accrue. On peut croire qu'à bien des égards la France d'aujourd'hui est un peu plus française que celle d'alors, mais pour en venir où elle en est, pour garder et grandir cette qualité d'être française, il lui a fallu la modifier et la contrarier. Des luttes de toute sorte, des révolutions, des guerres ont pris part à l'évolution toujours imparfaite et troublée, qui a entraîné forcément beaucoup de dissolutions partielles d'institutions, de coutumes, d'idées et de passions et qui peut d'ailleurs fort bien s'être accompagnée, çà et là, de quelque décadence fâcheuse. En tout être qui évolue, certaines tendances se dressent inévitablement contre d'autres et par là l'être tend constamment à se modifier et même à se détruire, car si une modification est forcément une destruction partielle, toute tendance à la modification, si elle n'est pas soutenue, dirigée par l'organisation persistante, par le « même » essentiel, tend à la destruction de l'être.

Au lieu d'un individu ou d'un groupe, prenons un élément. Le même fait s'y révèle. Une idée, une théorie contiennent des éléments dont le développement tend à rejeter leurs associés d'un moment, à transformer — parfois à nier — l'idée même ou la théorie qui les renferme. Ainsi voit-on l'évolution d'une doctrine, par la propagation de cette doctrine dans des milieux différents, par les mineures diverses qui viennent se combiner à la majeure conservée, aboutir à des conclusions divergentes, à des manières de penser qui se nient l'une l'autre et peuvent contredire la doctrine primitive. Voyez, par exemple, la très riche et très complexe évolution du christianisme, et les contradictions qui mettent aux prises ses différentes branches, le catholicisme et les hérésies diverses, et même les doctrines d'aujourd'hui avec celles du début. Voyez encore les conceptions diverses et contradictoires auxquelles aboutit la doctrine de l'évolution. Pour prendre des exemples particuliers, voyez ce que devient l'imitation dans la philosophie et dans la sociologie de Tarde, ou bien encore le changement de la conception du *Bovarysme* dans la théorie de J. de Gaultier. Le *Bovarysme* est d'abord le pouvoir de se concevoir autre qu'on n'est, et finit en ne supposant plus de conformité possible entre la représentation et son objet, et en paraissant supprimer toute réalité objective. Le développement des idées de liberté et d'égalité nous montreraient encore des cas bien curieux de transformation de l'essence.

Considérons d'autres évolutions encore et de plus générales. La matière développant ses virtualités dans des conditions différentes a pu devenir la vie qui s'opposait sur tant de points à la matière brute, et la vie s'est accompagnée de l'esprit dont les propriétés dépassent si bien, à certains égards, celles de la matière, qu'on a pu croire à leur distinction complète, et même à leur irréductible opposition. L'esprit individuel et l'esprit social, qui se sont tant influencés l'un l'autre, et, dans l'humanité au moins, ont évolué en se créant l'un l'autre continuellement, se sont aussi tellement opposés l'un à l'autre que la lutte de la société et de l'individu (c'est-à-dire aussi de l'individu contre l'individu, de la société contre la société) est un des thèmes principaux de la pensée humaine, et un aspect important de l'activité individuelle et de l'activité sociale.

Mais la vieille solidarité se manifeste toujours par l'action en retour des formations nouvelles. Si l'être qui évolue tend à se transformer, même dans son essence, s'il tend aussi à disparaître, il tend tout d'abord à s'enrichir, à se multiplier. Ainsi la vie a créé de nouvelles formes de matière, des molécules inconnues jusqu'à elle, des combinaisons chimiques qui lui sont propres. Pareillement l'esprit a créé de nouvelles formes de vie, il réagit sans cesse sur la forme et sur l'allure de l'organisme. Et la société a tellement réagi sur l'esprit et l'a tellement enrichi, elle l'a rendu tellement plus « spirituel » qu'elle l'a créé pour une bonne part, comme l'ont montré E. de Roberty et M. Izoulet, et que, en tout cas, l'esprit porte sur tous ses

éléments l'empreinte de la société qui l'a développé. Ainsi
la création, par une forme d'être d'une forme plus haute,
se traduit par un nouvel épanouissement de ses forces
propres. S'il sortait de nos sociétés actuelles un être
nouveau qui serait à ces sociétés ce que la société est
à l'individu, sans doute la société en recevrait une existence plus pleine et en tirerait une floraison encore inconnue. Très probablement on verrait s'établir des groupements humains dont nous n'avons à peu près aucune
idée. Une évolution comme celle de la France sous les
rois de la troisième dynastie, par la réunion des différentes provinces, aurait pu sans doute, en d'autres circonstances, exalter la vie provinciale. La tendance cen-
tralisatrice l'a emporté pour diverses raisons. Mais, en
tout cas, l'évolution nationale a suscité bien des groupements
sociaux secondaire, bien des formes compliquées de la vie
sociale qui n'auraient pas existé sans elle.

Il résulte de tout ce qui précède que ce qui se conserve
de l'essence primitive devient de plus en plus abstrait à
mesure que l'évolution se déroule. Cette essence, en se
conservant, se transforme, et en se transformant elle dépouille de plus en plus, pour en revêtir d'autres, ses
caractères secondaires, ceux qui lui donnaient une existence relativement concrète. Elle se ramène de plus en plus
à quelques abstractions de plus en plus hautes. D'autre
part, de nouvelles essences se créent et se conservent, des
« mêmes » nouveaux s'imposent, viennent saisir l'abstraction dépouillée et se l'incorporer, se font le centre d'associations nouvelles formées peu à peu, et ces « mêmes »
se compliquent et s'ordonnent de plus en plus.

Ainsi l'évolution considérée dans son ensemble comporte un double mouvement. D'abord, la conservation de
réalités anciennes de plus en plus abstraites, ensuite la

formation et la conservation relative et selon les mêmes
lois de nouvelles réalités concrètes qui viennent incarner
les abstractions conservées, les revêtir du concret nécessaire à la vie, et qui, à leur tour, évolueront en se dé-
pouillant aussi de leurs éléments secondaires, en devenant
à leur tour de plus en plus abstraites, et en provoquant
l'apparition de réalités nouvelles destinées au même
sort, le tout marchant vers un accroissement de systématisation. Suivez l'évolution d'un homme à travers l'enfance, la jeunesse, l'âge mûr, vous verrez se conserver
une sorte de forme abstraite et systématique, qui va
quittant peu à peu beaucoup de ses éléments concrets,
pour en revêtir d'autres, pour devenir le centre de systèmes nouveaux, idées, croyances, désirs, pouvoirs, tendances qui viennent remplacer celles qu'elles ont désorga-
nisées. Le moi, tout en conservant quelque chose de son
essence primitive, en abandonne successivement les éléments qui ne peuvent plus la porter et la faire vivre pour
les remplacer par ceux que les circonstances suscitent et
qui peuvent former avec le moi essentiel conservé un système, une association plus souple, plus riche, plus résistante et mieux unifiée. C'est le procédé qui se poursuit
tant que l'évolution dure. Prenez la vie d'un peuple ou
d'une doctrine et vous pourrez faire de semblables constatations. Prenez encore une de ces grandes évolutions
abstraites qu'il faut regarder de loin et de haut pour y voir
une évolution et non une confusion, un amagalme de
faits multiples, incohérents et fugitifs, comme l'évolution
de la vie, de l'esprit, de la société, le résultat ne sera pas
différent. Et ce double mouvement essentiel à l'unité de
l'évolution était implicitement compris dans la définition
posée d'abord : l'évolution est la réalisation graduelle
d'une association. Mais en somme, il me semble bien que

notre idée et notre définition ont évolué aussi, en perdant peut-être quelques-uns de leurs caractères secondaires pour en revêtir d'autres plus précis et plus cohérents.

Il ne faut pas prendre ce dépouillement du même, et cette création de mêmes nouveaux pour une sorte d'accident évitable, du moins dans les limites de notre expérience et de notre savoir. Sans doute, beaucoup d'évolutions avortent, aboutissent à la décadence et à la dissolution prématurée, parfois à la disparition brusque, sans doute aussi aucune ne se réalise parfaitement, et leur réussite même suppose des échecs de détails et des déviations. Mais pour celles qui se poursuivent à peu près régulièrement, la disparition progressive de l'être qui évolue, le développement du même et la création lente d'un même nouveau qui conserve un reste du même primitif important et nécessaire, mais de plus en plus abstrait, est nécessaire au bout d'un certain temps.

L'être qui évolue, en effet, rencontre d'autres êtres de nature diverse, auxquels il doit ajuster sa vie. C'est en s'adaptant qu'il tire de sa nature toutes ses virtualités, et on ne connaît jamais quelqu'un à fond quand on ne l'a pas vu penser, sentir ou agir dans des circonstances extrêmement variées. C'est en s'adaptant qu'il suscite toutes les conclusions que comporte sa nature, la majeure du syllogisme actif et réalisé, combinée avec toutes les mineures que les conditions de sa vie lui proposent. Mais c'est aussi en s'adaptant qu'il épuise en quelque sorte sa nature et qu'il tend à se supprimer, à se fondre dans un être qui le dépasse, à s'absorber dans un développement où son « même » subsistera encore, en s'amincissant, gardera de l'action et de l'influence, mais où, pour vivre il sera contraint à se transformer.

En se transformant ainsi, il se supprime en fait peu à

peu et tend vers sa disparition complète. Le « même » primitif cesse peu à pou d'être la fin suprême, son importance s'amoindrit. C'est ainsi que, dans une évolution régulière, l'enfant s'absorbe et, en tant qu'enfant, disparaît dans l'homme. Il en subsiste quelque chose, puisque c'est la même personnalité qui dure. L'essence primitive n'a point entièrement disparu et l'on s'en rend bien compte soit en observant un homme que l'on a connu tout enfant, soit en se rappelant ses plus lointains souvenirs ; cependant les caractéristiques propres de l'enfant, tout ce qu'il y avait d'enfantin dans le « même » et qui le distinguait de l'adolescent, du jeune homme et de l'adulte, tout cela a disparu, à peu près complètement, comme disparaîtront aussi, au cours de l'évolution, les caractéristiques de l'adolescent et du jeune homme, en attendant que la dissolution fasse disparaître les autres.

Nous entrevoyons déjà, semble-t-il, en prolongeant les lignes, que le « même », à force de se transformer, peut être amené à disparaître, non point par la dissolution, mais par la perfection même de l'évolution. A force de se conserver en s'amoindrissant, il tend à se supprimer. Il vient un moment où, pour continuer l'adaptation générale, où il a pris part, le « même » peut être amené à disparaître. Au bout des enchaînements de syllogismes, des conclusions sont arrivées qui ont contredit la majeure à laquelle ils se rattachent plus ou moins indirectement et dont ils sont tous sortis par des voies plus ou moins compliquées, ou bien elles l'ont rendue inutile. Un groupe social, par exemple, doit être amené à disparaître quand il a rempli la fonction pour laquelle il avait été formé. Son activité s'est transformée peu à peu en conservant cependant sa direction primitive, sa tendance essentielle. Il a traduit cette tendance par des actions variées, combinées, dont l'ensemble se rapproche de plus en plus du système achevé. S'il y arrive, l'œuvre est achevée, l'essence primitive perd toute raison d'être, le groupe n'a plus qu'à disparaître. C'est le cas, par exemple, d'une assemblée, élue pour donner une constitution au pays, le jour où, peu à peu, par l'accord naissant des volontés et des désirs, par l'accumulation et la systématisation des détails nouveaux, par l'adaptation croissante aux circonstances du moment, et aux changements qui peuvent intervenir, elle a fini par achever son œuvre, dont le désir constituait son « même » essentiel. Son évolution est terminée. Ici l'œuvre reste, plus ou moins bonne, plus ou moins durable, et va devenir le point du départ d'une ou de plusieurs évolutions nouvelles, mais l'assemblée qui l'a faite a terminé son évolution, elle peut se dissoudre dans l'ensemble d'où elle est sortie, cesser d'être en tant que groupe distinct.

En des cas pareils la finalité est très nette. Mais quand les êtres sont en contact, vivent ensemble, il se forme toujours entre eux une sorte d'association plus ou moins nette, même lorsqu'ils sont rivaux, ennemis, même lorsqu'ils se jugent indifférents les uns aux autres. Si l'association va en se perfectionnant, c'est une nouvelle association qui se dessine. Et tout être, en évoluant, en tendant vers l'association parfaite, vers le système achevé, tend par là même à disparaître en tant qu'être distinct ; l'évolution le mène au néant. La forme la plus haute de son existence est celle qui le décide à ne plus exister. Cette fin de l'évolution, c'est l'évanescence, déjà entrevue au cours de ce travail et que nous retrouverons plus tard, mais qu'il fallait rappeler ici, parce qu'elle se rattache logiquement à l'évolution.

Il est possible de comprendre autrement ce changement du même, et d'une manière plus synthétique.

A mesure que l'évolution se poursuit, le « même » ne

se transforme pas précisément, il se complète. Une évolution doit être considérée dans son ensemble, et non par fragments détachés. Tout s'y enchaîne, et le tout seul a vraiment un sens. L'essence d'un être, son « même » véritable ne se révèle, n'existe que par cet ensemble, et dans cet ensemble. L'enfant disparaît ou doit disparaître, au moins en partie, dans le jeune homme, le jeune homme dans l'homme mûr, l'homme mûr dans le vieillard, mais le « même » essentiel, ce n'est pas l'enfant, ni même l'homme mûr, c'est l'ensemble coordonné des états successifs qui mènent de la naissance à la mort, quand le développement s'effectue avec régularité. Et nous pourrions juger de même l'évolution d'un organe, l'évolution d'un désir ou l'évolution d'un peuple.

De ce point de vue l'essence se fait ou du moins se révèle peu à peu. Il faudrait encore distinguer. Dans les évolutions qui se répètent on peut dire que l'essence se révèle, dans les évolutions qui inventent, elle se crée et se fixe puisque sa nature n'était pas d'abord déterminée, placée dans l'alternative de telle forme précise ou de la disparition.

Cette manière de voir la question est certainement légitime. Elle a l'avantage de permettre de nouvelles synthèses plus concrètes, mais les considérations qu'elle suggère viennent en somme compléter les précédentes sans les infirmer ni les démentir. Elles en précisent et en limitent le sens et la portée.

§ 4. — *Résumé synthétique.*

L'évolution part d'un rudiment d'association nouvelle, plus ou moins semblable à des synthèses préexistantes,

germe fécondé, groupement accidentel ou voulu d'un individu et de groupes, rencontre de molécules, synthèse qui
peut être elle-même le résultat d'une longue évolution assez
régulière ou de la rencontre brusque et fortuite de quelques
éléments. Une fois la synthèse faite et le « même » constitué, l'évolution commence et se poursuit avec des incertitudes diverses : régulière, sauf accident, quand elle correspond à une sorte d'habitude déjà formée, biologique ou sociale ; plus heurtée, plus imprévue, toujours sujette aux
accidents, mais beaucoup plus exposée aux avortements
et aux déviations quand elle innove, quand elle crée un
type nouveau, point de départ éventuel de nouvelles habitudes. Cette évolution consiste en ce que l'association devient de plus en plus une association, le même se conservant et se subordonnant de plus en plus l'autre, les autres
très divers, très nombreux parfois, qu'il rencontre dans
l'association et en dehors d'elle. En se conservant et en se
développant ainsi, et pour mieux se subordonner l'autre,
il est fatalement amené à se transformer. Une partie de ses
éléments devient « l'autre » à son tour, en revanche une
partie de l'autre pénètre le même. Ainsi d'une part il s'ap-
pauvrit, s'amincit, ne garde plus du « même » primitif
que des caractères abstraits, des directions générales,
d'autres part il s'enrichit et se complique. L'essence varie
pour se conserver, comme le système entier, moins que
lui, et l'essence de l'essence varie comme elle, moins
qu'elle. Un caractère est toujours « essentiel » relativement à ceux qui sont moins que lui, dans l'association,
dominateurs abstraits et représentatifs ; il est secondaire
par rapport à ceux qui le sont davantage, et l'on ne peut
dire au juste où finit l'essence et où commencent les simples
manifestations. Et généralement l'évolution, toujours mêlée, toujours compliquée d'arrêts, de décadences partielles,

toujours aidée ou contrariée par des évolutions différentes qui sortent d'elle ou qui viennent du dehors entrer en rapport avec elle, aboutit à un état relatif de perfection, d'association réalisée dans la mesure que les circonstances permettent. Ensuite, c'est la dissolution qui commence et aboutit à la fin de l'être, à la mort, à la séparation, à la désagrégation des éléments. Mais parfois encore elle atteint le plus haut point de perfection que comporte notre monde, elle aboutit à l'évanescence, elle disparaît dans son triomphe ; le même conservé et transformé, méconnaissable souvent, s'absorbe dans un être supérieur, sa finalité se subordonne à une finalité plus vaste et disparaît en elle, et son œuvre persiste, et son action, se prolonge, mais il a disparu en tant qu'être distinct et individuel. Ainsi le « même » le plus abstrait, l'existence, se transforme à son tour et s'anéantit à certains égards.

L'évolution est donc un cas de l'association, un cas de la synthèse, celui dans lequel la synthèse, au lieu d'être brusque, s'effectue peu à peu, à travers un temps plus ou moins long. Par exemple, il n'y a pas d'évolution appréciable pour nous quand on produit de l'eau en faisant passer une étincelle électrique dans un mélange de deux volumes d'hydrogène et d'un volume d'oxygène. Mais la rapidité est un caractère bien relatif, bien dépendant de l'être qui perçoit un phénomène. Peut-être des êtres constitués autrement que nous pourraient-ils saisir dans la synthèse de l'eau une longue évolution, tandis que pour d'autres la genèse, la vie et la mort d'une espèce animale pourraient sembler un fait instantané. Nous sommes des hommes, et il faut se contenter de voir en hommes, mais nous pouvons, par la pensée abstraite, imaginer, comprendre ce que nous ne saurions ni percevoir ni sentir.

Les formes générales de l'évolution, des lois essentielles que nous venons d'examiner, paraissent s'appliquer à toutes les évolutions connues ou supposées. Elles sont bien nettes, me semble-t-il, dans les évolutions sociales, psychiques, biologiques, même physiques. Les évolutions supra-sociales qu'on peut rêver paraissent, si elles se produisent, devoir s'y conformer également. Même l'évolution hypothétique des atomes s'y rangerait aussi. Si les atomes étaient le résultat d'une longue évolution on pourrait bien considérer l'élément primitif dont ils seraient dérivés comme ayant conservé son « même » abstrait en le revêtant de formes diverses, plus compliquées et systématisées. Il serait oiseux d'insister sur des hypothèses de ce genre. Elles ne peuvent servir qu'à nous faire apprécier le caractère d'abstraction et de généralité de nos lois.

III

Le désordre universel.

§ 1. — *Le désordre dans le monde.*

A lire certains philosophes, il semble que le monde est
un fait unique, vaste et prolongé, se déroulant majestueu-
sement sans heurts et sans déviations. L'ordre universel,
l'unité de direction, l'unité de substance s'unissent pour
nous créer un univers simple dans sa complexité, à marche
régulière et constante.

Par malheur, il suffit de regarder n'importe où pour
voir la confusion, la lutte et le désordre. Les partisans de
l'unité du monde n'ont pas pu ne pas les voir, mais ils
ont préféré n'en pas tenir compte, les oublier, les dédai-
gner, ou supposer assez arbitrairement qu'ils entraient
dans un ordre supérieur. La seule ressource de cet ordre
supérieur, c'était de nous rester inaccessible. Mais au
moins aurait-il fallu nous rendre son existence plus vraisemblable.

On a dit avec esprit et non peut-être sans quelque exagération, que l'intelligence de Voltaire était « un chaos
d'idées claires ». Le monde, pourrait-on dire sommaire-

ment, est un « chaos de systèmes », qui d'ailleurs ne
sont pas toujours bien nets. Il y a de l'ordre partout, évidemment. La société humaine est une harmonie bien dis-
sonante, et l'atome même paraît bien être un système
mieux unifié que nos sociétés. Mais il y a aussi partout du
désordre. Non point seulement parce que tous les systèmes sont nécessairement imparfaits, mais surtout parce
qu'ils s'unissent mal entre eux, et que, même lorsqu'ils
s'associent, ils se combattent toujours sur quelques
points.

Certes, des atomes s'unissent pour former des molécules, des hommes s'associent pour fonder des groupes,
des associations multiples et diverses. Chacun profite
toujours un peu des autres, même de ses pires
ennemis. Mais chaque être aussi est en lutte avec tous les
autres, même avec ceux qui lui sont le plus amis. Les
atomes, en s'associant, limitent les manifestations de
leurs affinités. Les systèmes psychiques, les animaux,
les hommes engagés dans une association restreignent
forcément l'expansion spontanée de leur être. Les êtres vivants ont toujours à lutter contre les autres vivants d'espèces différentes et contre ceux de la même espèce,
contre ceux du même groupe, contre ceux à qui ils sont
le plus étroitement unis, contre eux-mêmes. Par cela
seul qu'ils vivent et qu'ils ne sont pas un même être
unique et simple, les êtres, — individus au sein d'un groupe,
groupes divers dans une même nation, nations diverses, éléments d'individus, systèmes organiques ou psychiques, —
restent toujours, quand ils ne sont pas en guerre ouverte,
au moins en rivalité, toujours en opposition sur quelques
points et même avec leurs alliés. Continuellement des organismes en évolution souffrent, languissent, disparaissent;
des hommes, par le seul fait qu'ils vivent et qu'ils agissent.

préparent pour d'autres hommes, sans y prendre garde,
la ruine, la maladie et la mort. En d'autres cas fréquents,
et même ordinaires, ils agissent directement et sciemment
contre eux, dans la même nation, dans le même parti,
dans la même religion, dans la même famille. Continuellement aussi l'évolution d'une entreprise, d'un peuple,
d'une religion, d'une théorie quelconque arrête l'évolution
d'autres êtres semblables, provoque leur décadence, les
supprime brusquement. Aucun être n'existe qui ne s'oppose à certains égards à tous les autres, comme aucun
être n'existe qui n'en tire profit et ne se serve d'eux pour
évoluer lui-même.

Dans ce fouillis d'activités, dans ce chaos de volontés
obscures ou, bien plus rarement, lucides, on distingue çà
et là l'ébauche ou la formation de quelques systèmes plus
compréhensifs. Il en est qui se forment d'une façon relativement nette, précise et brusque, comme les combinaisons
chimiques, soit à cause de leur simplicité, soit aussi à
cause d'une longue routine. Il en est, comme les organismes animaux, comme les sociétés humaines, qui, par-
tant d'un germe associatif formé parfois rapidement, n'arrivent que peu à peu à leur maximum d'ampleur et de systématisation. Ce sont celles-ci qui constituent les évolutions.
Les unes se répètent assez régulièrement, d'autres sont
uniques, ou initiatrices, elles tâtonnent, reviennent et re-
partent, essaient plusieurs directions, hésitent. Ce sont
les plus vastes et les plus imparfaites. Ce sont elles qui
paraissent surtout donner au monde un ordre et un sens;
car, dans ce que nous connaissons du monde, et qui est
peu de chose, elles nous semblent tenir une place énorme.
Cet ordre, d'un certain point de vue, n'a rien de nécessaire
sans doute, et aurait pu tout aussi bien, en d'autres conditions, se révéler tout à fait diffférent. Il vaut surtout,

pour le philosophe, par son caractère général d'assimilation graduelle, de systématisation croissante, d'association moins imparfaite. Il reste bien petit et comme perdu dans une infime parcelle d'un univers qui dépasse notre pensée et notre imagination. Mais pour l'individu qui en fait partie, il vaut parce que c'est par lui que l'individu existe, parce que c'est lui qui lui donne la vie, le mouvement et l'être, qui le dirige et l'opprime, le soutient et finalement l'écarte et le supprime, mais en conservant sa trace, si imperceptible soit-elle, qui donne une orientation et un sens supérieur à sa nature et à son évolution particulière, qui, par là, tout en le contraignant, l'élève au-dessus de lui-même, et le fait participer à quelque chose qui le dépasse.

Toutes ces évolutions grandes ou petites, neuves ou déjà indéfiniment répétées depuis une quasi-éternité, toutes ces associations et ces combinaisons réagissent sans cesse les unes sur les autres, sans parvenir à s'unir définitivement, ni à se séparer tout à fait. Leur mêlée nous donne le spectacle d'un ordre impérieux et grandiose, et d'un désordre universel qui éclate partout. Si des systèmes supérieurs s'ébauchent, leur place dans le monde que nous connaissons reste bien petite. Rien ne nous autorise, dans l'immensité de l'univers, à supposer de véritables rapports sociaux, et autre chose qu'une solidarité astronomique entre une planète et une autre dans notre système solaire, entre les différents systèmes stellaires, — et quel lien existe-t-il entre notre voie lactée et les nébuleuses lointaines ? Si nous considérons seulement la terre, point infime perdu dans l'infini, nous ne voyons pas d'association qui égale, en somme, les associations humaines (malgré certaines supériorités des abeilles et des fourmis), associations imparfaites et restreintes au point que rien ne nous permet de prédire l'unification organisée de l'humanité. La « socialisation » de la planète par la fusion ou l'union intime des races et des nations, la transformation de l'homme en une sorte d'ange social, la domestication complète des animaux, l'asservissement complet de la matière aux désirs et aux volontés de l'homme, c'est un rêve que nous n'avons aucune raison de déclarer prophétique. Beaucoup d'éléments fixes du monde (fixes en apparence et relativement), beaucoup d'évolutions aussi gardent leur individualité, leur indépendance relative, et elles ne les perdent pas complètement lorsqu'elles entrent dans quelque système.

Cela est vrai, si nous considérons les évolutions et les systèmes par leurs rapports dans l'espace, comme nous venons de le faire, cela reste vrai si nous les voyons dans le temps, pour le peu que nous pouvons pénétrer de l'un et de l'autre. Tout nous indique que notre évolution est à peu près isolée parmi celles qui ont pu précéder la formation de notre terre, s'il y en a eu réellement, comme par rapport à celles qui se dérouleront après sa mort, comme elle l'est par rapport à celles qui se passent peut-être en d'autres régions de l'espace. Le temps n'a vraisemblablement pas commencé avec notre système solaire et ne finira pas avec lui, mais qu'y a-t-il de commun entre l'avenir lointain, le passé reculé, et notre pauvre existence ? Nous tous, avec tout ce que nous connaissons, nous sommes enfermés, murés, isolés dans un petit coin du temps et de l'espace, sans aucun lien avec le dehors que quelques regards jetés à travers une étroite lucarne fermée par un verre épais, dépoli, irisé, au travers duquel filtrent seulement quelques vagues rayons douteux. Notre prison est vaste à nos yeux humains, c'est une prison cependant, une prison dans un pays inconnu, absolument étranger que nous n'avons aucun moyen de connaître, peut-être un désert aride. Et ce pays est tellement hors de nos prises que, quand même nos moyens de savoir et nos moyens d'agir grandiraient bien au delà de notre espoir et de nos rêves ils ne pourraient qu'élargir imperceptiblement notre prison, si imperceptiblement que nos rapports avec l'humanité et l'éternité qui nous enserrent n'en seraient aucunement changés.

Dans notre prison même nous restons isolés parmi nos compagnons, et, en nous-même, les éléments qui nous composent demeurent encore quelque peu indépendants et hostiles les uns aux autres, si loin que nous les poursuivions. Nous ne sommes pas « un », nous sommes toujours des milliers et des millions, étrangers et opposés les uns aux autres en même temps que plus ou moins unis, amis et ennemis, à la fois identiques et divers. Et même cette unité qui nous fuit, que nous-même repoussons en l'appelant, la pourrions-nous réaliser, l'interprétation du monde et le sens des évolutions n'en changeraient guère. Certes, elle pourrait nous donner un monde supérieur au nôtre, meilleur et plus beau, une humanité, sinon heureuse, plus calme, plus sereine, sans tortures et sans angoisses. Mais l'association — bien invraisemblable — qui la réaliserait n'en serait pas moins soumise à toutes les lois de l'association et de l'existence. Elle supposerait encore l'opposition, l'existence du différent, la discorde actuelle à quelque degré et toujours au moins latente que recèle tout système, l'opposition de tendances sans laquelle il n'est point de réalité, la dualité au moins au point de vue des principes abstraits, et, en fait, l'énorme multiplicité des êtres. Le monisme n'est pas réalisable, même en rêve.

§ 2. — *La multiplicité de l'être.*

La multiplicité essentielle de l'être s'affirme dans le temps et dans l'espace, même si nous ne considérons que notre monde, même si nous ne considérons qu'un individu. L'évolution d'une société suppose à chaque instant l'existence d'une innombrable quantité d'individus, ennemis et associés, indépendants et solidaires, composés eux-mêmes d'éléments, et de leurs éléments complexes eux-mêmes en nombre indéfini. Mais considérée dans son déroulement à travers le temps, elle comprend l'existence d'innombrables individus, éléments et sous-éléments, toujours indépendants à quelque degré, qui s'y succèdent, qui sont comme les vibrations composant un son total, et que le philosophe est exposé à oublier pour ne voir que leur ensemble. Chacun de ces individus, comme chacun de ces éléments, a lui-même son évolution et sa dissolution, au moins ses vibrations répétées et distinctes. Et son évolution est la synthèse d'une infinité d'autres évolutions plus ou moins bien assemblées en lui. Des organes naissent en lui, évoluent et disparaissent, et aussi des désirs, des croyances, des systèmes psychiques. Tout cela encore est composé d'une unité imparfaite et d'une multiplicité vague. Les idées, les désirs, les systèmes psychiques, les sous-personnalités, la personnalité même évoluent toujours avec quelque confusion, sans s'unir tout à fait, sans rester tout à fait isolés, sans prendre une forme précise et régulière. L'observation nous en donne constamment la preuve (1).

(1) On peut choisir pour sujet d'observation n'importe quel homme. Chacune de ses idées, chacun de ses désirs a son évolution particulière, plus ou moins mêlée aux autres, toujours relativement indé-

Et nous ne trouvons guère dans le monde social, dans le monde de la vie et de l'esprit, dans le monde où l'évolution est surtout visible, ni l'unité parfaite, ni la multiplicité claire et précise qui exigerait des unités plus distinctes, plus séparées. Cette multiplicité ne se précise à un assez haut degré que par l'individualité animale et humaine, encore qu'elle soit loin, même là, d'être toujours suffisamment nette.

Si le monisme est donc condamné, le nom de pluralisme ne me paraît pas désigner avec assez d'exactitude la nature réelle des êtres et des évolutions.

Fondé sur une unité de substance supposée, le monisme manque de signification et de portée. En tant qu'il signifierait l'unité réelle des êtres, il est incompréhensible ou contradictoire devant la raison, et sans cesse démenti par l'expérience. Mais ce qui se montre réellement à nous, c'est plus qu'un dualisme, c'est autre chose qu'un pluralisme, c'est une sorte d' « indéfinitisme » indécis et amorphe, où les unités sont changeantes, variables, faibles, mal définies, chaque être étant ou devenant toujours quelque

pendante. De plus chaque homme a, presque fatalement ses grandes crises, qui intéressent la personnalité à peu près entière, et l'absorbent plus ou moins, et sont aussi des évolutions plus ou moins heureuses et plus ou moins nettes : crise d'amour, crise professionnelle, crise d'ambition. Enfin, chez beaucoup d'hommes, on distingue plusieurs époques, plusieurs périodes ayant chacune leur évolution assez franche, et plus ou moins reliées entre elles, parfois par des rapports de subordination assez nets et parfois par un « même » bien moins important. Voyez par exemple, Schliemann commerçant et Schliemann archéologue, Jean Bon Saint-André, ministre protestant, reconnaissant à Louis XVI des mesures prises à l'égard des réformés, Jean Bon Saint-André membre et délégué de la Convention, votant la mort du roi, Jean Bon Saint-André préfet de Mayence et excellent administrateur. Sans doute toutes ces évolutions diverses s'unissent dans l'homme, par bien des points. L'ensemble n'en garde pas moins, si l'on y regarde de près, un aspect quelque peu incohérent et chaotique.

peu les autres sans cesser d'être soi, s'engageant plus ou
moins loin dans l'identité d'autrui, gardant plus ou moins
la sienne, selon sa nature propre et aussi selon les occasions et les circonstances. Et tous ces systèmes, tous ces
êtres évoluent, en se mêlant et en se séparant, naissent,
disp.. raissent, avec des succès variables, des durées très
différentes, se répètent indéfiniment ou disparaissent pour
l'éternité, sans arriver ni à l'existence pleinement distincte,
ni à l'association définitive et complète.

Il est à remarquer que toutes ces vues, ces constatations
sur la nature des faits sont indépendantes des hypothèses
métaphysiques sur les causes générales et premières de
l'évolution. Que l'on invoque la volonté intelligente d'un
Créateur, un déterminisme mécanique, une sorte d'aspiration de l'être, de volonté obscure, d'instinct cosmique,
d'élan vital,   toute autre cause que l'on voudra, les faits
et les lois sv'..istent identiques.

§ 3. — *Le monisme analytique et abstrait*

Ce qui a dû contribuer à l'erreur du monisme, sous
quelque forme philosophique ou religieuse qu'il apparaisse,
c'est la confusion du point de vue de la synthèse et du
point de vue de l'analyse, de la considération des éléments
concrets ou abstraits. particuliers ou généraux, et de
leurs rapports principaux, de leur association, de leur
système. Cette confusion a souvent influencé la naissance
des théories. J'ai dû la signaler jadis en discutant l'asso-
ciationisme anglais (1).

Du point de vue synthétique, du point de vue de

____

(1) Voir l'*Activité mentale.*

l'association, où l'on peut d'ailleurs arriver par l'analyse de la réalité, — car il ne faut pas confondre l'objet de l'étude et le procédé par lequel on l'étudie, — de ce point de vue d'où l'on regarde la réalité agissante et vivante, le monde est multiple et divers. Au contraire, si l'on recherche les éléments du monde et leurs rapports les plus abstraits sans tenir compte de leurs combinaisons, il est possible qu'on arrive à une certaine unité. Il se peut bien qu'une même qualité d'éléments, il se peut qu'une loi très abstraite unique se tienne au fond de la réalité. Seulement ce n'est pas en la considérant qu'on peut acquérir une idée suffisante du monde réel. On peut, pour rabaisser le jeu d'échecs, dire qu'il ne consiste qu'à pousser des morceaux de bois sur un morceau de bois. En effet, c'est à cela qu'il se réduit quand on l'analyse d'une certaine manière et que l'on considère les éléments d'action qui composent une partie. Mais qui ne voit qu'on ne peut parler ainsi que par plaisanterie et qu'une partie se compose non point de ces mouvements élémentaires, mais de leurs combinaisons d'après des règles données? Malheureusement les philosophes ont été plus sérieux.

Il n'y a évidemment aucune contradiction logique dans l'opposition relevée entre la considération des éléments, dégagés de leur association, et celle de leur système. Chacune a sa valeur, sa fonction, son importance. Il est assez naturel que des éléments semblables et soumis également à certaines lois générales et abstraites s'opposent les uns aux autres. Les lois mathématiques et physiques peuvent s'appliquer à tous les faits quels qu'ils soient. Ils ne leur donnent qu'une unité de composition, nullement l'unité vivante qui en fait un système. Certes, ces faits sont quelque chose de commun, ils se ressemblent et par là sont peut-être propres à s'associer, mais cette ressemblance ne suffit pas à l'union, le « même » qu'elle constitue n'en est tout au plus qu'une annonce. Certaines lois biologiques peuvent s'appliquer à tous les êtres vivants, certaines lois psychologiques à tous les esprits. Cela n'en fait pas un seul vivant et un seul esprit. L'unité vraie n'est pas du tout atteinte par ces ressemblances abstraites qui n'impliquent pas l'union en un système. Elles n'empêchent nullement la pluralité des individus, leurs discordes et leurs luttes, et parfois, nous l'avons vu, elles les provoquent et les favorisent. Lorsque les lois sociologiques existeront vraiment, si elles y parviennent, il y en aura peut-être que l'on apercevra dans tous les faits sociaux. Elles ne garantiront pas leur fusion en un seul groupe et pourront s'accommoder d'une multiplicité indéfinie des individus. Et de fait, nous voyons bien des citoyens d'un même pays et même de pays différents soumis à des lois civiles et pénales semblables sans devenir un seul et même être. Quelque distance qui sépare les lois naturelles des lois sociales, qui n'en sont guère qu'une ébauche généralement impuissante et parfois une sorte de parodie, l'analogie profonde qui existe entre elles nous suffit ici.

Je rappellerai encore, pour mieux éclaircir et préciser la question, un mot de Joseph de Maistre. Voulant montrer dans l'Église la nécessité d'une autorité centrale, et qu'on ne saurait rester catholique en se séparant d'elle, conservât-on tous les dogmes et toutes les croyances de l'Église, il disait que si le gouverneur d'une province russe se déclarait indépendant de son souverain et faisait de sa province une principauté autonome, il aurait beau conserver les lois, les coutumes, les institutions de la Russie, elle ne ferait assurément plus partie de l'empire. De même il se peut bien que tous les phénomènes révèlent certaines lois semblables, s'ils ne font pas partie du même système, de la même association, on ne saurait prendre leur ensemble pour une réelle unité.

L'homme a toujours cherché l'unité dans le monde. Il a cru y parvenir avec la croyance en un Dieu parfait, infiniment sage, infiniment puissant. Par rapport à ce Dieu, tous les événements peuvent en effet prendre une valeur spéciale. Voulus ou permis par lui, ils entrent comme éléments dans un système infiniment grand dont Dieu est le centre et l'ordonnateur suprême (1). Quelques difficultés qui puissent nous y inquiéter, il faut au moins reconnaître que cette croyance répond ici, en bien des points essentiels, à ce qu'on attend d'elle. On ne peut en dire autant des pâles équivalents qu'on a tenté de lui substituer, et, par exemple, de la substance inconnaissable, de la « loi du Progrès » ou des conceptions un peu rudimentaires sur la « justice immanente » dont il serait vraiment trop naïf de croire que ce monde nous offre régulièrement la réalisation. Il est intéressant d'examiner ici de notre point de vue la théorie du système, de la synthèse exposée par Taine à la fin de son livre *les Philosophes classiques*, et la conception de la nature qu'il en dégage. Il commence par proposer de véritables systèmes de faits (au sujet desquels on pourrait d'ailleurs discuter) comme la nutrition, ou le développement du peuple romain ramené à l'évolution d'une qualité fondamentale donnée dans des conditions données. Mais il passe ensuite, sans paraître s'en apercevoir, à des lois générales abstraites, s'appliquant

(1) Au fond de notre azur immobile et dormant,
   Peut-être faites-vous des choses inconnues
   Où la douleur de l'homme entre comme élément.

           (V. Hugo.)

à des faits non systématisés entre eux. Il paraît admettre
par exemple, qu'une loi comme la conservation de la
force suffirait à exprimer l'essence et à faire l'unité du
monde. Et il arrive que la page célèbre, et belle d'ailleurs, sur l' « axiome éternel » ne se rapporte plus au
même genre de réalités que ce qui précède, et que Taine
est tombé, je le crois, dans un défaut qu'il a relevé chez
Cousin et chez Jouffroy. Il n'est rien de plus naturel,
même chez un grand esprit.

En fait, nous, qui sommes plongés dans le tourbillon
social, et pour qui ce tourbillon représente l'essentiel du
monde, si nous voulons nous y tenir et oublier un peu ce
qui se passe en dehors, et que nous connaissons bien peu,
nous y constatons bien un certain ordre, une systématisation fort imparfaite mais réelle ; la « justice immanente »
n'y est pas absolument inconnue encore qu'il soit plus
qu'imprudent de s'y fier. Par conséquent, si l'« unité »
n'y est point réalisée, si le monisme est très loin d'y être
vrai, cependant l'unité s'y entrevoit, et le monisme y est
moins faux. En sorte que nous pouvons soupçonner le
monisme philosophique de n'être que la projection, sur
le plan de l'univers, de la société humaine singulièrement
idéalisée.

Le monde psychique et le monde organique nous présentent des caractères analogues à ceux du monde social
et ne nous découragent pas absolument. Mais si nous
voulons sortir de notre prison tutélaire et gênante, si
nous voulons considérer l'univers en lui-même et sans
parti pris, nous n'y voyons plus rien de semblable, sauf
quelques grands systèmes astronomiques qui ne rappellent que de fort loin un organisme ou une société. Et si,
au lieu de considérer l'individu, nous considérons la
plupart des êtres vivants dans leurs rapports entre eux,

ou si nous envisageons non point chaque société en pàr-
ticulier, mais l'ensemble formé par les sociétés humaines,
nous ne constatons nulle part l'unité, mais de toutes parts
la lutte et le désordre nous éclaboussent de boue, de sang,
et de larmes.

§ 4. — *Le désordre, loi du monde.*

Ainsi le désordre non moins que l'ordre est une loi du
monde, l'ensemble des choses, au moins pour le moment,
et pour autant que nous en pouvons juger, n'évolue pas
comme un être. Il se compose d'une quantité innombrable
et indéfinie d'évolutions discordantes, associées çà et là,
et même plus ou moins confondues de temps en temps,
s'opposant ailleurs et se dégageant l'une de l'autre pour
se combattre. Non seulement le désordre existe partout, mais il s'est aggravé. Il y a plus de mal positif
dans le monde actuel que dans la nébuleuse primitive. A
mesure que l'ordre se développait dans les évolutions de
différents êtres, le désordre se développait aussi par les
rencontres et les heurts de ces évolutions. C'est que, à
côté du désordre, qui n'est que l'absence de l'ordre, la
juxtaposition de systèmes étrangers l'un à l'autre, qui ne
s'associent ni ne se combattent sensiblement, il y a un
autre désordre, celui qui résulte du conflit d'ordres différents. Celui-ci, l'évolution le favorise en général. En
même temps qu'un être en évolution s'ordonne et grandit,
il est assez habituel qu'il devienne envahissant, qu'il se
heurte à d'autres êtres et à d'autres évolutions, qu'il
cherche à s'annexer des éléments nouveaux, qu'il multiplie ses rapports avec des êtres différents. L'évolution
des individus, des groupes et des peuples nous montre

constamment, avec de pareils effets, cette rencontre des
êtres et des développements. Il est à peu près inévitable
que des conflits surgissent, surtout, ce qui n'est pas rare,
lorsque les êtres ne sont pas entraînés dans une évolution
supérieure qui les dirige, oriente leurs actions et les harmonise quelque peu. Même dans ce dernier cas, et par
exemple dans nos sociétés, les conflits éclatent. Assez
souvent, par exemple, à mesure qu'un enfant grandit, ses
conflits avec ses camarades, avec ses parents, avec la société même deviennent ou plus fréquents ou plus graves,
surtout si sa personnalité est forte et son évolution nette.
De même, plus tard, l'homme à évolution décisive et personnelle, le grand ambitieux, le penseur original et vigoureux, l'industriel actif et entreprenant verront, sous des
formes diverses, leurs conflits avec leurs contemporains se
multiplier, et l'ordre qu'ils amènent ou qu'ils tendent d'introduire ne s'établira que par l'affaiblissement, la ruine, la
mort, l'oubli de leurs rivaux. Alors, ils pourront former la
société à leur image, et préparer de nouveaux obstacles à
ceux qui, venant après eux, tenteront à leur tour, en évoluant, de faire évoluer l'association entière.

A plus forte raison, le désordre s'accroît par l'évolution
d'êtres plus indépendants et moins solidaires. L'évolution
d'un peuple est signalée et mesurée en quelque sorte par
l'histoire de ses guerres avec ses voisins. Je rappelle à la
hâte pour illustrer ceci la conquête progressive par Rome
d'une grande partie du monde connu, la reprise par les
rois de France des provinces appartenant aux seigneurs
féodaux, la conquête incomplète sur l'étranger des terri-
toires compris entre les « frontières naturelles » de la
France, l'évolution de l'Allemagne moderne, les luttes
pour la suprématie en Europe. Ainsi l'évolution des êtres,
précisément à cause de la pluralité essentielle de ces

êtres, est une cause de trouble et de guerre. Tous ces ordres qui veulent s'établir à la fois, et chacun à sa guise, créent un désordre pire parfois que.celui auquel ils prétendaient remédier. Et chaque ordre laisse toujours subsister dans les tendances qu'il soumet et subordonne à un « même » plus fort et plus durable, des possibilités d'opposition, une sorte de guerre latente que la première occasion va rendre actuelle. Il y a toujours quelque mensonge dans l'ordre.

La vie universelle est décevante et compliquée. Le désordre est l'occasion d'un ordre nouveau, le hasard une cause d'organisation et d'invention, nous y reviendrons tout à l'heure. Mais l'ordre aussi devient bien souvent le point de départ du désordre et de la lutte. Tout ce qui rapproche les êtres tend à les opposer. A mesure que la civilisation serre les hommes les uns contre les autres, les conflitsen tre eux se multiplient ; les procès, les discussions, les crimes, les meurtres, les guerres en témoignent constamment. L'amour qui unit les amants fait surgir entre eux d'innombrables querelles, terminées trop souvent par de cruelles vengeances. L'union familiale prépare sans cesse des conflits d'intérêts, d'idées, de sentiments. Partout il en est de même. Tout ce qui tend à unir, à rapprocher des êtres toujours différents, multiplie les conflits, provoque les heurts, tend à éveiller, à développer par réaction ce qui les sépare et les oppose.

§ 5. — *Le hasard dans le monde.*

A côté des évolutions, à côté des systèmes qui ne paraissent plus se transformer, à côté de ce désordre que nous venons de constater, ou dans son sein même et se confondant en partie, mais en partie seulement avec lui, un autre genre de désordre, plutôt peut-être un manque d'ordre s'oppose particulièrement à la systématisation, à la finalité. Une lutte franche entre systèmes différents est encore quelque chose de systématisé, une sorte d'ordre, affecté parfois du signe des valeurs négatives, où la finalité se retrouve. Une joute oratoire, un procès, une guerre manifestent encore de l'ordre et l'on en peut suivre le développement. Les phénomènes dont il s'agit maintenant sont ceux que nous désignons par les noms de hasard, d'accidents, de catastrophes fortuites. Tandis que l'association, la finalité, l'évolution, représentent une sorte de rationalisation de la nature, ou plutôt de ses éléments, ils sont tout le contraire, ils représentent la part de l'alogisme et de l'amoralisme du monde, la part du fortuit, je ne dis pas de l'indéterminé, ni même forcément de l'imprévisible.

Sans doute ils peuvent résulter aussi d'un rapport entre des systèmes en évolution ou plus ou moins fixés. Ils sont une rencontre non systématisée de systèmes. Ils soulignent la prépondérance de l'autre sur le même, bien plus que la lutte directe où le « même » et son influence sont encore si reconnaissables.

Une tribu de fourmis traverse un sentier. Son existence même et son occupation du moment en font un système. Elle est une action qui évolue. Un passant arrive. Lui aussi est un système, lui aussi va vers son but, un dessein se déroule en lui et se réalise progressivement. Il marche sur les fourmis sans le vouloir, sans y prendre garde, sans même s'apercevoir qu'elles sont là. Il en tue, il en blesse, il change peut-être le succès de leur expédition. C'est ce qu'on appelle un hasard. Le dessein du passant, la marche des fourmis ne se contrariaient directement en rien. L'homme eût-il passé un peu plus tôt, un peu plus tard, son pas se fût-il trouvé un peu allongé, un peu raccourci, les deux systèmes évoluaient chacun de son côté sans se heurter. Dans les conditions réalisées, la catastrophe était peut-être fatale, elle n'a rien de systématique en elle-même. Le désordre n'a rien de régulier, n'implique aucun « même » considérable. Le passant n'était pas du tout l'ennemi des fourmis à la façon dont le chat est l'ennemi des souris. Mais des circonstances non combinées ont amené le conflit.

Ces rencontres fortuites ne sont pas nécessairement fâcheuses pour les systèmes qui y viennent en contact. Elles peuvent servir l'un, desservir l'autre, comme lorsqu'un gendarme trouve par hasard, sans le chercher, en s'occupant d'autre chose, un voleur qu'il était chargé d'arrêter. Elles peuvent être agréables pour tous, comme lorsque deux amis se rencontrent à l'étranger dans une ville où chacun d'eux ignorait la présence de l'autre. Elles peuvent être funestes pour les deux, comme lorsqu'un bœuf, en traversant une voie ferrée, fait dérailler un train qui l'écrase ; il arrive aussi qu'elles soient plus ou moins indifférentes aux êtres que le hasard a rapprochés.

Mais si nous examinons, même sommairement, les cas de ce genre, nous y discernons quelque systématisation encore, sous les premières apparences de hasard absolu, et nous soupçonnons ce qui peut s'insinuer de finalité jusque dans le hasard le plus franc. Et si nous pensons à tous les hasards qui varient encore la vie des systèmes, nous entrevoyons quelles transitions, parfois imperceptibles, doivent nous conduire de la finalité la moins imparfaite au hasard le plus pur.

En fait, il y a partout dans le monde quelque trace au

moins de hasard, nos systèmes restent toujours imparfaits, fragmentaires, relativement isolés et indépendants, et ces imperfections ne signalent pas toujours des oppositions directes, rationnelles, systématiques, elles révèlent aussi le hasard et le simple manque d'ordre. Il y a toujours quelque chose de hasardeux dans notre vie ; nous ne saurions tout prévoir et organiser en un système sans défaut nos relations avec le monde extérieur. Si la fourmi rencontre un promeneur qui l'écrase, c'est un hasard sans doute, mais c'est par hasard aussi qu'elle ne le rencontre pas. Si nous sommes blessé par la chute d'une cheminée, c'est un hasard, que rendaient plus ou moins vraisemblable et prévisible la force du vent, le nombre des maisons sur notre route, l'habileté et l'honnêteté des maçons qui les ont bâties et bien d'autres faits que nous ne connaissons jamais entièrement. Mais c'est également par hasard que nous rentrons chez nous sains et saufs après une promenade dans les rues de Paris, si prudents que nous puissions être. Le caractère vraisemblable d'un événement fortuit ne l'empêche en rien d'être fortuit. Si l'on extrait une boule d'un sac qui contient mille boules blanches et une boule noire, c'est un hasard s'il sort une boule noire, mais c'est par hasard aussi qu'il sort une boule blanche, et l'on peut évaluer mathématiquement les chances de l'un et de l'autre hasard. C'est peut-être par hasard que la terre n'a pas encore été détruite par quelque céleste conflit.

Chacun pourrait, en considérant sa vie, prendre quelque idée du rôle énorme que le hasard y a tenu. Il intervient dès l'origine de l'être. La fécondation, la gestation, sont soumises à une infinité de hasards. Pourquoi tel élément fécondant arrive-t-il à l'ovule plutôt que tel autre ? Peut-être un peu à cause de ses qualités propres, mais certainement aussi à cause de bien des circonstances qu'aucune finalité régulière n'a ordonnées. Les événements qui pendant la grossesse influent sur le développement de l'embryon sont encore fortuits en grande partie : une chute, une maladie accidentelle peuvent intervenir, allonger leur ombre sur la vie entière de l'être futur. Beaucoup de hasard encore malgré toutes les précautions — et les parents manquent souvent d'attention, de savoir et de jugement — dans le choix d'une nourrice, dans le choix d'une école et d'un lycée, dans les relations de l'enfant, dans la rencontre de tel camarade, dans la rencontre de tel professeur. Toujours du hasard dans les actions du milieu, des plus importantes aux plus faibles, des plus générales aux plus particulières. Du hasard dans les circonstances qui déterminent le choix d'une profession, à moins d'une vocation absolument impérieuse, par conséquent rare et qu'un hasard peut toujours empêcher d'aboutir. Du hasard dans les circonstances où l'on exerce son métier, dans le succès ou l'insuccès, dans le déroulement de la carrière. Du hasard encore dans les maladies, et du hasard dans les causes de la mort. A chaque moment une circonstance fortuite ouvre à l'individu un chemin nouveau, ferme d'autres chemins ouverts devant lui, dont quelques-uns le tentaient peut-être, où auraient pu l'engager des hasards différents qu'il ne dépendait pas de lui de susciter ou d'éviter.

Sans doute, dans le cas où les tendances sont nettes et la volonté forte, l'influence des hasards s'atténue. L'ensemble de la vie ressemble un peu à ce que prévoyait vaguement l'individu, et, si l'on n'y regarde pas de trop près, il parcourt la carrière choisie. Mais cette volonté est aussi en partie l'effet du hasard auquel s'est adaptée la nature de l'homme. La vie même des hommes de grand talent, des hommes de génie, des hommes de volonté est semée de bifurcations où le hasard a déterminé pour sa part le choix décisif de la route. Sans doute il est des vocations que rien ne décourage et des esprits qui ne savent pas se plier aux hasards. Parfois ils les surmontent et s'y marquent pour toujours d'une empreinte, parfois ils s'y blessent, parfois ils s'y heurtent obstinément et s'y brisent. Même chez les plus forts ou chez les plus heureux, que de projets déçus encore, que de mécomptes petits ou grands dus à des rencontres fortuites ! Et que de virtualités étouffées dans tous les êtres, si bien que la mélancolie habite souvent chez ceux mêmes dont la vie a réussi aussi bien qu'ils pouvaient l'espérer, mais ils gardent la cicatrice de tous les désirs blessés ou tués par les hasards de la vie. Une forte nature d'homme est trop riche en germes d'amour, d'ambitions, de projets, pour que tous puissent aboutir, et c'est le hasard qui, pour une part, permet à quelques-uns de vivre et fait avorter les autres. Encore beaucoup de ses effets passent-ils inaperçus. Nous apercevons les vocations qui ont à peu près heureusement réussi, nous ignorons presque toujours les autres, les avenirs détruits et les espérances brisées avant même parfois d'avoir trouvé leur vraie forme.

Ainsi, même dans une évolution aussi réglée, aussi habituelle que l'évolution d'un homme, le hasard se retrouve partout et, de toutes parts, jaillit le désordre. La vie d'un individu est la lutte continue d'un système qui évolue, d'un « même » qui veut s'affirmer, devenir de plus en plus le même. Il dispose pour cela de plusieurs moyens et sa nature est, à certains égards au moins, assez riche et assez souple pour qu'il puisse, puisqu'il le doit, en sacrifier une partie à faire prospérer l'autre. Il lutte contre d'autres systèmes plus ou moins semblables à lui; contre des « autres » très différents qu'il s'efforce d'assimiler ou de repousser ; il lutte contre son association même et contre d'autres groupes, contre des croyances admises et des mœurs approuvées qui l'aident toujours mais qui lui nuisent aussi, il lutte contre le hasard auquel n'échappent ni les individus, ni les groupes les mieux organisés, même dans les cas où la finalité est la plus évidente et la plus haute. L'homme qui désire un enfant ne sait pas quel enfant il aura. Un obus qui éclate tue un soldat, épargne son voisin ; certes, l'obus témoigne d'une volonté de meurtre, mais qu'un combattant soit atteint plutôt qu'un autre, c'est là le hasard. Jusque dans la systématisation voulue par l'homme où nous sommes habitués à reconnaître la finalité la plus sûre, la seule même au gré de quelques-uns, le hasard garde ses droits. Ils sont bien plus forts encore dans la vie sociale, par exemple, dans la vie moins réglée d'avance et plus inventive. Il est de règle qu'une loi, à côté de quelques effets prévus et voulus (dans les cas favorables) en suscite d'autres qui vont souvent à l'opposé. La volonté nationale est bien plus hasardeuse encore que la volonté de l'individu.

§ 6. — *Le désordre comme condition de l'acte et le hasard comme point de départ de l'évolution.*

Non seulement le hasard garde ses droits, mais il collabore à l'évolution, il aide à la finalité, ou, plus exactement, il est utilisé par elles, non pas toujours, certes, mais en bien des cas, de même que le conflit direct et systématique.

En ce qui concerne ce dernier, nous avons déjà dû le reconnaître. La guerre et la lutte sous toutes leurs formes accompagnent toujours l'évolution d'un être ou d'une société. Je n'insisterai pas sur « la lutte pour la vie » des organismes, lutte indirecte ou directe, dont on nous a suffisamment entretenus. La théorie darwinienne de la sélection naturelle, qui n'opère pas seulement sur les organismes, mais sur les éléments psychiques, et sur leurs éléments organiques, dans toute la vie sociale, mentale et physiologique, indique avec netteté l'une des formes d'influence de la lutte sur l'évolution. Comme d'ailleurs l'idée de ce continuel combat était pénible, on a voulu opposer à la lutte pour la vie, l'accord pour la vie. Il est incontestable, en effet, que les êtres s'entr'aident dans leurs évolutions, et que, dans le milieu social, et dans le milieu individuel aussi, aucune personnalité, aucun élément ne pourrait se développer harmonieusement sans le concours des autres. Mais, s'entr'aidant sur quelques points, les êtres ne s'en opposent pas moins, et ne tendent pas moins à se réduire réciproquement. Il serait aussi impossible à un être d'évoluer sans s'opposer aux autres que d'évoluer sans leur aide et sans être soutenu par eux. Cela est surtout frappant dans le monde social, moins systématisé que l'individu en qui la lutte est moins visible, plus systématisé que l'ensemble des individus de la plupart des espèces animales où la concurrence est souvent plus continue que l'aide. Les guerres, les grèves, les concours, les discussions, les duels, les procès, la concurrence commerciale, les rivalités d'amour et d'ambition, les luttes de classes, voilà autant d'exemples, pris un peu au hasard, des conflits qui favorisent l'évolution de certains groupes ou de certains individus en entraînant ou en arrêtant l'évolution de quelques autres. On peut dire que le conflit est permanent dans une société. Et s'il est communément plus ou moins bien utilisé par le vainqueur, le vaincu parfois sait lui-même tirer profit de sa défaite quand elle n'est pas trop grave, et, moyennant quelques changements dans son activité, reprendre son évolution transformée et la mener à bien.

Le hasard aussi est utilisé par le système. Il est à l'origine de bien des évolutions. Et d'abord de l'évolution des organismes, puisque la rencontre de l'élément mâle et de l'élément femelle, même chez les êtres où elle est prévue et voulue, au moins implicitement, comporte toujours l'intervention du fortuit. Une rencontre inopinée peut amener une liaison, une association quelconque, produire le germe d'un groupe qui grandira et deviendra important. Un amour qui va évoluer parfois assez longuement et envahira la vie, peut sortir d'une rencontre qu'aucun dessein ne réglait, et cela est même assez ordinaire. Il est plus rare de le voir résulter d'une entrevue matrimoniale préméditée. Les tendances actives qui mènent l'homme et provoquent de petites évolutions subordonnées, sont prêtes à profiter de tous les hasards pour amorcer ces évolutions, pour créer le système-germe, la petite association qui se développera et s'achèvera peu à peu. Et ces évolutions insérées dans l'individu serviront à son évolution, comme celle-ci profite à celle du groupe. Les hasards de nos perceptions, les associations d'idées fortuites que suggèrent toutes les circonstances de la vie, l'esprit s'en sert constamment pour former des conceptions nouvelles, pour ébaucher des croyances, des théories, des doctrines qui avorteront ou évolueront selon leur force et les circonstances qui les accueilleront. Il se produit de la même manière, en des rencontres fortuites, des éveils de désirs nouveaux, des genèses de tendances inéprouvées, dont le germe naît de la combinaison d'une tendance antérieure, ou de plusieurs, avec un élément nouveau présenté par le hasard. Et il se peut que ces germes se développent puissamment et aboutissent à des passions directrices. L'histoire de la pomme de Nev. ton, si elle est authentique, est un bon exemple de la façon dont un esprit profite du hasard pour créer un germe vivace et de haute importance. On lui trouverait des équivalents parfaits dans la vie des désirs, c'est ce que savent bien les éducateurs qui se préoccupent d'écarter de leurs élèves toutes les occasions de tentation que le hasard risque d'amener.

L'esprit invente sa vie peu à peu, grâce aux rencontres nouvelles et souvent fortuites. Aussi comprend-on que P. Souriau étudiant l'invention, spécialement l'invention intellectuelle, lui ait donné pour principe le hasard (1). Il y avait un fond sérieux de vérité dans cet apparent paradoxe. Le vrai principe de l'invention, c'est l'activité systématique de l'esprit, c'est la vie du « même » qui assinile l'autre, mais l'esprit se sert constamment, pour ses inventions, des occasions offertes par le hasard, des rencontres fortuites de la vie, et il en reçoit les éléments dont ses tendances organisatrices ont besoin pour conserver sa vie et la développer en la transformant.

Ainsi se greffe à chaque instant, grâce à quelque événement fortuit, happé au passage par les tendances actives, quelque évolution de détail, secondaire et utile, sur l'évolution de notre personnalité, ou des différents groupes sociaux. Et les évolutions de détails qui naissent ainsi se coordonnent plus ou moins, s'associent à celles qui les ont précédées et viennent se perdre plus ou moins

(1) P. Souriau, *Théorie de l'invention*.

dans l'évolution générale de l'individu ou du groupe. L'évolution de l'individu, à l'origine de laquelle le hasard n'est pas étranger, continue à profiter constamment du hasard, à se modifier grâce à lui, à s'enrichir, à se compliquer, à se rapprocher de son terme logique, — à la condition bien entendu que cette adaptation soit possible et que l'individu sache l'opérer, car il y a des hasards dont on ne se relève point. Notre vie n'est que le système toujours imparfait de ces évolutions de détail, dirigées par le « même » principal et ordonnées en lui et par lui, comme l'évolution d'un groupe social est le système des évolutions individuelles, dirigées et ordonnées par le « même » du groupe. Et celle-ci se réalise, ainsi que l'autre, par la combinaison de la logique interne du groupe et des individus avec les circonstances de leur vie dans lesquelles les hasards que nul ne dirige ni ne prévoit lui fournissent les éléments dont elle a besoin pour ses syllogismes appliqués. Un être trop faible se brise sur eux, un être plus vigoureux, groupe ou individu, invente avec eux une vie plus haute et plus riche.

Donc l'ordre et le désordre sont partout. Partout il y a de l'association, de la lutte, et cette sorte d'indifférence d'où sort ce que nous nommons le hasard. Et partout aussi l'ordre profite de ce manque d'ordre et de ce désordre. Les différents « mêmes », les systèmes vivants se servent, pour évoluer, des luttes et des hasards. C'est grâce à eux qu'ils peuvent se développer et instituer des ordres nouveaux, qui, naturellement, ne sont pas d'accord entre eux et vont présenter de nouveaux hasards et de nouveaux conflits. Les conflits et les oppositions tout au moins sont essentiels à l'être, on ne peut donc espérer, si peu que ce soit, les voir disparaître tant qu'il existera quelque chose. Tout ce que l'on peut souhaiter c'est que l'être disparaisse, ou bien que les conflits se régularisent. Rien ne nous autorise à espérer que les êtres arrivent dans le monde que nous connaissons à une systématisation bien serrée : nous pouvons constater trop souvent qu'un accroissement de systématisation donne lieu à un accroissement de luttes, et que l'évolution des êtres différents est une féconde créatrice de conflits. Pour le moment il suffit d'avoir rappelé la généralité du désordre et montré son importance pour l'évolution. Et il ne faut pas trop s'étonner que le manque d'ordre ou le désordre positif soit utile, et nécessaire, aux progrès de l'ordre, car s'il n'y avait ni désordre, ni défaut d'ordre, comment l'ordre pourrait-il s'accroître ?

IV

L'interprétation de l'évolution.

§ 1. — *L'illusion de l'évolution aboutissant au monisme.*

Une agglomération de systèmes discrets et toujours vibrants, non associés, mais plutôt juxtaposés en général, distribués en masses astronomiques constituent elles-mêmes des systèmes en mouvement. Parmi ces systèmes, atomes, molécules, dont la forme peut nous paraître fixée, relativement définitive, sans que d'ailleurs notre connaissance sur ce point puisse s'étendre bien loin dans le temps et dans l'espace, d'autres associations s'ébauchent, prenant les premières pour éléments, combinant ces éléments en systèmes plus souples, plus changeants. Elles n'arrivent pas d'emblée à leur forme décisive, mais les individus, les espèces, les groupes qu'elles constituent, se transforment continuellement, s'amalgament parfois, et les systèmes y perdent leur isolement, leur individualité, au point que cette individualité est souvent difficile à discerner et à limiter. Les éléments ni l'ensemble ne sont toujours parfaitement distincts et indépendants, et dans les formes les plus complexes de l'être, les individus s'engagent en des groupes changeants eux-mêmes, en plusieurs groupes à la fois. Et c'est la vie, l'esprit, les sociétés. Ainsi s'ébauchent des associations de plus en plus riches, souples et complexes, et comme ces associations tendent à se soumettre les êtres inférieurs, à s'assimiler les êtres supérieurs, à dominer les éléments derniers accessibles, la matière sous toutes ses formes, à se l'asservir et à l'adapter à ses besoins, des sociétés de plus en plus vastes s'ébauchent et se développent. Ainsi le monde peut sembler animé d'une tendance vers l'assimilation parfaite, vers l'unité, vers la spiritualisation absolue. Telle est à peu près l'idée générale du monde où nous sommes parvenus.

Si dans les systèmes inorganiques les formes paraissent très stables, il semble aussi que dans les systèmes organiques on en trouve de vraiment acquises et relativement définitives. C'est peut-être le cas de bien des animaux. Les individus évoluent, les espèces ont atteint un équilibre apparemment stable qu'elles gardent à travers les générations successives. Mais nous ne pouvons répondre de l'avenir.

Dans les groupements humains, au contraire, la transformation est constante. Si l'homme, comme espèce zoologique, ne paraît pas changer beaucoup, si son esprit même reste plus semblable à lui-même qu'on ne croit, du moins les sociétés des hommes se transforment, et, avec elles, les produits de l'esprit humain. Les croyances, les mœurs, les institutions, les gouvernements, les littératures, les arts, les rapports des classes, les industries sont en évolution, en transformation continuelle. L'homme social n'est pas arrivé à l'équilibre, il n'a pas trouvé, il ne trouvera peut-être jamais sa forme propre et définitive, comme paraissent l'avoir atteinte les abeilles et les fourmis. Les groupes humains sont des systèmes envahissants, cherchant à se soumettre leur planète, à s'unir, par la paix ou par la guerre, en s'entendant à l'amiable ou en se domptant. L'homme est une sorte d'animal qui invente. Il attaque le monde de tous côtés et par des moyens nouveaux. Et il peut se donner l'illusion de la conquête de l'univers et de l'assimilation universelle, que rien d'ailleurs ne lui permet d'espérer, car il est infiniment probable ou qu'il arrivera à se cristalliser dans quelque forme psychique et sociale forcément étroite puisqu'elle sera définie, forcément imparfaite puisque l'existence parfaite est contradictoire, ou que les conditions de la vie déserteront le point de l'univers où il étale son orgueil avant qu'il ait pu pousser bien loin sa conquête et même se faire une idée un peu juste de l'œuvre entreprise.

Je n'ai nulle envie de rabaisser son œuvre. Il est vrai qu'il plie à ses desseins une part croissante de la matière. La surface du globe lui est en grande partie presque soumise, il pénètre — pas très loin — dans son intérieur pour y puiser encore des moyens d'action, il s'élève et se dirige dans une mince couche de son enveloppe aérienne, les animaux et les végétaux sont utilisés par lui, domestiqués, soumis ou menacés d'extermination, il apprend à se défendre contre les infiniment petits et même à se servir d'eux. Par son industrie, par une certaine coordination générale des efforts humains et une pâle ébauche d'humanité, par l'organisation du travail et peut-être plus encore de la guerre, il a certainement dépassé les rêves brumeux de ses premiers ancêtres. Son intelligence, son imagination, ses désirs s'étendent encore bien au delà de ses actes et de ses conquêtes, et préparent à quelques égards ses actes futurs et les conquêtes de l'avenir. Ainsi s'esquisse un vaste système dont les sociétés humaines sont le centre et la fin principale, le « même » essentiel, qui est allé en s'élargissant singulièrement et en s'unifiant assez pour que, devant l'œuvre collective qui unit les races humaines entre elles et leur rattache une part de plus en plus grande du monde, on soit tenté d'oublier leurs discordes, d'oublier les conditions générales de la vie et de l'existence, et surtout les conditions bien plus dures et plus strictes de la misérable vie humaine.

Aussi l'ambition de l'homme a-t-elle dépassé ses actes et même ses facultés d'agir, et même, je pense, son imagination. L'homme paraît désirer confusément on ne sait quoi qu'il ne peut se représenter à lui-même. Il y a en lui une accumulation de force inemployée ou mal employée qui se dépense en aspirations troubles. Son déséquilibre crée son ambition, nécessaire mais démesurée. Les religions, les philosophies qui croient en un Dieu éternel et tout-puissant, la favorisent évidemment et peuvent même lui communiquer quelque fécondité. Grâce à ce Dieu, l'homme peut participer, en cette vie ou dans une vie à venir, à la loi universelle et éternelle de l'univers ; s'il aconformé sa vie au dessein divin, il ne sera pas Dieu sans doute, mais au moins en plein accord avec lui, en harmonie avec la puissance souveraine qui régit les mondes. Le panthéisme va jusqu'à absorber entièrement l'homme dans la divinité. Nous sommes, au fond et essentiellement, ou nous serons le monde entier et l'universelle harmonie. Le bonheur sans fin de tous les êtres ou l'anéantissement des individualités distinctes dans la substance infinie et parfaite ont été des rêves applaudis. De plus modestes se sont contentés d'une confédération des planètes. L'on nous a souvent recommandé la conformité à l'ordre naturel, on nous a poussés à pénétrer par la raison l'essence du monde, ce qui est le prélude d'une annexion ; on nous a affirmé qu'une vraie morale doit être une « morale cosmique », une morale simplement humaine paraissant très insuffisante, pour ne rien dire d'une morale nationale ou familiale. Et l'on n'avait pas tout à fait tort de parler ainsi, car, puisque nous ne pouvons savoir où se bornera la carrière de l'humanité, nous avons quelque raison de ne pas la limiter à un point plutôt qu'à un autre et parce qu'il vaut sans doute mieux élargir que rapetisser ses espoirs et surtout ses desseins. Au surplus il y aurait sans doute quelque impertinence à prêcher aux autres une modestie rigoureuse dans un livre où l'on tente de se faire une idée de l'ensemble des choses.

Il faut dire, cependant, que ce qui s'est réalisé paraît bien petit, bien mesquin et même un peu ridicule à côté de ce qu'on a rêvé. A moins qu'on ne préfère trouver le ridicule dans un rêve si disproportionné avec les dimensions et la puissance de l'être qui s'en enchante. L'évolution, si dramatique, si déchirée de retours, de dissolutions, de troubles, se heurte constamment à des impossibilités, à des escarpements décourageants, à des gouffres infranchissables. Elle s'arrête presque partout et le monde se met à répéter indéfiniment, sans changements appréciables, le rythme acquis et la série des faits où il a pris corps et qui en réalisent chacun un moment. La matière brute recommence si fidèlement les mêmes séries de vibrations qu'on a pu la croire immortelle sous la forme de quelques corps considérés comme simples. La vie recommence si visiblement le même rythme qu'on a pu croire les espèces immuables. Que de monotonies, que de répétitions, que de recommencements jusque dans l'homme, jusque dans les sociétés humaines, jusque dans l'esprit qu'elles ont développé! Certes l'innovation se trouve peut-être partout, mais à des degrés infinitésimaux, l'invention vraie et féconde est toujours rare. Le mouvement vers l'association universelle, vers la réalisation du monisme relatif qui ne serait pas contradictoire en soi, paraît plus qu'incertain, aucune raison valable ne le conduit à ce terme lointain qu'on a cru pouvoir lui assigner. Un homme qui descend l'avenue de l'Observatoire marche vers le pôle nord, on peut affirmer à peu près sûrement qu'il ne l'atteindra jamais.

Nous devons aussi tenir compte, dans nos rêves d'avenir, de la nature humaine. Ce que pourront faire ailleurs d'autres êtres supérieurs en évolution, s'il en existe, nous n'en savons rien. Mais les transformations de l'homme ne nous ouvrent pas les avenirs de paix grandiose dont on nous charma. Ni le pouvoir de comprendre, ni le pouvoir d'aimer, ni le pouvoir d'inventer, ni la capacité associative, la faculté de se dévouer à un être supérieur ne paraissent s'être développés beaucoup chez l'homme. Les produits ont plus changé que les pouvoirs, certains faits sont de nature à décourager l'optimisme des visions anticipées. La guerre a grandi à mesure que des relations plus étroites s'établissaient entre les hommes. Quand on nous promet de supprimer la guerre entre les nations, on nous engage volontiers à lui substituer la lutte des classes ou d'autres conflits intérieurs, à propos de politique, de religion ou de diverses questions sociales. De plus, les conflits entre individus, s'ils sont moins violents peut-être qu'en certains lieux et à certaines époques, ne paraissent guère diminuer de nombre ni de profondeur. Les meurtres même, les crimes ne présentent pas la décroissance qu'on avait pu un moment espérer. Il faut remarquer d'autre part que chaque fois qu'on supprime une lutte entre individus, on transporte la lutte à l'intérieur au moins de quelques esprits. Cesser d'attaquer un autre homme que l'on hait ou à qui l'on voudrait extorquer quelque bien, c'est comprimer en soi un désir, le mettre en lutte avec d'autres désirs et l'empêcher de se développer en actes. Transiger dans un procès, c'est, en supprimant le conflit des deux parties, contrarier les désirs, les sentiments, les idées de chacune d'elles. Vraiment ce que nous pouvons savoir de la nature de l'homme et des tranformations sociales peut promettre un développement considérable de la science, un développement peut-être excessif de l'industrie, une utilisation croissante des choses, mais non l'unité harmonieuse de l'humanité.

Mais si nous retournons aux considérations plus générales et plus abstraites, nous rencontrons des raisons plus générales et plus abstraites aussi, et qui se sont imposées à nous au cours de cette étude. Non seulement en fait, mais aussi en droit, l'universelle harmonie est à rejeter soit du présent, soit de l'avenir. On peut rêver un mouvement d'assimilation croissante conduisant à l'unité absolue, à la fusion de tous les êtres en un seul, en dehors de qui rien n'existerait et dont la parfaite harmonie n'admettrait plus ni opposition extérieure ni contradiction interne. Mais, en dehors des circonstances de fait qui rendent un tel dénouement bien invraisemblable, la contradiction, l'opposition inhérente à tout système ne peut disparaître sans que disparaisse l'association même et l'existence avec elle. Il ne faut pas compter sur l'évolution pour réaliser l'impossible contradictoire.

Le même peut bien se subordonner l'autre, il ne peut vivre sans lui. Il n'est le même que par l'autre. Le même et l'autre sont des relatifs indissolublement amalgamés, non pas dans notre esprit seulement, mais dans la réalité. Le même d'ailleurs contient de l'autre et l'autre renferme du même. La qualité d'homme, par exemple, constitue un « même » par rapport aux hommes appartenant à des peuples différents, et l'association humaine se dessinerait avec plus de précision, si ce même parvenait à se soumettre les différents auquels il s'associe, si la qualité d'homme prenait la prépondérance sur les qualités d'Anglais ou de Russe. Mais considérée en elle-même, la qualité d'homme est encore assez complexe et comprend des tendances qui s'opposent à certains égards et peuvent se contredire ouvertement. Il en est toujours ainsi quand nous considérons une existence réelle.

D'autre part, le différent n'est jamais absolument différent. Le moi de chaque homme constitue un même en dehors duquel tout le reste est l' « autre ». Cependant il n'est pas séparé absolument de cet autre. Cet autre contient des éléments qui lui ressemblent, qui s'unissent à lui, qui pénètrent en lui. Les autres hommes sont toujours un peu lui, et il est toujours un peu les autres. Il y a un « même » plus général qui unit chacun de nous aux autres hommes, un « même » plus général encore qui l'unit à tout ce qui vit, et un « même » enfin qui l'unit encore à tout ce qui existe.

Il en est toujours ainsi quand il s'agit d'une existence réelle. La différence et par suite l'opposition, la contradiction réelle ou virtuelle sont inhérentes à l'existence même. Un multitudinisme ou un pluralisme, mais au moins un dualisme. est logiquement nécessaire à toute réalité.

§ 2. — *La substance et l'infini.*

Beaucoup d'autres questions philosophiques se pressent devant nous dans la recherche d'une interprétation générale de l'évolution. Faut-il admettre une substance qui se manifeste par le magnifique déroulement des phénomènes à travers l'infini du temps et de l'espace, ou qui crée le temps et l'espace en y projetant ses manifestations ? Faut-il y reconnaître, au contraire, la manœuvre d'une volonté conquérante ou de plusieurs volontés qui aspirent à se développer librement, qui inventent selon les nécessités de la vie, de nouvelles formes d'existence, s'y installent pour les organiser, et partent de là vers de nouvelles conquêtes et de géniales créations ? Faut-il y discerner un simple mécanisme, une fatalité aveugle, le résultat d'un hasard qui, dans les temps sans limites, épuisera sans choix, les unes après les autres, toutes les combinaisons diverses où peuvent s'engager les éléments du réel ? Devons-nous y adorer la réalisation graduelle d'un plan divin conçu et voulu, ou du moins, y reconnaître le triomphe d'une finalité immanente, d'une loi d'ordre et d'harmonie exprimant en quelque sorte une obscure volonté, un instinct cosmique, aussi aveugle et bien plus merveilleux que celui des insectes, puisque celui-ci n'en serait en somme qu'une infime manifestation ? Et d'ailleurs l'évolution a-t-elle eu une origine, aura-t-elle une fin ? Si oui, comment a-t-elle pu commencer et comment finira-t-elle ? Voilà bien des questions ou des hypothèses, et on les multiplierait sans peine en les divisant, en les produisant sous des formes plus particulières.

Il en est qui ne nous arrêteront guère. Quelques-unes sont résolues par ce qui précède, d'autres ne sauraient être résolues. Plusieurs sont purement verbales, ne résisteraient pas à une bonne analyse, et offrent peu de sens.

La philosophie a été une grande corruptrice de mots et d'idées. Elle a multiplié les entités en en déformant le sens légitime, dénaturé et faussé le sens de mots susceptibles d'une signification claire et positive, abusé des méprises, des confusions, des calembours. Aucun des termes usités en métaphysique et en morale n'est peut-être resté indemne. La liberté, le devoir, la substance, l'absolu, les facultés, la force et bien d'autres pourraient témoigner contre elle.

Par exemple, l'idée de la substance comme inconnaissable absolu manifesté par des phénomènes qui la symbolisent sans la montrer, semble dénuée de tout avantage. Mais si l'on veut entendre par « substance » un faisceau d'abstractions, de qualités essentielles et dominantes qui se modifient peu tandis que les cortèges de faits, de phénomènes qui les incarnent se succèdent sans cesse autour de lui, on reconnaîtra dans la substance le « même » essentiel que l'évolution conserve par la transformation régulière et systématisée des faits moins stables, moins importants. On pourra dire alors, si l'on y tient, que la substance se maintient à travers l'évolution des phénomènes, et par cette évolution qui la manifeste, et ce sera vrai, à mon avis, dans la mesure et avec les précisions que j'ai tout à l'heure indiquées.

Nous pourrons laisser de côté, comme ayant été examinées dans les pages qui précèdent, les hypothèses ou les questions qui impliqueraient l'unité du monde, le plan universel suivi et réalisé peu à peu par une volonté ou selon une loi immanente. Le monde ne nous apparaît pas comme « un » système. Il est une multitude incohérente, peut-être une infinité de systèmes dont les rapports vont de l'indépendance presque complète, qui semble le cas de beaucoup le plus fréquent, jusqu'à la fusion presque parfaite en passant par toutes les formes intermédiaires.

Voici que se pose encore la question de l'infini, déjà rencontrée plusieurs fois. Elle ne nous retiendra pas non plus beaucoup. Ce n'est pas que j'y aie aussi répondu par avance, c'est que, à mon avis, l'esprit humain ne peut pas y répondre d'une manière satisfaisante et n'a pas même su prendre devant elle une attitude correcte. L'idée de l'infini s'impose à nous, elle nous assiège de tous les côtés. « L'infini nous tourmente. » Mais rien n'apaise ce tourment sinon l'illusion, la foi, dont je n'ai rien à dire ici, ou encore beaucoup de bonne volonté, naturelle ou acquise, pour oublier le problème ou ne pas le comprendre. Il nous est impossible d'avoir une conception réelle d'un espace fini, d'un temps qui commence ou qui cesse d'être, c'est-à-dire, en somme, d'un lieu où il n'y a plus d'espace, d'un moment où il n'y a pas encore de temps. D'autre part, accepter la réalité de l'infini, c'est s'engager en d'inextricables contradictions. Mais ce qu'on peut dire en ce sens est bien connu, et je sais bien qu'on a essayé de le réfuter, mais je ne vois point qu'on y soit parvenu. Il semble que nous devons nous contenter, peut-être avec quelque regret, de l'indéfini. C'est une question de savoir s'il peut nous suffire.

L'intelligence humaine paraît faussée sur certains points. On dirait qu'elle a perdu ou qu'elle n'a pas encore acquis certaines facultés, que son évolution l'a menée, çà et là, en des voies pernicieuses et décevantes. Assurément, les défauts congénitaux de l'intelligence sont chose commune. Nous avons tous remarqué que la constitution intellectuelle de certaines personnes les prédispose à certaines classes d'erreurs, les contraint à ne rien entendre à certaines vérités. Mais on dirait ici qu'il s'agit d'un vice essentiel de l'esprit humain, qui tache toutes les intelligences et que quelques-unes essaient vainement de déguiser, en se leurrant d'inacceptables solutions. Il se pourrait aussi que la question de l'infini fût simplement une question mal posée, une fausse question. Il faudrait en ce cas montrer en quoi et pourquoi elle est fausse, elle s'éliminerait alors d'elle-même. L'éliminer sans avoir d'autres preuves contre elle que la preuve empirique semble une mutilation injustifiée de notre intelligence, et l'infini revient toujours rôder autour de nous et solliciter notre attention.

Si donc nous nous occupons de l'origine et de la fin des choses, ce n'est que d'une origine et d'une fin relatives. Tout ce que nous connaissons a commencé, et, sans doute, finira. Par rapport à l'immensité du temps, l'évolution d'un insecte et celle d'un système astronomique ont des valeurs peu différentes et nous n'ébrécherions pas plus l'éternité ou la quasi-éternité avec celle-ci qu'avec celle-là.

Au reste, quelque difficulté et même quelque contradiction que recèle la notion d'infini, je ne prétends pas qu'il faille la laisser absolument de côté, ne jamais l'employer. Elle paraît susceptible de prendre en certains cas un sens très acceptable, et, même ailleurs, elle peut s'attacher une signification symbolique précieuse, ou être utilement employée comme le sont en mathématiques les représentations de quantités imaginaires ou de quantités irrationnelles. Si l'esprit humain a ses lacunes et ses déformations spécifiques, il ne lui est pas interdit d'en tirer parti.

§ 3. — *Mécanisme, finalité, liberté, fatalisme.*

Faut-il considérer l'évolution comme une sorte de progression mécanique, aveugle et fatale, ou bien comme le développement d'une sorte de création libre, comme l'effet d'une volonté ou d'un instinct obscur se développant librement ? Ou bien existe-t-il une autre meilleure manière de concevoir la réalité ?

Une évolution mécanique et fatale, une évolution instinctive, volontaire peut-être, en tout cas choisie, librement créatrice, il semble que ce soit là deux conceptions du monde tout à fait différentes: Dans la première, tout paraît machinal, froid, dur et sec, dans la seconde spontané, vivant, libre et souple. Regardons-y d'un peu plus près, peut-être pourrons-nous mieux préciser et comprendre leur opposition, et reconnaître aussi l'intervention, singulière ici, de sentiments purement humains dont il conviendra d'apprécier l'autorité.

Un coup de vent arrache un store d'une fenêtre, le fait tournoyer dans l'air, le projette violemment sur le sol. Voilà du mécanique pur. Un organisme se développe selon ses lois propres. Un germe fécondé devient renard ou poulet, il se conforme à la forme prévue, fixée, qu'en un sens il veut réaliser, c'est-à-dire qui exprime et achève sa nature propre. Voilà du vital. Enfin un esprit se répand librement sur le monde, avide de le connaître et de le comprendre, tirant de ses explorations des données sur lesquelles il travaille, et où il trouve les moyens d'arriver à satisfaire le but qu'il s'est volontairement assigné. Voilà du psychique. On peut croire qu'une opposition irréductible sépare ces trois modes de l'être, auxquels il faudrait peut-être superposer le mode social.

Pourtant l'esprit humain, malgré les prudents conseils du positivisme, s'acharne à rétablir l'unité dans cette opposition. Tantôt c'est le psychique et le vital qu'on veut ramener au mécanisme dont ils ne seraient que des formes compliquées, tantôt au contraire, c'est le psychique qui se répand sur le monde entier. Le vital, le mécanique apparaissent alors, soit comme des ébauches, soit comme des formes dégradées de l'esprit. Une conscience nette ou obscure est répandue partout. L'esprit anime tout, et la nature devient un réservoir infini de monades spirituelles agissant et régissant suivant leurs désirs, leurs instincts et leurs volontés, ou bien, d'une façon plus paradoxale, une conscience unique et fragmentée à la fois. Si l'on remplace la conscience par un instinct aveugle, par l'Inconscient, c'est une conception organique de l'univers qui apparaît.

Ramener la matière à l'esprit, ramener l'esprit à la matière — pour nous en tenir aux solutions les plus éloignées — ce sont deux opérations exactement opposées. Elles n'en ont pas moins, ou plutôt elles ont par cela même un côté commun, une ressemblance capitale : elles supposent toutes deux l'unité abstraite du monde, et qu'une même réalité se révèle par les apparences si diverses de la matière et de l'esprit.

Cette unité n'est pas forcément celle que nous avons jugée inacceptable comme contradictoire en droit et, en fait, démentie par une expérience constante. Elle peut être simplement cette unité abstraite et analytique qui résulte de la ressemblance de certains éléments ou de certaines formes, de lois générales et abstraites qui sont la substance et l'essentiel de phénomènes multiples et variés. En ce sens elle est admissible. Si d'ailleurs l'évolution de la matière l'a conduite à la vie, si l'évolution de la vie a développé l'esprit et les formes sociales, c'est donc qu'un « même », très abstrait sans doute, persiste sous tous les changements arrivés en ce monde. Ces changements de réalités toujours différentes révèlent aussi, dans tous les cas, certains caractères abstraits identiques. Et si l'évolution est une systématisation croissante, cela s'entend du monde social, du monde de l'esprit, du monde de la vie et

du monde de la matière. Certes, les différences ne doivent
pas être négligées, mais elles sont sur un autre plan.

On s'est plu à considérer la systématisation, la finalité
comme la propriété exclusive de l'esprit, du social, de
la vie, le mécanisme pur, l'activité non systématisée
comme se réalisant surtout dans le monde matériel. Cette
vue n'est certainement pas exacte. Rien ne paraît mieux
systématisé à certains égards que les cristaux, même
que certaines molécules chimiques et que l'atome lui-
même, tel qu'on est enclin à se le représenter aujourd'hui.
Les systèmes psychiques ou sociaux sont plus riches, plus
souples, plus complexes, puisqu'ils comprennent comme
éléments certaines espèces des premiers, ils sont moins rigoureux, moins précis, d'un équilibre moins stable.

D'autre part, on remarque souvent dans le monde matériel des phénomènes où n'apparaît nulle finalité appréciable. Par exemple une branche d'arbre cassée par le
vent, une toiture crevée par un coup de foudre. Mais les
propos d'un maniaque, la suite des idées d'un dément
offrent une incohérence à peu près pareille. Les brutalités
d'une foule furieuse ne sont pas de beaucoup supérieures.
Et dans tous ces cas, le caractère fatal, et en quelque
sorte mécanique, des phénomènes, nettement opposé au
jeu régulier de la raison et des désirs, s'attache toujours
au même fait essentiel : la rencontre non systématisée
d'éléments systématisés en eux-mêmes. Car chaque molécule de l'air agité qui casse une branche au hasard est
un système, et il y a de la finalité régulière dans chacune
des pensées, dans chacun des désirs du dément, dans les
sentiments individuels des hommes qui composent une
foule.

Peut-être entrevoyons-nous en quoi l'on doit faire consister la matière et l'esprit et ce qu'il y a de fondé et en

même temps d'inexact ou d'outré dans les oppositions par lesquelles on a voulu les disjoindre. Ce caractère de systématisation, de finalité interne, on en a méconnu l'importance dans beaucoup de théories. Il n'en est pas moins le plus essentiel à considérer ici et même celui auquel on tient surtout, sans toujours s'en rendre bien compte. Il revêt des formes très différentes et, pour cela, on a masqué sous des noms différents, l'essentielle identité qui importait surtout. Assurément toutes ses incarnations n'ont point la même valeur, mais c'est en reconnaissant la nature essentielle du principe et son importance qu'on pourra mieux apprécier et discuter plus utilement la valeur changeante de ses applications.

Si nous cherchons ce qu'il y a vraiment de réel sous les mots de désir satisfait, de tendance, d'élan vital, de création spontanée, de libre expansion, ce que l'analyse nous révèle partout et toujours ce sont des formes différentes de la systématisation, où la finalité est le fait dominateur principal, avec la dépendance réciproque des parties dans un ensemble, la subordination de l'autre au même supérieur, et, si l'on veut, de la matière à la forme, ou à l'esprit, du monde à l'idée qu'il réalise. C'est là le caractère principal, à côté duquel nous en discernerons un autre que je néglige pour le moment.

J'y ai trop insisté dans mes divers ouvrages pour en parler encore bien longuement ici. Mais l'observation et l'analyse n'offrent ici aucune difficulté spéciale. Comparez ce qu'on appelle une libre expansion du moi avec un labeur mécanique ou servile, vous trouverez à coup sûr dans le premier cas une harmonie des actes, et dans le second une discordance avec ce qui est considéré comme le caractère essentiel de la personne. Et votre jugement se modifiera selon le point de vue que vous adopterez pour juger de ce qui est l'essentiel de la personne. Un employé reste tout le jour à transcrire des chiffres ou à copier des pièces, enfermé dans son bureau, et vous dites qu'il serait plus « libre » à courir joyeusement dans les champs ou à s'occuper de quelque travail qui mettrait mieux en jeu son initiative personnelle. L'interprétation est bien nette. Mais si vous apprenez par exemple qu'il a dû prendre un emploi modeste et peu intéressant pour venir en aide au siens, et qu'il a volontairement renoncé à bien des joies, à bien des expansions de son moi, pour ce qu'il regardait comme un bien supérieur et par dévouement à sa famille, vous commencez à trouver que son travail ingrat est, en somme, une forme qu'a prise la libre expansion des parties essentielles et supérieures de sa personnalité. Selon que vous y considérerez la part de haute finalité ou la part de désharmonie interne que contient forcément son activité, vous la jugerez libre ou presque purement mécanique, spirituelle ou machinale. Et vous pourrez, sur tous les cas que vous constaterez ou que vous imaginerez, faire des remarques semblables.

Un fait qui vient singulièrement appuyer ce que je dis, c'est la tendance commune à interpréter comme psychique tout ensemble organisé, tout système et même toute apparence de système, parce que tout cela rappelle le système psychique et ses effets. Une tendance inverse nous pousse à considérer comme mécaniques et purement matériels les faits même psychologiques, si la systématisation s'est affaiblie ou paraît en avoir disparu.

Sans doute cette tendance produit de la « littérature » et souvent des métaphores sans portée lointaine. Elle n'en est pas moins fort significative. Que ces métaphores soient imaginées par quelques-uns, comprises, acceptées

par tous, cela ne saurait être sans raison, et quand elles
viennent confirmer l'observation et l'analyse, il convient
de leur attribuer quelque importance. Parfois, d'ailleurs,
les affirmations dont je parle sont plus que des métaphores, elles impliquent ou elles énoncent des théories
philosophiques.

Je rappelle simplement la pratique presque universelle
des poètes qui mettent la vie et l'esprit partout où ils admirent, partout où ils imaginent quelque finalité, quelque
harmonie. Hugo a tant créé de mythes qu'il suffit de
renvoyer à son œuvre. Musset a pu esquisser une cosmo-
gonie fondée sur l'amour. On a pu raconter comme un
roman passionnel le trouble apporté dans une combinaison
chimique par la présence d'un élément nouveau et les réactions qui s'ensuivent. Les croyances populaires, les lé-
gendes pour expliquer un fait quelconque, le spiritualisent,
l'interprètent par des combinaisons de volontés, de désirs
et d'idées. L'anthropomorphisme, l'animisme, toutes les
formes de croyances primitives ne sont que la réduction
à des formes psychiques de tout l'ordre que nous voyons
dans le monde ou que l'on y suppose.

En quoi ce procédé, littéraire ou religieux, pèche-t-il
contre l'exactitude? Au fond, le poète ou l'esprit primitif
(il y a des esprits primitifs à toutes les époques et il
subsiste toujours du primitif dans tous les esprits), ne fait
ici qu'exagérer et appliquer avec moins de rigueur, moins
de distinctions et beaucoup plus de fantaisie et de liberté,
un procédé scientifique ou philosophique. Sans doute c'est
une vérité scientifique élémentaire que mon voisin a une
conscience, un esprit semblable au mien par ses caractères généraux. J'en juge précisément par la coordination de ses actes, par la systématisation que j'y
crois remarquer, et la plus spontanée des inductions

nous oblige à l'admettre. C'est encore une recherche scientifique de vouloir discerner l'esprit, et même la conscience chez les animaux supérieurs, et d'en poursuivre les traces et les formes rudimentaires chez les animaux inférieurs, et même chez les végétaux, en qui Francis Darwin avait relevé des phénomènes très analogues à nos rêves. Bien plus, l'harmonie et la systématisation qui apparaissent chez les cristaux ont pu faire parler de leur vie, et ce n'est pas un poète, c'est un savant qui a affirmé que les gros cristaux mangent les petits. Évidemment il faisait lui aussi une métaphore, mais elle est significative pour nous.

Inversement et lorsque, pour une raison ou pour une autre, nous prenons les événements du monde par leur côté incohérent, mal systématisé, nous sommes portés à y voir du mécanisme pur, du fatal, à n'y plus trouver du mental, ni même du vivant. Si l'ordre du monde a favorisé la croyance en Dieu, ou le panthéisme spiritualiste, les athées se sont appuyés sur le désordre qui n'y est pas moins éclatant. Si l'harmonie de l'esprit a pu inpirer la croyance au libre arbitre, ses désordres ont été invoqués par ceux qui n'y voulaient pas croire (encore que ni le déterminisme ni le libre arbitre n'aient grand'chose à réclamer ici, mais on a confondu pour des raisons inutiles à exposer maintenant la liberté et la spontanéité avec l'indéterminisme). On dit couramment d'un homme qui parle et agit de façon incohérente qu'il a « perdu l'esprit ».

Il ne faut pas oublier que les philosophes ont cru pouvoir répandre la conscience à flots sur l'univers. Ils l'ont fait avec plus de discrétion et de précision que les poètes, ils ont admis que cette conscience plus ou moins vague n'est point tout à fait la pareille de la nôtre, ils ont recherché avec plus de soin les ensembles, les éléments vraiment systématisés qui pouvaient porter un esprit et justifier leur induction assez aventureuse. Au fond le procédé est le même, il a le même sens et son perfectionnement même en augmente la portée à notre point de vue. Il s'agit toujours d'une induction fondée sur des analogies qui se résument en un caractère plus ou moins net, plus ou moins développé, de finalité et de systématisation. L'affinité chimique est bien, pour ces philosophes, une sorte de désir sourd, à peine conscient, mais qui ne diffère pas essentiellement de nos aspirations et de nos tendances.

Que la systématisation nous donne l'idée d'un être intelligent, sensible, doué de volonté, ou d'une chose réalisée par un être intelligent, cela est tout naturel. C'est qu'en effet notre intelligence, notre sensibilité, notre action volontaire ou instinctive sur le monde intérieur et sur le monde extérieur produisent constamment des systèmes d'idées, d'impressions, d'émotions et d'actes, ou font naître dans les objets une forme de finalité, d'ordre, d'activité régulière qui ne s'y trouvait pas. Nous sommes ainsi tentés d'attribuer tout ce qui est finalité dans le monde et les éléments du monde, à une âme semblable à la nôtre, plus grande ou moins importante, immanente ou transcendante. Et c'est l'animisme, hypothèse spontanée à un certain degré de développement de l'esprit humain, souvent inconsciente et imparfaite, dont le rôle a été si important, dont il subsiste des traces singulières et aussi des traces utiles et indestructibles, car après tout, c'est de l'animisme que de prêter aux autres hommes une intelligence, des sentiments et une conscience.

L'observation et l'analyse en ont cependant beaucoup restreint le domaine. Bien qu'il soit impossible de démontrer expérimentalement la vérité en pareille matière, il semble bien que l'intelligence et la sensibilité conscientes, la volonté réfléchie ne se trouvent que chez une faible partie des éléments, des êtres systématisés que contient le monde. En nous déjà la part de l'inconscient est immense, même en tenant compte des cas où ce qui est inconscient pour nous peut ne pas l'être en soi, ainsi qu'il est possible que cela se passe dans certains dédoublements de la personnalité. Il peut être intéressant de remarquer ici que la conscience semble se rattacher assez étroitement à l'évolution, et spécialement à l'évolution inventive dans certaines conditions. Sans qu'il soit possible de préciser beaucoup, on peut croire que les conditions de la conscience sont d'abord l'existence des centres nerveux et ensuite un mode particulier d'activité de ces centres, comportant des arrêts, des difficultés, quelques tâtonnements. Ce sont là aussi les conditions de l'évolution inventive dans un être à cerveau développé (1). Cependant, la conscience claire paraît exiger aussi une certaine répétition, insuffisante pour amener l'automatisme, suffisante pour éclairer la connaissance. Il y a beaucoup d'inconscience, bien souvent, dans l'invention vraie, dans la première action du sentiment. Mais cette répétition est encore, en bien des cas, une nécessité de l'évolution inventive, un de ses tâtonnements, une de ses hésitations. Ce n'est pas ici le lieu d'examiner plus à fond cette question.

En fait, non seulement nous sommes portés à reconnaître l'esprit où nous constatons le système, mais nous n'avons aucun autre moyen de reconnaître l'esprit. C'est la finalité aperçue dans les actes, dans les manifestations

____

(1) Il y a bien longtemps déjà, dans un de mes premiers essais, j'ai tâché de montrer comment on pouvait rattacher à l'évolution des faits organiques et psychiques le problème du plaisir et de la douleur (*Revue scientifique*, 1877, II).

des autres hommes qui nous permet de leur attribuer une âme, en quelque sens que nous prenions ce mot. Et c'est également par la richesse, la souplesse des adaptations que nous diagnostiquons l'intelligence, la sensibilité, l'esprit des animaux. Inversement nous ne voyons plus que de la matière dans un organisme mort, et dire de quelqu'un qu'il a perdu l'esprit, qu'il n'a plus conscience de ses actes, qu'il ne sait pas ce qu'il fait, c'est indiquer — d'une façon un peu vague et même inexacte d'ailleurs — que la cohérence de ses pensées, de ses sentiments et de ses actes a disparu.

La matière en tant qu'opposée à l'esprit est tout naturellement l'opposé de la finalité, le signe du hasard. Une machine ne cesse pas sans doute à nos yeux d'être matérielle, mais elle incarne toujours une parcelle de l'esprit qui l'inventa, qui la fit construire, une parcelle d'esprit objectivé, fixé et figé. Et dès que l'on trouve quelques traces d'organisation, on est ainsi porté à l'expliquer soit par un esprit immanent, soit par la volonté, par l'action d'un esprit extérieur. La matière, tout en étant, ou parce qu'elle est le lieu du fortuit, se prête à l'action de l'esprit, elle peut paraître elle-même une sorte d'esprit dégénéré, pétrifié, le résidu de l'esprit, comme l'instinct a pu paraître et a probablement été quelquefois le résidu organisé de l'intelligence et de la volonté. Aussi l'instinct paraît-il moins loin de la matière que l'intelligence.

Sans doute dira-t-on qu'entre l'esprit et la matière il y a une autre différence que celle de la systématisation même, mais celle de la souplesse et de la liberté de l'organisation, ce qui distingue une systématisation aveugle et fixée comme celle d'une machine d'une systématisation toujours souple, inventive, capable de parer à de nouvelles nécessités comme celle de l'esprit. Je parlerai plus

longuement tout à l'heure de la liberté et de l'idée qu'on
peut s'en faire. Il me suffit, pour le moment, de faire remarquer que nous ne sortons pas par là de la finalité et
de l'association. Tout au plus leur attribuons-nous de nouvelles qualités. Si une activité bien coordonnée en elle-
même nous paraît parfois mécanique, machinale et comme
matérielle, ce qui fait que nous la jugeons ainsi c'est que
nous pensons aux circonstances nouvelles auxquelles elle
ne peut s'adapter, qu'elle est impuissante à faire entrer
dans son système. C'est le défaut qui fait paraître l'instinct plus proche que l'intelligence de la matière pure et
l'intelligence des esprits raides, incapables de modifier
leurs idées pour les accorder à la réalité qui se découvre,
voisine, par son fonctionnement, d'une mécanique bien
montée mais sans âme. Par conséquent, et si parfait que
puisse être en lui-même le système considéré, c'est bien
par ses défauts de systématisation qu'il nous frappe quand
nous le trouvons moins participant de la nature essentielle
de l'esprit, c'est qu'il forme avec ce qui l'entoure, et qui
forcément entre plus ou moins en lui, des ensembles
moins systématisés. On en peut juger par l'intelligence
d'un homme qui, ayant connaissance de faits incompatibles avec ses opinions les plus chères et les plus fortes,
continue à répéter, avec leur habituelle perfection relative,
ses raisonnements habituels, qui forment avec ses connaissances nouvelles un ensemble discordant, et semblent juxtaposés au hasard. Et de même on peut juger ce qu'il y a
d'involontaire, de purement organique et même de machinal ou de mécanique dans un amour qui résiste aux
désillusions les plus cruelles, qui persiste parfois malgré
le mépris ou malgré la haine.

Il était à coup sûr parfaitement légitime de distinguer
l'esprit de la vie, l'esprit et la vie de la matière inorga-

nique, en reconnaissant d'ailleurs les analogies et les transitions. Malheureusement les idées de la matière et de l'esprit se sont, comme beaucoup d'idées philosophiques, assez bizarrement compliquées, parfois avec incohérence, et souvent d'une manière peu satisfaisante. Les distinctions et les rapprochements qu'on a tentés entre la matière et l'esprit sont généralement assez mal justifiés.

Après avoir indiqué comment la conception de la matière et celle de l'esprit ont pu naître et se sont réellement formées, sur certains points, si nous voulons les épurer et en tirer un ensemble logique, le mieux sera sans doute de suivre la voie indiquée déjà et d'où l'on est trop volontiers sorti. Nous sommes amenés ainsi à voir surtout, entre la matière et l'esprit, une distinction de forme et non de substance. La vie et l'esprit sont de la matière à différents degrés de synthèse. La matière est de l'esprit désorganisé ou une possibilité d'esprit non réalisée encore faute d'organisation. Ce sont, en effet, des éléments derniers semblables qui constituent la matière brute, la matière vivante, la matière pensante et la matière sociale. Ce que sont en eux-mêmes ces éléments, au point de vue de la théorie de la connaissance, cela ne nous intéresse pas pour le moment, il nous suffit d'y voir des forces agissantes, et puisque aussi bien la physique paraît renoncer à l'antique conception de la matière, nous n'avons pas à la défendre contre elle. Une société est un système prodigieusement compliqué d'atomes organisés en associations superposées de divers ordres (de la molécule au groupe d'individus) et par conséquent d'éléments d'atomes si l'on veut en admettre. Tous ces atomes dissociés, privés de leur ordre et de leurs rapports, ne feraient plus qu'un petit amas de matière brute, bien insignifiant dans l'univers, comme un homme pensant devient, par la mort, un cadavre inerte, une matière pure, l'amas de décombres qui représente un château écroulé. Mais d'autre part, dans toutes ces molécules, dans tous ces atomes épars et que nul lien de finalité ne rattache plus les uns aux autres, il subsiste un élément spirituel en quelque sorte, une âme infinitésimale. C'est l'organisation intérieure, le rapport des atomes dans la molécule, le rapport des éléments, des forces constitutives de l'atome, dans l'atome, une systématisation relativement très peu étendue, mais aussi relativement très forte et qui peut devenir de nouveau l'élément d'un esprit individuel et d'une âme sociale.

De ce point de vue, nous pouvons parfaitement affirmer que l'évolution, étant une association qui se réalise, est une spiritualisation croissante de l'être. Elle transforme la matière brute en esprit, esprit de l'individu ou du groupe d'individus. Mais nous ne voudrions rien dire par là que nous n'ayons déjà indiqué en affirmant qu'elle augmente la systématisation, la finalité interne de l'être, et nous ne préjugeons rien quant à l'existence, en tel ou tel être, d'une conscience semblable à la nôtre, l'esprit et la conscience étant choses différentes.

Si l'esprit n'est que la matière organisée, on peut dire également que l'évolution ne s'applique qu'à la matière. Elle conserverait alors la matière, selon la loi que nous avons reconnue, en en développant successivement les diverses virtualités, en réalisant les conclusions d'innombrables syllogismes dont la nature de la matière est, en quelque sorte, la majeure.

Nous ne ramenons ainsi ni la matière à l'esprit, ni l'esprit à la matière, nous tâchons seulement de reconnaître leurs caractères communs, leurs différences, leurs rapports, et nous voyons comment la transformation des

relations entre éléments divers peut, selon le sens de
cette transformation, substituer l'une à l'autre ou celui ci
à celle-là.

J'admets donc, dans le sens précis que j'ai voulu indiquer, qu'il existe çà et là, dans le monde, une tendance
vers la spiritualisation progressive, tendance qui se précise et s'affirme particulièrement sur certains points. Cette
tendance est, à tous égards, étroitement limitée. Dans
les cas les plus favorables venus à notre connaissance,
elle n'aboutit qu'à des résultats extrêmement imparfaits ;
de plus, elle laisse en dehors d'elle une immense quantité
de faits où aucun ordre général appréciable ne s'est introduit, mais qui ne laisse pas parfois de figurer parmi les
conditions d'existence auxquelles doit s'adapter la croissance de l'esprit, et par là, quand celle-ci s'effectue heureusement, d'entrer, comme instrument au moins, dans le
système psychique et social et d'y collaborer. N'oublions
pas que la lutte des esprits entre eux complique, fragmente et brise sans cesse l'évolution des êtres, qu'il n'y
a pas en ce monde « une » évolution, mais qu'il s'y en
ébauche un nombre indéfinissable, et que les esprits, en
s'opposant les uns aux autres, deviennent en quelque sorte,
les uns pour les autres, une matière à vaincre, à conquérir et à spiritualiser.

On ne saurait négliger, en semblable sujet, l'influence
affective des idées et des mots qui, les représentant, se subs-
tituent à elles plus et plus souvent qu'il ne conviendrait.
Les faits restent ce qu'ils sont et le nom que nous leur
donnons ne change guère leur nature propre. Il semble
que nous les sentirons plus nobles, plus agréables à notre
amour-propre, et qu'ils serviront mieux aussi nos intérêts
les plus hauts si nous les représentons comme une marche
vers l'esprit plutôt que comme un développement des

énergies, des virtualités de la matière, des possibilités inconnues, des promesses d'ordre futur que portent en eux les éléments du désordre transformé par l'évolution. Il est facile de s'expliquer cette impression, aussi naturelle qu'elle est peu raisonnable aux yeux d'une logique serrée, et peut-être un peu étroite. Comme la force affective des idées et des mots incline assez aisément l'homme vers l'adoption d'une doctrine et facilite sa diffusion, ou au contraire comme elle met en défiance contre elle et détourne de l'accepter, celui qui poursuit un résultat pratique peut s'en aider utilement. Souvent même, et sans parti pris bien conscient, l'auteur ou le propagateur d'une doctrine choisit instinctivement un langage approprié à ses fins. Il trompe quelque peu, même beaucoup, ceux qui le suivent et qui se plaisent à leur illusion, en éveillant chez eux des associations d'idées et de sentiments réprouvés par une logique sévère; il est parfois lui-même sa première dupe. L'histoire de la pensée est pleine de méprises et de confusions dues à ces cortèges parasites dont s'entourent les théories et qui se font insidieusement accueillir avec elles, mais qui en revanche les font aimer, remarquer, les rendent populaires et les mènent au pouvoir. Une confusion, par exemple, entre la liberté politique et le libre arbitre philosophique a certainement dû favoriser la brillante carrière de l'éclectisme.

§ 4. — *Création et répétition. Déterminisme et liberté.*

On fait en général trop grand état de la conscience psychologique. Ce n'est pas seulement le défaut des spiritualistes, c'est celui de presque tous les philosophes et de presque tous les savants. On le relèverait même chez ceux qui parlent le plus haut contre l'observation par le sens intime, qui ont l'air de se faire prier pour en reconnaître l'existence, et qui, en revanche, la voient où elle n'est pas et confondent avec l'observation par le sens intime, l'observation psychologique et sociale des autres individus. Si, sans nous attacher à la conscience, nous nous en tenons, comme il convient ici, aux caractères essentiels de l'esprit, forcément abstraits et généraux, nous pourrons, dans la mesure indiquée tout à l'heure, voir dans toute évolution un triomphe de l'esprit sur la matière. De ce point de vue, et à ces conditions, l'évolution est comparable à la satisfaction, toujours incomplète, d'un désir, à la réalisation, toujours inachevée, d'une idée. Elle est toujours aussi, mais à des degrés très différents, une invention. Il y a de l'invention partout, même dans le développement de l'organisme le plus banal, puisqu'on ne rencontre jamais deux organismes dont le point de départ est absolument identique, qui subissent ou provoquent exactement les mêmes péripéties dans un déroulement identique de leur vie, et qui n'aient chacun leur caractéristique. A plus forte raison en trouve-t-on dans l'évolution d'une personnalité originale et puissante, qui s'écarte souvent du chemin foulé par le troupeau et qui s'invente elle-même à mesure qu'elle s'avance dans la vie. A plus forte raison encore brille-t-elle dans une évolution unique sans modèle, comme l'évolution qui va de la matière à la vie, de la vie aux sociétés si on la considère dans son ensemble. Remarquons en passant une nouvelle montre de la différence entre la matière et l'esprit et aussi de l'importance et de l'insignifiance à la fois du hasard, de son importance quand il est utilisé par un être systématisé, de son insignifiance s'il ne l'est pas, s'il reste livré à lui-même. Dans les agitations méca-

niques du monde matériel, les combinaisons ou plutôt les
juxtapositions nouvelles se rencontrent sans cesse. Elles
ne deviennent fécondes, elles ne donnent lieu à une invention véritable que si quelque finalité les happe, les con-
quiert, s'y adapte, en tire des conséquences indéfinies et
de cohésion logique.

Nous pouvons donc appeler à bon droit l'évolution :
créatrice, comme nous pouvons la comparer à l'élan de
la vie et de l'esprit. Nous pouvons aussi la dire libre.
Mais ici des difficultés surgissent que je ne veux pas
esquiver.

En un sens, évidemment, l'évolution, au moins jusqu'à
un certain point, est libre, en ce sens où la liberté signifie
la spontanéité, l'absence de contrainte, la finalité interne,
l'expression de la nature essentielle de l'être, sans contradiction gênante, ou avec le minimun de contradiction.
L'acte libre est celui qui exprime le plus profondément,
le plus harmonieusement la nature de l'être qui agit, où
cette nature n'est point contrainte, ou ne l'est que le moins
possible, à se démentir pour s'affirmer.

Cette nécessité de contrainte sur soi, de reniement de
soi, de mutilation volontaire n'est point rare. Sous des
formes plus ou moins atténuées, on peut l'affirmer universelle, mais en certains cas la dissimulation, le mensonge,
la contrainte, quoique réels, sont pratiquement négligeables. Un homme, pour sauver sa vie, peut se dépouil-
ler d'une fortune à laquelle il tient beaucoup. Il lui faut
donc renoncer à tout un faisceau de ses désirs, de ses
tendances, pour assurer la satisfaction des autres, et spécialement pour conserver sa vie qu'il met au-dessus de ses
autres biens. D'autres fois, un électeur, dans un intérêt
personnel, pour satisfaire un patron autoritaire, pour ne
pas perdre des ressources nécessaires, ou simplement

parce qu'il est payé, votera contrairement à son opinion, et, comme l'on dit, « contre sa conscience ». On juge que dans ce cas son vote n'est pas libre, pas plus que la cession de biens faites sous menaces de mort. C'est que ces actes n'expriment qu'une partie de la vraie nature de l'agent, que celui-ci, livré à lui-même, non menacé ou non séduit, aurait agi autrement. C'est aussi que l'acte ainsi faussé est en contradiction avec les désirs qui, normalement, se systématisaient le mieux avec le mode d'activité qu'il représente. Pourtant, d'après la conception classique du libre arbitre, assurément l'homme était « libre », dans un cas comme dans l'autre, d'agir dans n'importe quel sens. C'est une occasion entre mille de remarquer les incertitudes et les équivoques de l'idée courante de liberté. Au contraire, nous déclarerons libre un acte où le désir, le caractère de son auteur se révèle harmonieusement et se développe sans entrave, la marche de l'homme qui, après une semaine de travail obligatoire, erre à travers champs à son gré, le vote du citoyen persuadé qu'il traduit par son bulletin ses aspirations et ses idées, le don d'un homme charitable, même un sacrifice inspiré par un sentiment puissant et durable.

De ce point de vue, il y a partout de la liberté, et le contraire de la liberté, une liberté incomplète. Dans tous nos actes nous renonçons à quelque chose. En un sens où la liberté se rapproche beaucoup de la « franchise » aucun de nos actes n'est libre, comme aucun n'est parfaitement sincère, car aucun n'exprime absolument notre nature. Chacun de nos actes est à quelques égards une renonciation et une mutilation de notre être. Il nous faut toujours renoncer à quelques-uns de nos désirs pour satisfaire les autres. Chaque acte, réalisant une virtualité, en supprime toujours un nombre incalculable. Et nous avons vu qu'un caractère essentiel de l'évolution était que l'être, pour conserver ses caractères essentiels, y sacrifie constamment ses caractères secondaires.

Mais aussi aucun de nos actes ne va sans quelque liberté, et notre nature s'y exprime toujours à quelque degré. L'homme qui livre sa bourse pour sauver sa vie exprime nettement qu'il préfère sa vie à sa bourse, et celui qui vend son vote manifeste aussi un coin de sa vraie nature et prouve qu'il met au-dessus de sa conviction le plaisir de toucher quelque argent et de s'ouvrir ainsi des perspectives de joies différentes.

Il reste donc à conclure que ni la liberté, ni l'absence de liberté — au sens où nous avons pris ce mot — ne sont jamais parfaites. Mais un acte sera dit d'autant plus libre, une évolution, une suite d'actes est d'autant plus libre aussi que la nature de l'être s'y contredit moins elle-même, y renonce moins, s'y déploie avec plus de franchise, et surtout substitue à un état inférieur et relativement incohérent un état supérieur, plus systématique et relativement harmonieux, la suppression d'une incohérence devant être tenue, ainsi que la soustraction d'une quantité négative, pour un gain, un accroissement et comme un fait de liberté. Tout cela, du moins, peut être admis dans son ensemble et sous réserve de quelques complications et précisions qu'il n'est pas utile de présenter ici.

Ainsi peut-on prétendre que, somme toute, l'évolution est libre. Elle exprime et même elle développe la nature de l'être qui évolue. Il y a, en ce sens, un libre élan de cet être vers la forme qu'il revêtira plus tard. Cela frappe surtout quand il s'agit d'une évolution déjà ordonnée et habituelle. L'enfant veut devenir un homme, il grandit et se développe librement (je suppose l'absence de toute gêne extérieure ou intérieure accidentelle). Son évolution exprime bien sa nature, sa nature essentielle, non point toute sa nature, car toujours en lui des aspirations meurent sans avoir abouti, les désirs s'opposent, les circonstances les favorisent inégalement et l'avènement des uns ne peut résulter que de la défaite des autres. Mais si l'enfant ne devient pas toujours l'homme qu'il rêvait d'être, il devient au moins, sauf accident ou exception pathologique, un homme.

L'évolution est donc essentiellement libre. Cela ne l'empêche pas d'être, selon la vraisemblance, rigoureusemeut déterminée en toutes ses parties, et dans l'enchaînement de ses éléments. Et si nous voulons assimiler le déterminé et le mécanique, elle se réalisera selon toutes les lois de de là mécanique, car la liberté, la finalité sont des synthèses du mécanique et non des négations du mécanisme. La contradiction n'est pas entre le mécanisme et la liberté ou la finalité, mais bien entre le mécanisme organisé et le mécanisme incohérent.

Quand nous n'avons plus affaire à une évolution fixée, ou quand, dans une évolution fixée, nous considérons la part d'invention qui forcément s'y glisse encore, le devenir comporte une part plus ou moins grande, mais essentielle, d'innovation, d'originalité, un génie personnel plus ou moins ample, assez mince parfois pour que le mot de « génie », si exact qu'il soit, puisse paraître dérisoire. Alors la liberté existe encore et reste appréciable, plus visible peut-être parfois et plus éclatante, mais elle change quelque peu de caractère. La forme nouvelle qu'elle revêt ne diffère pas essentiellement de celle que nous avons constatée ; elle reste, comme celle-ci, l'expression des qualités propres de l'être. Mais les apparences nouvelles dont elle se pare ont pu faire méconnaître leur parenté, leur identité foncière. Dans l'évolution inventive le désir est moins

visible, ou moins connu d'avance, moins net et moins sûr,
il se crée au fur et à mesure des transformations, il n'existe
peut-être pas sous une forme très appréciable et déjà bien
systématisée avant d'être satisfait, même sous forme
inconsciente. En tout cas, l'inconscient lui-même, ici,
hésite et tâtonne comme le conscient.

Ainsi les premiers êtres vivants, la gelée protoplas-
misque primitive, ou tout ce qu'on voudra supposer à sa
place, ne tendait pas vers la forme de l'homme de la
même façon qu'y tend l'ovule fécondé qui pourtant n'y ressemble pas davantage. Et si l'ontogénie est un abrégé de la
phylogénie, la première est singulièrement plus systématisée que la seconde, bien mieux orientée vers son terme,
elle n'a gardé de celle-ci, ou à peu près, que ce qui l'ache-
mine le plus directement à sa fin. Le terme qui lui est
imposé ne l'était pas de la même manière à la phylogénie.
Celle-ci pouvait aboutir autrement, et en fait elle a abouti,
selon les circonstances, à des résulats extrêmement différents, si toutes les espèces animales actuelles dérivent
d'une même forme de vie primitive ou de formes semblables. Maintenant les tâtonnements, les hésitations, les
bifurcations sont supprimées, la route est tracée et le point
d'arrivée précis. Il ne reste plus que cette liberté qui consiste à développer pour le mieux sa nature propre dans la
voie qui lui est assignée, non celle qui permet de choisir
entre des voies différentes. Le germe humain deviendra
librement un homme, si les circonstances ne s'y opposent
pas, il ne peut devenir aucun autre être vivant et régulié-
rement organisé.

Nos habitudes sont peut-être encore plus significatives.
Inaugurées sous l'influence des circonstances et par la
réaction des désirs et des tendances, elles eussent été différentes en d'autres conjonctures. Une fois fixés, les actes

qui les composent se déroulent avec monotonie et régularité. Habitudes professionnelles, habitudes amoureuses, habitudes intellectuelles s'installent ainsi et puis évoluent en nous. Les actes qu'elles impliquent et qui ont chacun leur évolution distincte dans l'évolution de l'habitude ainsi que les individus dans l'évolution de l'espèce passent ainsi de l'activité troublée, tâtonnante, indécise, à l'activité sûre et régulière.

Dans l'évolution inventive, la satisfaction du désir, le développement harmonieux de la tendance sont ainsi plus troublés, moins purs. C'est que le désir, la tendance se forment eux-mêmes et se précisent à mesure qu'ils se satisfont. Chaque acte nouveau, chaque satisfaction nouvelle est comme un coup de pinceau qui fait sailllir plus nettement la forme de l'être en évolution, le dégage de l'ébauche, le dresse dans une réalité supérieure. On ne peut désirer expressément l'inconnu, on n'en désire que quelques éléments généraux ou concrets dont on possède déjà l'idée. La tendance n'est bien nette que quand elle a reçu satisfaction, quand du moins les tendances semblables des ancêtres ont abouti déjà. C'est quand l'inconnu s'est laissé voir, ou quand le but a déjà été atteint, qu'ils peuvent devenir l'objet d'un désir précis et régulier. Il y a donc dans l'évolution inventive plus de luttes, d'interruptions, de reculs, de changements d'orientation. De plus, et ceci est capital, la fin n'en apparaît pas avec la même certitude. Nous savons que l'enfant deviendra un homme s'il devient quelque chose, nous ne savons pas ce que deviendra l'homme si l'espèce humaine se transforme encore, nous ne savons pas non plus si l'enfant deviendra un ingénieur ou un prêtre, un soldat ou un marin. D'un côté le résultat apparaît obligatoire, inévitable, de l'autre il est ambigu, douteux, subordonné aux circonstances et aussi aux désirs et à la volonté de l'être. Et tous ces tâtonnements, tout cet incertain suggèrent l'impression d'une liberté d'un genre tout différent qui ne seraitplus la liberté d'un système se déroulant spontanément, sans accidents, sans contrainte extérieure, mais une liberté de choix, une liberté d'indétermination s'opposant non seulement à la contrainte extérieure, mais à la régularité interne de l'activité comme de l'évolution. À un moment donné plusieurs solutions sont ou paraissent également possibles. La nécessité d'un choix s'impose, il faut que l'être prenne l'une ou l'autre des voies qui s'ouvrent devant lui. Une fois engagé, son choix est, à certains égards, irrévocable, il s'est fermé tous les chemins qu'il n'a pas pris. Peut-être pourrait-il en rejoindre un plus tard, s'il se ravise, à travers les prés, les buissons ou les ronces, mais il ne reviendra jamais, sous les mêmes conditions, à ce moment où le choix s'offrait. Chacune de nos décisions, chacun de nos actes crée de l'irréparable.

Au fond, et si l'on analyse les faits, il ne s'agit encore que de synthèses systématiques et des développements d'associations. Le choix, dans quelques conditions qu'il se fasse, exprime toujours plus ou moins heureusement la nature de l'être qui choisit, tout au moins un aspect, un côté et un moment de cette nature. Mais les conditions des évolutions nouvelles, des naissances d'habitudes, des inventions de tendances, ont séduit l'esprit humain, l'ont induit à confondre la liberté avec le manque de régularité dans le déroulement des phénomènes, avec l'incertitude du choix, avec l'impossibilité de prévoir, avec le hasard pur.

On fut amené ainsi à confondre la liberté avec son contraire direct, le hasard, comme si le déroulement systématisé des phénomènes vers une fin qu'ils veulent tous, apparaissait analogue à la pression contraignante d'une force extérieure contrariant ces volontés. Comme d'ailleurs on a conservé en même temps la notion de liberté dont je parlais tout à l'heure et qui me paraît la meilleure et la plus satisfaisante, on est parvenu à créer une idée de la liberté incohérente et insupportable, un véritable monstre logique. Ce monstre logique, les combinaisons singulières de circonstances disparates, comme notre vie intellectuelle et sociale en voit et en fait surgir sans cesse, l'ont imposé à de longues générations. Ce sont des observations exactes, bien ou mal interprétées, et aussi une surprenante foule de sentiments mal associés entre eux, où l'on trouve des désirs de tout ordre, depuis l'amour de la régularité jusqu'au goût du caprice, depuis l'instinct de l'ordre intellectuel, jusqu'à celui de l'ordre social, un amour-propre plus ou moins bien compris, le sentiment du lien qui unit les phénomènes et l'impression de leur incohérence essentielle. D'une part, alors, on a vu dans la liberté un développement ordonné, régulier, la pleine manifestation d'une personnalité qui agit logiquement ; d'autre part, on y a mis le choix incertain, le désordre essentiel, le hasard, l'indéterminisme, l'acte qui ne résulte pas des tendances et des idées de son auteur, c'est-à-dire tout le contraire. Et l'on a voulu associer étroitement ces conceptions si décidément contradictoires, en faire les éléments d'une même idée, les composés d'un même système mental. On a ainsi amalgamé la liberté vraie avec cette absence de liberté qui provient, chez l'homme, de la lutte des idées et des désirs, impliquant la restriction nécessaire de quelques-uns d'entre eux, par conséquent une moindre représentation du moi par l'acte, et même avec un indéterminisme absolu sur un point au moins, avec le hasard pur. Le hasard absolu devenait ainsi une condition de la responsabilité morale. Ce mélange peu correct, cette

confusion est devenue un élément ordinaire de l'esprit
humain et lui a imprimé des formes et des habitudes persistantes. Ce n'est certes pas le seul cas qui révèle une
singulière déviation dans la formation de ce noyau d'instincts intellectuels qui est comme la substance durable de
notre intelligence. Il en est de plus générales et qui, peut-
être, vicient l'esprit humain jusqu'en ses plus intimes pro-
fondeurs. Mais elle est une des plus faciles à constater,
une des moins rebelles à l'analyse et, par là, sans doute
une des plus instructives.

Il faut, pour être juste, reconnaître les raisons qui l'expli-
quent. La personnalité, l'intelligence, la volonté, ont dû
paraître d'autant plus fortes et plus triomphantes qu'elles
innovaient davantage. Elles ne le pouvaient guère, en
général, que par le tâtonnement, les arrêts momentanés,
le choix hésitant entre plusieurs voies qui paraissaient également ouvertes, et qui, en un sens, pouvaientl'être. Et
elles devaient sembler d'autant plus libres qu'elles étaient
plus puissantes. Il s'est produit aussi des confusions entre
la liberté des éléments et la liberté de l'ensemble. Le jeu
non entravé des caprices éveille une idée de liberté. Et
en effet les éléments y agissent indépendamment de l'ensemble, et c'est bien la liberté des éléments, mais c'est
l'asservissement de l'ensemble. Il n'en résulte pas moins
une impression de liberté quand nous échappons à l'em-
prise des désirs habituels, des actes réglés et convenus qui
expriment peut-être l'essentiel de notre personne, mais y
froissent beaucoup de désirs et d'aspirations dont la
revanche apparaît à de certains moments comme le
triomphe de la liberté sur l'oppression. Et que l'on remarque
ici les rapports significatifs de la liberté et de la raison.
Tandis que pour les uns, dans la vie courante, agir conformément à la raison est une sorte d'esclavage (rappelez-

vous seulement certaines formes juvéniles du roman-
tisme), pour d'autres, la liberté vraie n'est que la
conformité à la raison.

Ce qui a encore compliqué et faussé l'idée de liberté,
ce sont les nécessités de la vie sociale. La raison qui est
en nous, qui est nous, est aussi pour une bonne part la pression exercée sur nous par la société. La liberté a pu paraître
consister à s'affranchir d'elle, et, avec elle, de la tutelle des
autres, des influences ambiantes et régulières, de ce poids
que jettent sur nous les générations qui nous précédèrent
et nos contemporains aussi. Si toutes ces influences
qui agissent sur nous s'harmonisaient entre elles et ne
contrariaient en rien nos propres désirs et nos tendances
les plus personnelles, l'idée que la liberté consiste à s'en
dépêtrer ne serait probablement pas née, mais ce n'est
pas le cas. Et la liberté a été jointe assez naturellement à
l'idée d'un choix entre deux partis à prendre, deux partis
proposés par des tendances différentes. Comme notre moi
lui-même trouve de l'opposition en nous, comme il renferme une contradiction irréductible entre les autres que
la vie sociale y a intallés et le moi personnel, comme ce
moi individuel lui-même est toujours plus ou moins divisé,
on a pu assimiler la pression du moi, de sa raison, de ses
désirs dominants à une contrainte extérieure, et la liberté
à l'absence de toute contrainte même logique et rationnelle,
c'est-à-dire à l'indéterminisme et au hasard absolu. Les
rapports de l'invention avec le hasard relatif dont nous
avons vu le vrai sens, ont favorisé encore cette confusion
et contribué à introduire dans l'idée de liberté des éléments réfractaires et indisciplinés.

Ainsi a-t-on rattaché la liberté humaine et rattacherait-
on avec elle la liberté de l'évolution en général à l'indéterminisme qui n'a rien à faire avec elles. Si nous admettons,

si nous affirmons qu'il y a de la liberté dans l'évolution, ce
sera en tant que nous signifierons par là une essence qui
se développe selon sa nature et tend à se conserver. L'évolution est essentiellement libre en ce qu'elle est essentiellement un accroissement de systématisation et de finalité.

Par ailleurs, le déterminisme absolu n'est pas une vérité
démontrée. C'est une hypothèse vraisemblable et un pos-
tulat utile. Nous ne pouvons affirmer sans la moindre
crainte d'erreur que de l'univers, tel qu'il était il y a des
milliards de siècles, devait sortir nécessairement aujour-
d'hui un univers où figurerait, à un point précis et déterminé de l'espace, la table sur laquelle j'écris avec ses
moindres détails, où les lettres que je forme seraient prédéterminées au point qu'un écart d'un dix-millième de
micron y fût rigoureusement impossible. Mais ceci est
une tout autre question. Si quelque indétermination le
fissure, le monde en devient un peu plus incompréhensible pour nous, mais cela n'a rien à voir avec la
liberté morale de l'homme ni avec la liberté évolutive d'un
être quelconque.

Il ne faut pas, pour cela, méconnaître les difficultés du
déterminisme. Si l'esprit de l'homme est vicié, à certains
égards, par sa conception de la liberté, par les sentiments,
les idées, les traditions qui la complètent ou l'accompagnent, je ne saurais avoir la prétention d'échapper au mal
commun, trop profond et trop général. Il me semble que
les façons communes de penser et de sentir sont assez gravement froissées par le déterminisme. Tout déterminisme
vrai est un prédéterminisme absolu, non point même un
fatalisme qui, en indiquant à l'homme certains événements
inévitables, peut lui laisser encore quelque volonté
d'échapper au destin et une certaine activité libre dans les
détails. Une inflexible rigueur nous empêche même de nous

débattre contre le sort, même de nous plaindre de lui autrement que cela a été arrêté depuis l'origine des choses. Nos révoltes, nos plaintes, nos illusions d'indépendance, tout cela était en puissance dans la nébuleuse primitive, aussi certain d'avance qu'il l'est devenu à la réalisation. Et il est non moins certain aujourd'hui, pour le déterministe logique, que tous les événements qui vont se dérouler dans la suite des temps sont inflexiblement arrêtés dès aujourd'hui et l'ont été depuis que quelque chose existe. La vision déterministe du monde a sa grandeur, certes, mais elle est troublante pour notre esprit, écrasante même. On a beau faire intervenir l'infini pour échapper à la rigueur du sort, ce qui est un recours bien désespéré, on a beau rechercher les compromis et recourir à des stratagèmes variés pour dépister la rigueur de la destinée, invoquer l'ignorance qui nous laisse l'apparence de la puissance initiatrice, proposer des « équivalents » de l'indétermination, il me semble bien que nous n'échappons guère au malaise de la solution qu'en ne pensant pas au problème, en refusant de nous en occuper à fond, de le regarder de tous les côtés et de le poser dans ses termes logiques. C'est peut-être le plus sage si un vice de notre esprit (intelligence et caractère) l'empêche de s'adapter à ce qui semble la réalité. Accepter l'indéterminisme ne nous soulagerait nullement. L'indéterminisme, c'est le hasard absolu, restreint, si l'on veut, à certains cas et à certaines éventualités ambiguës. Mais un fait qui nous arriverait sans cause et sans loi, que nous ne pourrions ni prévoir ni produire ne nous satisferait pas plus qu'une prédétermination complète. Il est à croire que l'esprit humain a laissé s'enraciner en lui beaucoup plus qu'il n'eût fallu certaines associations d'idées et de sentiments suggérés par des observations mal comprises et de fâcheux raisonnements. Il s'est ainsi adapté à un monde illusoire, il a laissé se développer en lui des systèmes d'idées et de sentiments qui se contredisent réciproquement, s'adaptent tant bien que mal à des côtés différents de la réalité ou des apparences que l'homme lui substitue et des exigences de la vie. Quelle que soit l'échappatoire, l'expédient auquel on aura recours, je crois bien qu'il n'aura qu'une valeur pratique, non une valeur logique vraie. Il n'est pas aisé de remanier profondément l'esprit de l'homme, de démolir et de reconstruire sur un nouveau plan ses habitudes intellectuelles et morales, surtout quand ce qu'il faudrait substituer à sa nature actuelle reste vague, incertain et de valeur pratique douteuse. Mais comme il arrive souvent, on peut remédier aux défauts de l'esprit humain par un autre défaut qui compense tant bien que mal le premier et qui peut mériter ainsi quelque reconnaissance. Une béquille n'embellit ni n'enrichit un organisme, mais elle supplée à la faiblesse, à l'absence d'un membre. L'homme raisonne, pense et sent avec tout un assortiment de béquilles intellectuelles et morales, qu'il admire naïvement et qu'il aime parfois d'autant plus qu'elles sont moins aimables, par un secret instinct qui lui en fait sentir vaguement la nécessité sans l'éclairer sur leur nature. Que de béquilles qui cherchent à se faire passer pour des membres vivants dans les philosophies, comme dans les religions, dans les sciences et dans les arts ! La plupart des considérations sur les conséquences pratiques du libre arbitre et du déterminisme, dans toutes les doctrines, me paraissent des béquilles de ce genre et je crois bien en avoir moi-même façonné quelques-unes. Il en est assez, de formes, de poids, de solidité, de tailles différentes, pour que chacun puisse trouver parmi elles quelque instrument qui lui convienne.

Il est possible aussi que la question de l'indéterminisme et du prédéterminisme soit une question mal faite, une question fausse, et en ce cas il faudrait le montrer, ou bien simplement une question oiseuse ou menaçante et qu'il faudrait mieux ne pas se poser. Beaucoup de questions sont dans ce cas, il en est qu'un instinct social assez averti écarte ou repousse avec soin. Et en effet, s'il y a un art de poser les questions, il doit y avoir aussi un art, un art rationnel de ne pas les poser, de les rejeter, et, si possible, de les oublier. C'est ce que Comte et d'autres philosophes ont compris, mais sans réussir à bien voir quelles questions seraient heureusement éliminées, ni à établir sùrement pourquoi elles devaient l'être. Et nous constatons ici une fois de plus cette misérable condition de l'homme qui ne peut se fier ni à son instinct, incomplet ou perverti, ni aux tâtonnements trop impuissants de sa raison.

Dans cette malheureuse question du libre arbitre l'homme s'est assez mal tiré d'affaire en se forgeant une conception incohérente de la liberté, qu'il prend tantôt par un bout, tantôt par l'autre, selon le besoin qu'il en a et sans voir qu'il se contredit nettement d'une fois à l'autre. Pouvait-il mieux faire ? Ce n'est pas sûr. S'il était permis à l'homme de se faire une théorie logique sur la liberté, qui satisfît à bon droit son intelligence et ne heurtât points ses senti-ments, si le caprice bienveillant de quelque démiurge lui garantissait que cette théorie serait, dès qu'il l'aurait mise sur pied, l'exacte expression de la réalité, son embarras serait inextricable — à moins qu'il ne saisît pas bien la question. Au fond, le déterminisme et même le prédé-terminisme ne nous choqueraient point si nous étions as-surés que tout ce qui arrivera fatalement favorisera nos desseins et satisfera nos aspirations. Et nous accepterions

pareillement le hasard absolu et l'indéterminisme s'ils venaient docilement servir notre vie et notre évolution et si
nous pouvions nous fier à eux pour cela. Mais cette dernière
hypothèse est contradictoire puisque le hasard est essentiellement ce à quoi on ne peut se fier. Alors nous voyons
clairement le rôle du libre arbitre illogique tel que l'homme
se l'est figuré. Il est simplement destiné à nous garantir
toujours une possibilité d'écarter certains maux individuels et certains maux sociaux. Nous voudrions toujours
pouvoir croire qu'il est en notre pouvoir d'éviter d'être
damnés, en ce monde ou dans quelque autre. Ni le déterminisme, ni l'indéterminisme ne peuvent nous garantir cet
avantage, mais l'homme s'est imaginé y arriver par une
combinaison contradictoire de l'un et de l'autre. La contradiction humaine est ici le signe et en quelque sorte le reflet
de l'effroyable contradiction du monde, du désordre
de ce chaos de systèmes. Et c'est pourquoi il est si difficile d'y remédier, car nous sommes ridiculement impuissants jusqu'ici devant la réalité qu'elle traduit.

§ 5. — *L'évolution et le bonheur. Conclusion.*

L'évolution enfin, c'est un point qui nous intéresse aussi,
est par elle-même une condition essentielle du plaisir et
du bonheur, ce plaisir organisé, plus apaisé et plus large.
Elle est, on peut le dire, le bonheur même, bonheur qui
devient conscient, lorsqu'il s'accomplit chez les êtres capables de conscience, dans certaines circonstances de
lenteur moyenne et de difficulté facilement vaincue. Tout
plaisir, tout bonheur est dû à une systématisation croissante, à un perfectionnement de l'association, et l'évo-

lution n'est que cela même ou qu'une coordination de pareils événements, ce qui revient au même en somme puisque la simplicité absolue nous échappe partout. Cette systématisation croissante peut être accompagnée de désorganisations inaperçues qui font plus que la compenser (plaisirs nuisibles, plaisirs de l'ivresse, etc), mais elle n'en existe pas moins en corrélation avec le fait même du plaisir et du bonheur. Et l'évolution réalisant le système et l'harmonie n'est pas seulement le bonheur, elle est essentiellement un bien, pour autant que ce mot peut avoir un sens.

Toutes les qualités qu'on peut ainsi reconnaître à la transformation des êtres, il ne faut pas oublier qu'elles appartiennent en fait, non point à une évolution générale et unique, mais à d'innombrables évolutions partielles, distinctes, plus ou moins en harmonie, mais aussi plus ou moins en opposition les unes avec les autres, et qui, par les rapports qu'elles entretiennent, constituent, à voir l'ensemble des choses et pour autant que nous pouvons le juger, un désordre universel bien plutôt qu'un ordre général. Ce n'est pas l'ensemble des évolutions, puisqu'il n'est pas systématisé et que les évolutions divergentes y multiplient le désordre autant ou plus qu'elles n'y introduisent de la régularité, c'est chaque évolution prise à part qui, si elle restait pure, pourrait être considérée comme la spiritualisation d'un élément du monde, et une marche vers le bonheur et vers la liberté.

Les caractères de l'évolution ne s'appliqueraient à l'ensemble du monde que si toutes les évolutions qu'il contient n'en faisaient qu'une et si tout évoluait en lui. Il n'en est rien, nous l'avons vu. Les évolutions mêmes de ses éléments sont continuellement troublées, mêlées d'évolutions disparates et contradictoires de sous-éléments à vie rela-

tivement indépendante. Et l'ensemble est un amas incohérent d'êtres divers, d'importance différente, d'organisation
variable, les uns fixés définitivement ou provisoirement
arrêtés dans leur forme actuelle, les autres se créant eux-
mêmes sans cesse, selon leur nature et leurs tendances et
beaucoup répétant aussi, selon un rythme établi, inva-
riable ou peu et lentement variable, des évolutions habi-
bituelles. Çà et là en remarque, dans cet inextricable
fouillis, des ébauches de systèmes plus larges, d'associations plus synthétiques. Tout cela reste dans l'ensemble
très incohérent, et dans le détail, même pour les réalisations les plus hautes, très imparfait. La fin de l'imperfection, de l'opposition, de l'indépendance de ses éléments
précipiterait le monde dans le néant. Rien ne permet de
prévoir cette rédemption. A coup sûr on peut rêver un
monde mieux ordonné que celui que nous connaissons,
mais nous n'avons aucune raison de supposer son existence
actuelle ou passée ni d'espérer qu'il se réalisera un jour.

Si nous descendons maintenant du point de vue de
l'univers à un point de vue plus spécialement humain,
nos conclusions se transformeront quelque peu.

Dans l'immense univers l'humanité paraît un accident
sans importance, un détail négligeable. Réciproquement
l'humanité peut pratiquement négliger de l'univers tout
ce qui reste en dehors d'elle, tout ce qui n'agit pas sur
elle et sur quoi elle ne peut agir, tout ce dont elle n'a rien
à craindre ni à espérer. Elle peut en garder seulement la
vision imparfaite et effarante qui doit servir à sa science,
à ses contemplations, à sa méditation, à ses constructions
intellectuelles. D'autres parties de l'univers sont des conditions plus immédiates et plus sûres de notre propre
existence, l'ensemble de la voie lactée sans doute n'est
guère, au moins pour le moment, que matière scientifique,

mais notre système solaire nous touche de beaucoup plus près, si c'est du rayonnement du soleil que provient en définitive toute vie, et notre terre surtout est mêlée à notre vie entière. Ces astres nous sont, en un sens, favorables, et du point de vue de la « synthèse subjective » Comte n'avait pas tout à fait tort de désirer qu'on regardât notre globe comme une sorte de « grand fétiche » ami de l'homme. On ne saurait lui attribuer aucune conscience, mais en un sens très abstrait, que l'imagination poétique et même l'imagination philosophique peut rendre plus vivant, elle nous « aime » puisqu'elle nous permet de vivre, puisqu'elle nous sert constamment et que sans elle nous n'existerions pas. Mais tout ce sentimentalisme risque d'égarer l'esprit et n'est sans doute pas très utile.

Vient ensuite l'humanité. Des rapports bien plus précis, des liens autrement sûrs et nombreux nous attachent à elle. Pourtant, il faut redire encore de l'humanité, avec beaucoup plus de restrictions, ce qui a été dit du monde. L'humanité aussi reste une sorte de chaos. Pour trouver de véritables systèmes où la finalité soit développée tout en restant toujours d'une imperfection décourageante pour la religion de l'humanité (de l'humanité actuelle et passée entendue au sens extensif), et même pour des cultes plus restreints, il faut en venir aux grandes associations religieuses, et surtout aux associations nationales. Et même dans l'humanité, même dans ses parties les plus unifiées, nous retrouvons le multitudinisme ou l'infinitisme des évolutions et des êtres, et nous les reconnaissons encore en nous-mêmes.

Cependant les groupes humains et les individus témoignent d'une finalité assez développée pour expliquer, sinon pour justifier, l'optimisme auquel l'homme tient tant et la persistance, malgré toutes les objections, de ses

croyances consolantes à la Providence, à l'être supérieur
qui veille sur l'homme, le dirige, le récompense et le
punit, à la loi du progrès fatal et indéfini, à la bienveillance du monde, à la justice immanente. Elles ne sont
qu'une transposition sur un autre plan, à une échelle infinie ou du moins bien plus grande, une idéalisation de
faits parfaitement réels. L'homme est emboîté dans un
certain nombre de systèmes sociaux dont quelques-uns
sont étroitement unis entre eux (la nation par exemple, la
commune, l'administration où il est employé, ou le syndicat dont il fait partie, la famille), dont d'autres sont plus
indépendants (la nation par exemple et la religion, ou une
association internationale quelconque). Cet ensemble de
systèmes est pour lui une manière de providence, mal
faite, grossière, souvent oppressive, trop incohérente,
mais réelle, mais efficace et souvent bienveillante, qui
domine sa vie, où quelques associations surtout sont in-
fluentes. On a pu voir, on voit encore quelle est la force
de l'association nationale et combien pâle est auprès d'elle
un humanitarisme large et vague. Au fond, c'est Iahvé,
le Dieu national, local, étroit et jaloux qui a pratiquement
raison contre Élohim, le Dieu universel et plus élevé, mais
plus lointain et plus indifférent et sans Iahvé nous ne
connaîtrions pas Élohim, il n'existerait pas pour nous.
Sans les associations immédiates et restreintes, la famille,
la patrie qui nous ont permis de vivre et de penser, nous
n'aurions aucune idée de l'humanité, ni de l'univers
infini.

Cela ne signifie point qu'il faille bannir ceux-ci de nos
pensées. De l'univers à l'humanité, surtout de l'humanité à
notre pauvre individu, qui est encore le système où nous
trouverons la sympathie la moins incomplète, sinon la
plus efficace, s'échelonnent les êtres en évolution, et l'on

pourrait descendre plus bas encore, jusqu'aux éléments qui nous composent et aux éléments de ces éléments. Chacun de ces êtres ou de ces genres d'êtres peut avoir son importance, sa fonction, sa place dans nos préoccupations. Comme l'évolution de l'homme n'est pas terminée et qu'on ne peut prévoir où elle s'arrêtera, ni même si elle ne forcera pas des barrières en apparence infranchissables, il vaut mieux — sans trop nous illusionner sur le résultat — ne pas risquer de la rapetisser, mais tâcher de lui garder au moins la possibilité d'atteindre le plus d'ampleur possible et de hauteur, le plus de richesse et le plus de puissance. Et c'est pourquoi il est bon de rêver parfois aux grands êtres vaguement ébauchés qui dépassent tout ce que nous pouvons connaître, il est bon de ne pas les exposer par notre faute à un avortement fâcheux, il est bon de ne pas perdre complètement de vue l'infinité de l'espace et l'infinité du temps. Nous y prenons au moins des occasions de penser. Et si elles ne conviennent peut-être pas à tous les hommes, s'il en est qui s'y déplaisent ou qui n'y peuvent entrer, ces contemplations, ces pensées désintéressées en apparence, mais qui peuvent retentir utilement dans la vie individuelle et dans la vie sociale, seront donc encore une forme de la division du travail.

CHAPITRE III

L'Évanescence.

§ 1. — *L'Évanescence et la Mort.*

En même temps qu'elle progresse, et parce qu'elle progresse, toute chose qui évolue tend à se supprimer. L'évolution amène normalement l'être à sa disparition. Cette
loi, abstraitement considérée, est très générale. Recherchée dans la réalité concrète, elle s'y laisse continuellement saisir. D'ailleurs, elle est nécessaire à l'évolution,
elle en exprime un côté essentiel. J'ai dû insister sur ce
que la loi du progrès avait de conservateur et de destructeur à la fois, c'est son aspect destructeur, en ce qu'il a
peut-être de plus profond, qui va nous apparaître ici.

Cette loi générale, je l'appelle la loi d'évanescence.
L'évanescence n'est pas la mort, ni la dissolution, c'en
est, à certains égards, le contraire. La mort et la dissolution d'un côté, l'évanescence de l'autre, amènent une disparition de l'être. Mais elles n'ont guère en commun qu'une
apparence assez superficielle. La dissolution et la mort,
qui est une forme ou un accident de la dissolution, s'opposent à l'évolution, l'évanescence la complète, la parfait.
Il ne faut pas confondre les deux côtés destructeurs

de l'évolution. Il n'y a pas, nous l'avons vu, d'évolution sans dissolution. C'est-à-dire qu'aucune association ne se réalise sans détruire, sans arrêter, sans gêner d'autres associations. C'est-à-dire encore qu'elle ne se réalise pas sans tâtonnements et sans détours, sans contrarier même les évolutions internes qui la composent et qu'elle utilise, qu'elle exploite bien souvent sans les supprimer. Enfin il est constant que l'être en évolution atteint fort souvent un point d'équilibre relatif après lequel son développement, gêné à son tour par des systèmes rivaux, ou par l'association plus vaste à laquelle il se rattache, fait place à la dissolution et à la mort. Rien de tout cela n'est l'évanescence.

La mort, la dissolution sont la destruction d'un système et la restitution de ses éléments au milieu ambiant. Elles n'indiquent nullement que l'être ait achevé son œuvre, elles signifient plutôt qu'il n'a pu l'accomplir et qu'il la laisse inachevée. Elles peuvent être le résultat d'un accident, du hasard. Elles peuvent laisser subsister la tendance représentée par l'élément disparu et qui demeure insuffisamment satisfaite. Elles créent un vide plus ou moins appréciable, elles peuvent provoquer la dissociation de l'ensemble dont elles suppriment un des éléments (quand la mort d'un industriel, par exemple, désorganise son industrie). Elles sont essentiellement et par elles-mêmes une désorganisation. Sans doute la disparition d'un élément peut en certains cas rendre service à l'ensemble ou aux ensembles dont il fait partie, mais c'est là une conséquence accidentelle, et qui signale entre l'élément et l'ensemble un désacord peu favorable à leur commune évolution. Sans doute aussi, la dissolution, la mort et l'évanescence se rapprochent parfois comme il arrive aux choses les plus opposées. Il y a des formes mixtes, indécises, compliquées, où une analyse minutieuse pourrait seule discerner la part de la mort de celle de l'évanescence. L'opposition fondamentale n'en subsiste pas moins.

L'évanescence est une disparition aussi, mais la disparition d'un être qui, ayant fini sa tâche, laisse ses éléments, s'ils subsistent, s'attacher à l'évolution supérieure qu'il a préparée et qui continue. L'être s'absorbe dans un être supérieur, et dans l'évanescence absolue, il cesserait absolument d'être. L'évanescence est essentiellement caractérisée par un accroissement de systématisation. Aucun des caractères profonds de la mort et de la dissolution ne s'attache à elle, malgré la confusion que nos habitudes d'esprit risquent de provoquer. L'évanescence est la disparition d'un système secondaire qui, ayant fait son office, s'unifie dans un être supérieur. Sa propre perfection l'a rendu inutile. Il disparaît par une nouvelle application de la loi de finalité dans l'ensemble dont il fait partie. Sa disparition n'est point due à un accident, elle témoigne, au contraire, d'un progrès régulier et normal de l'association, elle est évolutive et ne doit créer aucun vide. Si un accident la précipite, c'est en la dénaturant un peu, en la rendant imparfaite, et c'est cela, non l'évanescence même, qui doit nous paraître accidentel. Quand elle s'accomplit parfaitement, elle ne doit pas laisser de « cadavre ». Mais souvent elle est imparfaite, souvent aussi elle est mêlée de mort, de dissolution, et le risque des confusions en devient plus grand.

Sous des formes de valeurs différentes, l'évanescence paraît un fait presque aussi général que l'évolution, peut-être même que la finalité et l'association, c'est-à-dire que l'existence. Elle est très nette dans les évolutions secondaires, dans celles qui sont manifestement subordonnées, qui servent visiblement de moyen à une fin plus haute qu'elles. Nous verrons qu'on en doit généraliser la réalité bien davantage, et que, à quelque degré, elle se trouve peut-être partout. En tout cas, elle est toujours le terme logique de l'évolution, celui vers lequel tend tout progrès. Si nous ne pouvons trouver nulle part une fin absolue, et qui ne puisse être un moyen, par rapport à une fin plus synthétique, la loi d'évanescence doit s'appliquer à tout ce qui évolue régulièrement. Mais si elle marque, pour tout progrès, l'achèvement et la perfection, la finalité même ne peut pas plus faire exception à la loi d'évanescence que l'évanescence échapper à la loi de finalité. Il n'est pas jusqu'à l'existence même à qui elle ne puisse s'appliquer.

§ 2. — *Quelques faits d'évanescence.* \
Biologie et psychologie.

Pour fixer les idées, considérons quelques faits. Les cas d'évanescence réelle et les possibilités d'évanescence abondent dans la vie psychique et dans la vie sociale.

On en pourrait signaler dans la vie organique. La disparition progressive de certain organes, dont l'utilité n'est que temporaire, peut passer pour un exemple, au moins partiel et mêlé, d'évanescence. La queue du têtard, qui sert à la progression de l'animal, disparaît peu à peu, quand, plus tard, la locomotion s'effectue au moyen des pattes de la grenouille. De même, les branchies tra-chéennes par lesquelles respirent les larves aquatiques de certains insectes qui, à l'état parfait, effectuent par des trachées leur respiration aérienne. Et la portée de pareils

faits est plus grande qu'on ne jugerait peut-être tout
d'abord. La transformation de l'embryon et celle de l'animal de sa jeunesse à l'âge mûr prêtent à de semblables inter-
prétations. Peut-être aussi trouverait-on parmi les faits
psychiques ou chimiques des événements analogues méconnus. Mais dans la vie psychique et dans la vie sociale,
l'interprétation est plus nette.

Il est un fait mental bien connu, dont on a souvent
parlé sans voir tout ce qu'il contenait et qui donne une
idée assez précise de l'évanescence. C'est la disparition de
la conscience. Un acte reste souvent conscient tant qu'il
ne s'accomplit pas facilement très bien. Les conditions
psychologiques et physiologiques de la conscience et la
conscience elle-même, qui ne s'en peut distraire, sont à
fois l'effet de cette imperfection et une des causes qui
tendent à l'amoindrir et à la faire disparaître. Le système de phénomènes qui constitue la conscience est, en
bien des cas, nécessaire à l'esprit pour prendre une habitude nouvelle, une attitude inéprouvée, pour constituer
des systèmes insolites d'idées, de sentiments, de mouvements. Tantôt elle se montre d'abord sous ses formes les
plus nettes et les plus vives, l'attention, l'intérêt extrême,
l'agitation, la concentration d'esprit, la passion, tantôt au
contraire elle s'éveille peu à peu, s'accroît, n'arrive à ces
états bien différenciés que par une progression plus ou
moins régulière, par une véritable évolution.

La conscience, en effet, suppose déjà un commencement d'organisation et d'habitude. Les premiers frissons
de l'idée nouvelle, du désir encore inexpérimenté sont
souvent inaperçus ou méconnus. De là les élans inconscients du génie, l'inconscience des premières impressions sexuelles. La conscience s'éclaircit, s'ordonne,
s'accroît, se précise. Puis son œuvre accomplie, l'esprit

orienté, l'organisation psychique amenée au degré convenable, la conscience décroit, s'affaiblit, souvent elle disparaît. Tout le temps qu'elle subsiste, tout un système d'idées, d'images, de représentations, de mouvements, de sentiments et de tendances, se maintient en se transformant peu à peu. Et la conscience, ce système particulier qui évolue aussi et finit par disparaître dans l'évolution plus large qu'elle a facilitée, a été l'effet d'un défaut relatif de systématisation. Nécessaire, au moins utile pour y remédier, elle devait disparaître avec lui après l'avoir corrigé. Sinon, elle devenait une gêne pour l'évolution qu'elle avait servie. Elle était l'effet, le signe et le remède de l'imperfection primitive, et en la supprimant, en remplissant sa fonction, en évoluant, elle a constamment tendu à se supprimer elle-même.

Chaque jour, des milliers de faits de cet ordre entretiennent, à notre connaissance, la vie de l'esprit. La marche compliquée et souvent confuse de l'activité mentale nuit à la netteté, à la précision du procédé et le masque parfois. La tendance générale n'en est pas moins assez reconnaissable, et le bon fonctionnement de l'esprit ne s'en peut passer, l'évanescence est l'achèvement et le terme de la systématisation psychique.

L'examen de la vie mentale nous y révèle, en effet, une évanescence continuelle. Tous nos désirs, par exemple, et aussi bien tous nos faits de conscience, expriment un défaut d'organisation. Ils tendent à le supprimer et, par là, à se supprimer eux-mêmes. Le désir, en effet, n'a d'autre fonction dans un organisme mental et physiologique sain que de procurer la satisfaction qu'il appelle et, cette satisfaction obtenue, il doit disparaître. La faim, la soif, le désir sexuel, l'ambition du pouvoir et de la gloire indiquent un défaut d'équilibre dans l'ensemble organico-psychique.

Nous pouvons tous les jours assister à l'évolution de quelques désirs. Ils évoluent à mesure que s'accuse le manque d'équilibre — à moins que des désirs plus forts ne les arrêtent — ils systématisent avec eux et pour eux une part de plus en plus grande des forces psychiques et organiques, se précisent et grandissent. Dans les cas favorables, ils arrivent à leur perfection relative, à leur maximum de systématisation qui est ce que nous appelons la satisfaction du désir. Alors, normalement, ils disparaissent, relâchant les éléments qu'ils avaient disciplinés et qui vont servir d'autres tendances. Telle est la représentation schématique des milliers de petites évolutions qui s'accomplissent chaque jour dans l'esprit, et qui se terminent par une évanescence plus ou moins nette. Les désirs satisfaits ne doivent plus exister, et, en fait, ils sont souvent supprimés jusqu'au moment où les besoins organiques et psychiques, en se reproduisant, amènent la naissance d'un désir semblable au précédent, une nouvelle évolution, une nouvelle évanescence.

Notre vie mentale est l'organisation d'une foule innombrable de petites évolutions qui aboutissent normalement à l'évanescence, que nous distinguons nettement de la mort et de l'accident, de la dissolution simple. L'évanescence est le cas du désir satisfait qui disparaît par sa satisfaction même et se fond dans l'évolution générale de l'esprit. La mort, l'accident, c'est le cas du désir insatisfait qui disparaît parce qu'il est directement ou indirectement contrarié et ne peut aboutir à la satisfaction. La faim, la soif peuvent disparaître, momentanément au moins, parce qu'elles ne trouvent pas à se satisfaire, ou par l'intervention de quelque surprise, de quelque émotion vive. L'amour peut être supprimé, dissous soit par quelque impossibilité d'aboutir, soit par quelque cause de désorganisation comme la déception, l'impatience, la naissance d'un amour nouveau. Tous ces cas de mort définitive ou de disparition momentanée n'ont rien de commun avec l'évanescence, et constamment les chocs de la réalité désagrègent ou tuent des désirs qui n'ont pu accomplir leur évolution jusqu'au bout.

Aucune différence essentielle ne distingue, de notre point de vue, les désirs périodiques ou normalement répétés de ceux qui ne le sont pas. Les premiers sont, en général, plus régulièrement satisfaits, parce qu'ils correspondent à des besoins essentiels et à de vieilles habitudes organisées du corps et de l'esprit. Tel est le cas des désirs qui correspondent aux besoins de nourriture et de boisson, à la respiration, aux besoins organiques en général. Ici, l'évolution, habituelle et peu inventive, aboutit assez régulièrement dans des circonstances normales à une évanescence, parfois peu apparente parce que le besoin lui-même ne tenait pas une grande place dans la conscience, ou même n'y entrait presque pas. Il en est à peu près de même pour certains besoins psychiques constamment renouvelés et qui prennent presque, en certains cas, la régularité de fonctionnement des besoins organiques (visites régulières, causeries, désirs de lire ou d'écrire, désir de voir telle personne, etc). Mais les désirs non habituels ont les mêmes caractères généraux que les autres, ils signalent aussi un manque d'équilibre, un défaut de systématisation et tendent à le faire disparaître en se supprimant eux-mêmes. Une foule d'envies nous viennent ainsi une fois dans notre vie, et disparaissent une fois satisfaites, lorsqu'elles ne succombent pas avant de l'être.

Le désir satisfait laisse souvent une tendance. La vie d'une tendance est composée d'une suite de petits drames ou de petites comédies où un désir nouveau, mais semblable à celui qui l'a précédé, naît, évolue et finit par la mort ou l'évanescence. Comme elle-même évolue et s'évanouit, nous voyons que son évolution comporte une quantité de petites évolutions successives et l'évolution de chaque désir nous montrerait aussi le développement et l'évanescence ou la suppression de ses propres éléments. On peut penser que la tendance continue à vivre même quand le désir satisfait s'est éteint ; c'est dire sans doute qu'il en reste dans l'esprit une disposition permanente dont la nature peut être objet de discussions que nous n'avons pas besoin d'aborder.

Il arrive que le désir persiste après la satisfaction. Il n'y a rien là qui contredise la tendance à l'évanescence. Parfois la satisfaction a été vraiment insuffisante. D'autres fois, la persistance du désir est due à un déséquilibre persistant de l'esprit ou de l'organisme. Le besoin organique réel peut être satisfait sans que le besoin psychique qui lui correspond soit assouvi. Le défaut d'évanescence témoigne ici que l'évolution ne s'accomplit pas régulièrement. La systématisation de la vie mentale est toujours imparfaite.

Si l'évanescence est normale dans le domaine du désir, son rôle n'est pas moindre dans le fonctionnement de l'intelligence. La vie intellectuelle est d'ailleurs, en ce qui nous intéresse ici, tout à fait semblable à la vie affective. L'intelligence n'est en somme qu'un ensemble de tendances et de désirs spéciaux, elle ne s'oppose pas, comme on le croit trop, à la vie affective, mais à certaines formes de la vie affective, elle est par elle-même sensibilité et activité. L' « esprit » a ses désirs comme le « cœur » et le « cœur » a son intelligence. Il y a des tendances intellectuelles comme il y a des tendances sexuelles, esthétiques ou sportives. Des groupes d'idées et d'images plus ou moins abstraites naissent, s'ébauchent, s'affirment, évoluent, disparaissent comme des groupes affectifs, leur vie est productrice d'émotions et de sentiments, et ils tendent aussi à se fondre dans l'harmonie supérieure qu'ils ont créée ou facilitée. Cela se voit bien nettement quand l'évolution d'une idée est subordonnée à une tendance pratique. Cette idée, cette connaissance, cette hypothèse dont le but est l'action, disparaît souvent par évanescence, momentanément ou définitivement suivant le cas, lorsque l'action est accomplie, ou même sur le point de l'être. A l'appel du désir, les connaissances arrivent, s'ordonnent, évoluent, puis disparaissent, leur office accompli. Toutes les idées, tous les calculs qui peuvent servir à la construction d'un pont, par exemple, naissent, évoluent, disparaissent ensuite dans l'œuvre terminée. Il en persiste parfois quelques souvenirs fragmentaires, que l'esprit utilise plus ou moins, il peut n'en rester que des tendances générales, des formules abstraites qui permettront de recommencer une œuvre pareille quand le besoin s'en présentera. Elles durent en se rattachant comme élément à l'ensemble des tendances professionnelles, dont l'évolution est un des grands composants de la vie humaine. Encore les tendances élémentaires ne sont-elles pas toujours en activité, ni les formules toujours présentes à la mémoire. Tous les arguments qu'on emploie pour convaincre quelqu'un ou pour combattre ses idées s'évoquent à l'appel de l'idée directrice, s'ordonnent sous sa direction, disparaissent une fois leur fonction remplie. Que le but poursuivi soit purement intellectuel, ou qu'il interesse la sensibilité affective, il importe peu.

Même conclusion si l'on regarde au fonctionnement intime et spécial de l'intelligence. L'évanescence concourt

souvent de façon visible à l'évolution des idées, à la
formation des grandes tendances intellectuelles qui constituent en partie le caractère intellectuel d'un homme. Les
perceptions ou leurs souvenirs, les idées particulières et
concrètes disparaissent souvent dans l'idée abstraite et
générale qu'elles servent à former. Nos instincts intellectuels correspondent à l'évanescence d'un très grand
nombre de systèmes de perceptions, d'images et d'idées,
qui composent ce que nous appelons l'« expérience », expérience individuelle ou expérience de la race. Nos observations de tous les jours sur les personnes et les choses,
les connaissances acquises, les conclusions de détail, des
considérations diverses, tout cela évolue continuellement
en systèmes plus ou moins distincts, plus ou moins liés et
vient se condenser, se fondre en quelques idées générales
et abstraites, en impressions d'ensemble, en quelques tendances directrices, en quelques grandes formes de pensée
et d'action. Les faits premiers y perdent généralement
leur individualité et fusionnent entre eux. Quelques-uns
peuvent être conservés comme symboles représentatifs,
ou comme preuves, comme moyens de vérification, et pour
servir au besoin à défendre, parfois à corriger l'œuvre
accomplie.

La fonction de l'évanescence, pour n'être pas toujours très
régulière et son importance, pour n'être pas toujours absolue,
n'en sont pas moins considérables. Si l'on y réfléchit davantage, il semble qu'on en voie s'accroître la nécessité, la
portée et l'étendue. On s'en convaincra peut-être mieux
en songeant que l'évanescence se confond jusqu'à un certain point avec la forme systématisée et utile de l'oubli.
Mais l'oubli et l'évanescence ne se confondent pas plus
que l'évanescence et la mort ; l'oubli peut être accidentel,
pathologique, déceler non un accroissement mais un défaut

de finalité, une sorte de mort mentale, non l'achèvement d'une évolution. Nous ne confondrons pas davantage, et cela n'offre pas d'ailleurs de difficultés, l'évanescence et l'inhibition.

De quelque côté que nous considérions l'activité mentale, l'évanescence apparaît, en droit, comme le terme normal des évolutions d'éléments et de systèmes psychiques, et en fait comme une réalité de tous les instants qui d'ailleurs est mêlée en général à des procédés très différents d'elle.

§ 3. — Les faits d'évanescence :
La vie sociale.

Dans les transformations des groupes humains et des grands produits sociaux, comme le langage ou les religions, si la mort accidentelle ou par maladie s'observe assez souvent, l'évanescence est continuelle aussi, et partout elle tend à se produire. Continuellement disparaissent, devant et dans une organisation supérieure, des faits que leur évolution a conduits jusqu'à cette organisation et qui l'ont préparée avec efficacité.

Tel est, par exemple, le sort des théories scientifiques considérées dans leur fonction intellectuelle et sociale plutôt que dans leur nature psychologique. Elles ont soutenu, fait vivre, organisé quelques observations plus ou moins bien faites, elles ont alimenté l'esprit humain, inspiré des œuvres pratiques, permis ou provoqué des recherches nouvelles et fait découvrir des faits inconnus. Mais elles ont évolué, s'enrichissant et se transformant. Les connaissances nouvelles qu'elles ont procurées, les réflexions qu'elles ont suggérées sont venues les compléter, les rectifier, les transformer. Quand ces transformations ont atteint un certain degré, la vieille théorie n'existe vraiment plus, elle s'est absorbée dans une théorie nouvelle, qu'elle a préparée, qui garde encore d'elle quelques éléments, une direction, un parfum presque évaporé. Elle est remplacée par un être nouveau qui va évoluer à son tour. Les croyances de tout ordre peuvent se modifier ainsi peu à peu ou de façon plus ou moins brusque. Et selon les circonstances, cette transformation se rapprochera plus où moins de l'évanescence ou de la mort, se présentera comme une combinaison en proportions très variables de ces deux procédés. L'ancienne conception des choses a tendu à sa propre ruine en faisant son œuvre. Je ne puis donner ici qu'un schéma de ce qui passe réellement, un résumé fort sec de faits très complexes, mais il me semble bien qu'on en retrouve les lignes principales sous l'enchevêtrement de ces faits. Les différentes transformations de la théorie de l'évolution, ou des conceptions de la matière, illustreraient ceci. Il est intéressant et significatif de voir des physiciens aboutir à des sortes de conceptions immatérielles de la matière et de comprendre comment on a pu construire une théorie conservatrice, et assez strictement conservatrice, de l'évolution.

La disparition des langues nous intéresse aussi. Le latin s'est effacé devant les langues romanes, dans l'usage populaire et peu à peu dans l'usage général. Il n'est pas mort, il a abouti à un système différent, supérieur à quelques égards, inférieur par certains côtés, mais qui s'adaptait mieux aux nécessités des temps et des lieux. On ne peut pas dire qu'il y ait une « évolution » véritable, un progrès continu du latin classique au latin populaire qui se parlait en Gaule, peut-être est-ce là plutôt une dissolu-

tion, mais du latin populaire à notre langue du dix-septième siècle, il semble bien qu'il y ait eu non pas encore
un progrès continu, mais la création évolutive de plusieurs
langues différentes se substituant l'une à l'autre et atteignant successivement plusieurs formes équilibrées distinctes : le latin populaire, la langue romane, la langue
du treizième siècle, la langue du dix-septième siècle. Dans
le passage de l'une à l'autre on relèverait certainement
des morts, de pures dissolutions, des « cadavres » (les
mots disparus, les tournures abandonnées), mais aussi de
l'évanescence par exemple dans la transformation régulière des mots en tant qu'elle aboutit à plus de simplicité,
plus d'ordre, plus de systématisation.

Regardons vers l'administration, de nouveaux services
se forment, d'anciens services disparaissent après avoir
achevé et parce qu'ils ont achevé le travail que l'on
attendait d'eux. Nous pouvons interpréter ainsi les services créés pour organiser une exposition universelle qui
n'a forcément qu'un temps, ou bien encore l'appel des
réserves, soit pour les grandes manœuvres, soit pour la
guerre. Ces deux cas nous présentent la formation d'une
organisation qui évolue, puis, ayant plus ou moins rendu
les services désirés, se résorbe dans une organisation
différente et plus vaste qu'elle a, pour sa part, contribué
à servir, à défendre, à maintenir ou à développer.

Au lieu de considérer les grands appareils et les grandes
fonctions, pensons aux milliers de petites affaires qui se
traitent chaque jour, ou, sortant de l'administration publique, pensons à tous les menus détails de la vie commerciale et industrielle. Chacun d'eux a son origine, son évolution et son évanescence une fois que sa fonction est remplie, ou du moins il doit l'avoir. Mais dans la vie sociale, pas
plus que dans la vie psychique, la systématisation n'est par-

faite, la disparition ne se fait pas toujours régulièrement, l'évanescence manque ou dévie, et l'on voit subsister bien des appareils inutiles, nuisibles ou encombrants.

Sans doute il est très naturel qu'on ne parle plus d'une affaire réglée, que des services fondés pour organiser une exposition temporaire disparaissent une fois leur œuvre terminée. On peut même juger que ce sont là des faits sans intérêt et indignes d'être remarqués. Mais c'est que peut-être toutes les institutions, toutes les formes sociales, toutes les fonctions de la vie collective sont dans le même cas et que toutes tendent implicitement et par leur propre développement à se supprimer elles-mêmes. Tout fait social peut ainsi, et même, d'un certain point de vue, doit être considéré comme provisoire, apte à rendre certains services temporaires représentant un moment de l'évolu-tion, et sans rien de définitif ni d'éternel, mais ayant au contraire pour fonction de travailler à se rendre inutile, et à se supprimer.

Si c'est là un point de vue d'où l'on découvre certains aspects de l'univers, ce n'est pas un point de vue à recommander à tous et en toutes circonstances. La pensée abstraite et générale doit savoir s'effacer parfois devant des vues plus étroites et des tendances plus pratiques, les nécessités de la systématisation même l'exigent. La croyance à la valeur absolue d'une institution, à l'éternité d'un principe politique, national, scientifique, philosophique, religieux, peut, au moment opportun, lui donner plus de vigueur, en installer plus solidement la représentation et l'amour dans des esprits amoureux du définitif, qui ont besoin de croire à leur infaillibilité et qui veulent travailler à l'éternel, Par là, elle a sa raison d'être, son utilité, sa nécessité même et peut commander le respect.

Il ne faut pas toutefois méconnaître les avantages qu'on

obtient, dès qu'on est capable d'agir en se contentant de valeurs relatives, en se rendant compte du rôle précaire et toujours subordonné de tout ce que nous aimons. Encore convient-il de ne pas s'en exagérer, et en mal comprendre la relativité. Ce qui est vrai si on considère l'ensemble de l'univers peut cesser de l'être si l'on se restreint à notre monde, qui, en somme, seul nous importe à presque tous égards. Il est fort possible après tout que certaines croyances, certaines formes sociales ou politiques, certaines formules scientifiques durent autant que l'humanité même. Rien ne nous permet d'espérer ou de craindre pour l'homme une évolution infinie. Alors nous pouvons accepter que, sans regarder plus loin que notre terre, on admette l'éternité de certaines croyances, l'immortalité de certaines patries. Elles se transformeront sans doute, mais l'humanité mourra peut-être avant qu'elles aient tout à fait disparu, et leur valeur, relative si l'on songe à l'univers, peut être tenue pour absolue par les éphémères que nous sommes.

A côté des évanescences réelles, il faut donc faire la part d'évanescences possibles, virtuelles, dont on ne peut dire d'ailleurs si jamais elles s'opéreront. La possibilité logique de l'évanescence est inhérente à la nature même des réalités sociales.

Certains appareils sociaux fort compliqués sont destinés à appliquer une sanction, c'est-à-dire à pratiquer ou à préparer une sélection parmi les faits et les êtres, à laisser vivre ou à encourager les uns, à provoquer au contraire l'arrêt, la dissolution, l'anéantissement, ou certaines transformations des autres. La police, les tribunaux correctionnels et les cours d'assises, les systèmes pénitentiaires, tous les moyens de répression et de prévention n'auraient qu'à disparaître le jour où ils auraient parfaitement rempli leur fonction de répression, d'élimination et de triage si, d'autre part, une éducation morale efficace et une sélection bien comprise empêchaient la formation de nouveaux criminels. Si, par exemple, la peine de mort possède à quelque degré le pouvoir d'intimidation qu'on lui suppose, elle tend, imparfaitement mais nettement, à se supprimer elle-même, en supprimant les assassins et en tendant à empêcher de nouveaux meurtres. Les choses ne sont pas si simples, mais la tendance se dégage cependant de pareils faits. Tous les appareils que la société emploie pour prévenir et réprimer le crime, depuis la cour d'assises et le bourreau jusqu'aux associations pour le relèvement des criminels et à l'éducation morale, sont le signe visible d'une imperfection qu'ils tendent à corriger. Et en tendant à les faire disparaître ils agissent pour se rendre inutiles et se supprimer eux-mêmes, le jour où ils auraient convenablement rempli leurs fonctions, supprimé ou découragé les criminels, réformé la génération présente et, à travers elle, les générations futures. De même, si l'ensemble des appareils sociaux destinés à guérir et à prévenir la maladie pouvait parvenir au succès complet, les médecins et les hygiénistes deviendraient inutiles; leur fonction tend, elle aussi, à se supprimer elle-même. D'ailleurs, dans chaque cas particulier, le médecin qui consciencieusement soigne un malade tend à rendre inutile la continuation de ses soins, par la guérison du patient.

Tous les appareils ainsi organisés contre les imperfections et les vices de l'homme et des sociétés, qui sont le signe et le remède de ces imperfections, sont, en quelque sorte, l'objectivation d'une sorte de « désir social » comme les appareils de la nutrition ou de la reproduction sont l'objectivation des besoins de l'organisme. La fonction et la nature de ces désirs sociaux sont tout à fait analogues à la nature et à la fonction des désirs organiques et psychiques que nous examinions tout à l'heure. L'état de notre société et l'organisation de ces appareils nous assurent que leur disparition par évanescence n'est pas prochaine. Il est de même assez vraisemblable qu'elle ne se produira jamais dans l'évolution humaine. La tendance générale à l'évanescence et le sens de cette tendance n'y sont pas moins très visibles. Ils peuvent aussi disparaître partiellement par une sorte de mort ou d'accident, ou par un mélange de mort et d'évanescence.

L'évanescence apparaît donc ainsi comme la fin des fonctions sociales chargées de réprimer un mal, ou des fonctions temporaires par destination. Mais toutes les fonctions sont-elles dans l'un ou l'autre cas ? Et que dire des fonctions périodiques, des combats qu'il faut incessamment recommencer parce que la réalité se refait constamment telle qu'il faut toujours lutter contre elle pour la transformer sans cesse ?

Il n'est guère possible de distinguer toujours la lutte contre un mal de la lutte pour un bien, ni la défense de l'élan. En un sens, l'action est toujours une défense, d'un autre point de vue elle est toujours une attaque. Elle vise toujours à remplacer une réalité jugée ou sentie comme mauvaise par une autre réalité qu'on espère meilleure. Supprimer la réalité actuelle, c'est se défendre contre elle, c'est la lutte contre le mal ; créer une autre réalité, c'est s'élancer vers le bien. De plus, on n'est jamais passif en se défendant. Qu'il s'agisse de se débarrasser d'une épine enfoncée dans le doigt ou de cueillir un fruit, de se préserver d'un assassin ou d'écrire un poème, on vise toujours à remplacer un mal relatif, actuel ou prévu, par un bien relatif. Le désir, social ou individuel, est toujours une lutte contre la réalité actuelle, un élan, un effort vers une autre réalité. L'évanescence a le même sens, le même genre de réalité, le même genre de valeur dans tous les cas différents. Instruire les enfants, par exemple, c'est lutter contre l'ignorance, supprimer ou prévenir les maux qui en dérivent. C'est une défense en même temps qu'un élan. Il faut, pour éveiller les idées, pour inculquer des connaissances, lutter contre des idées anciennes, des modes de penser, des modes de ne pas penser, des habitudes prises, des désirs variés, des résistances psycho-organiques qui sont des faits positifs. Il ne semble donc pas qu'il y ait lieu de faire une distinction — de notre point de vue actuel, car en d'autres circonstances cette distinction pourrait être utile et légitime — entre les appareils qui luttent contre une imperfection sociale et ceux qui visent à conquérir un bien. Au fond et en ce qui nous concerne, leurs fonctions sont tout à fait analogues.

Il est vrai que d'autre part certains besoins sociaux, psychiques et organiques, sont périodiques, se répètent plus ou moins régulièrement, et que rien ne fait prévoir leur extinction définitive. Une société, semble-t-il, aura toujours besoin d'instruire ses enfants. Encore pourrait-on supposer une société où l'hérédité, savamment organisée et régularisée, pourrait produire une adaptation spontanée fort suffisante. Mais on ne prévoit guère qu'un être vivant puisse se passer de nourriture. Il faut donc reconnaître simplement que, dans des cas pareils, l'évanescence se produit pour chacun des faits qui constituent une série sans tendre à supprimer la série même. Chaque sensation de faim tend à évoluer et à disparaître une fois la nourriture prise, mais cette évanescence supprime chaque fait particulier de la série sans prévenir le retour de faits semblables. Le désir renaîtra et l'évanescence se produira encore indéfiniment. Les faits de ce genre peuvent se comparer aux vibrations de la matière ou de l'éther qui peuvent recommencer indéfiniment leur évolution et consistent en quelque sorte dans la satisfaction perpétuelle d'un désir perpétuel. L'évanescence n'y disparaît pas complètement, elle s'y fragmente indéfiniment parce que l'équilibre stable et parfait n'est jamais atteint.

Il faut voir encore ici que, comme nous l'avons reconnu, nous ne trouvons pas dans le monde une évolution unique et majestueuse, qui s'accomplirait régulièrement. Il s'y produit au contraire des évolutions si nombreuses qu'on n'en peut imaginer une évaluation numérique, des évolutions qui se succèdent, s'entre-mêlent, se confondent, s'opposent et collaborent dans une inextricable confusion. Il ne faut donc pas chercher non plus « une » évanescence générale, ni même toujours une évanescence particulière, dans toutes les évolutions qui nous paraissent les plus nettes ; car celles-ci sont encore infiniment complexes et comprennent bien des petites évolutions plus ou moins indépendantes et qui tendent, chacune à sa façon, vers leur évanescence. Çà et là une évanescence plus générale se produit, mais sans entraîner toujours des évanescences particulières dans les éléments. Quand une association, un groupe social arrive à l'évanescence, les individus qui la composent continuent à vivre et à évoluer peut-être. Si un désir satisfait s'évanouit, les éléments qui le composaient, ou s'associaient à lui ne cessent pas pour cela d'exister. Inversement, si des désirs successifs et semblables s'évanouissent, leur série, l'ensemble qu'ils forment peut durer encore et de nouveaux désirs, apaisés plus tard à leur tour, viennent les y remplacer.

Nous comprenons donc le danger qu'il y aurait à concevoir l'évanescence d'une façon trop simpliste et un peu grossière et à prévoir comme trop prochaine ou à vouloir hâter plus qu'il ne convient la disparition de certaines réalités qui n'ont pas épuisé leurs virtualités. Une longue évolution, longtemps dirigée par nos rois de la troisième dynastie, a fait la France en y incorporant peu à peu, par des moyens différents, les provinces qui l'ont composée. Ces provinces y ont perdu forcément une bonne part de leur individualité pour adopter certaines règles communes d'administration, de gouvernement, de justice, et, jusqu'à un point assez avancé, des coutumes semblables et un langage à peu près uniforme, surtout pour former une unité nouvelle et plus synthétique, pour coordonner leurs vies différentes en une seule vie. Il n'y a pas toujours lieu, dans un semblable renoncement, de parler d'évanescence, ou du moins l'évanescence a été très mêlée à d'autres procédés, mais certainement elle a eu sa place dans cette évolution. Maintenant on peut rêver d'autres évanescences plus élargies, supposer que les nations d'aujourd'hui en viendraient, par une évolution plus ou moins régulière, à s'unir, à se fondre, non point à disparaître, mais à s'atténuer dans quelque grande unité supérieure, fédération ou empire, selon les rapports que prendraient entre elles les nations qui y entreraient. Quelles que soient les relations actuelles des peuples, leurs intérêts communs les lient, ont multiplié les rapprochements, les associations entre eux, et les hostilités mêmes peuvent être en bien des manières un excitant aux unions futures. Il se formera des alliances plus étroites, il naîtra des combinaisons de peuples plus vastes et plus serrées. Il est très vraisemblable aussi que si la « guerre des mondes » devenait jamais autre chose qu'un titre de roman, non seulement les États-Unis d'Europe seraient vite établis, mais la Terre entière ne serait plus qu'une vaste confédération. Déjà la lutte commune contre la nature et les nécessités de la vie, les relations industrielles et commerciales, la division du travail qu'imposent les ressources différentes et les aptitudes variées de chaque peuple, la diversité des climats, des sols et des hommes, en même temps qu'ils créent des rivalités, des haines, des concurrences et des guerres, ébauchent un accord dont on ne peut prévoir les formes dernières et esquissent une humanité bien indécise et brumeuse encore. Ici comme partout la marche à l'évanescence s'indique et certains groupements sociaux peuvent, par leur développement même, préparer une fusion en un être supérieur à laquelle il n'arriveront peut-être jamais. Mais en même temps, de récents événements et de rudes leçons nous ont appris à quels dangers on s'expose si l'on croit l'évanescence trop proche et la fusion des peuples trop facile, et comment on risque ainsi de provoquer plutôt la mort d'un pays que son accession à un mode supérieur d'existence.

Il faut remarquer que, d'ailleurs, pour préparer l'association supérieure et pour la faire vivre, dans les conditions troublées, incohérentes et multiformes de l'ensemble des choses et des associations mêmes les moins imparfaites, l'évanescence ne doit être que partielle et relative et l'élément inférieur doit conserver encore sa personnalité, sa force, et une part de son indépendance. Il est bon que l'individu reste vigoureux pour que le groupe soit fort, et pour cela même l'individu ne doit pas se sacrifier trop complètement au groupe — sauf, bien entendu, en des cas exceptionnels. Il est bon que la province ne disparaisse pas complètement dans la patrie, qu'elle garde une part de ses usages, de ses mœurs, qu'elle ne renonce pas complètement à sa langue, à ses formes d'art préférées, surtout que ses qualités propres ne sombrent pas dans une uniformité générale. C'est un cas encore de cette division du travail si nécessaire, dans l'existence, à la persistance de l'unité. La patrie n'en sera pas affaiblie, mais enrichie au contraire et fortifiée. Il serait bon surtout, même si l'on croit pouvoir mener à bien une « Société des nations », de conserver à sa patrie une individualité vigoureuse et les moyens de se faire respecter. La Société des nations n'en serait que plus satisfaisante, plus solide et plus riche.

Il ne faut pas non plus appliquer à tous les cas des principes immuables. L'évanescence ou même la mort de certains groupes, de certaines formes sociales ou politiques, peut être en certains cas un bien pour l'ensemble des autres, en d'autres cas elle serait une très grosse perte pour l'humanité entière et pour les peuples futurs. Renan a essayé de nous convaincre que la vraie mission du peuple juif n'était pas de fonder un royaume temporel puissant et prospère, mais de produire et de développer son idée du Dieu universel et son amour de la justice, et aussi de préparer le christianisme. Et peut-être disait-il vrai, encore que ses idées sur la « mission » d'un peuple soient discutables et sans doute insuffisamment précisées. Mais elles peuvent s'entendre en un sens positif. Je tiens à citer ici quelques passages de son œuvre, où se reflètent les différents sentiments qu'éveille l'évanescence. « Le christianisme, dit-il, est l'aboutissant, et, pour parler d'une manière un peu anthropomorphique, le but, la cause finale du judaïsme. Le christianisme une fois produit, le judaïsme se continue encore, mais comme un tronc desséché à côté de la seule branche féconde. Désormais la vie est sortie de lui... Il n'y a dans cette assertion rien qui puisse contrister l'âme israélite la plus convaincue. C'est par le christianisme que le judaïsme a vraiment conquis le monde.

Le christianisme est le chef-d'œuvre du judaïsme, sa gloire, le résumé de son évolution. Par le christianisme, les deux éléments qui étaient dans le judaïsme achèvent leur lutte séculaire. Les prophètes, vaincus par la Thora depuis le retour de la captivité, l'emportent définitivement... Jésus, le dernier des prophètes, met le sceau à l'œuvre d'Israël (1). » Voilà un très bel exemple d'évanescence, où se mêlent la mort et la dissolution. Peut-être la Grèce prêterait-elle à des considérations analogues, ainsi que tout peuple plus grand par l'art, par la littérature, par la science, par la philosophie, ou par la religion, que par la politique. La vie politique des Grecs nous importerait assez peu, malgré son intérêt, si les Grecs n'avaient eu leur art, leur littérature, leur pensée. La plante n'a pas vécu longtemps, la fleur s'est fanée, mais les graines se sont répandues au loin, les vents ont propagé la bonne semence et préparé çà et là de riches floraisons nouvelles. Au contraire, Rome eut une tout autre destinée. Quelle que soit sa grandeur littéraire, c'est surtout, semble-t-il, par sa politique et son organisation qu'elle vaut. Nous avons vécu de ses leçons, de ses exemples, de ses traditions continuées, et de ses institutions plus ou moins transformées. L'immense unité de l'empire romain hypnotise et dirige encore les esprits d'aujourd'hui. Et l'évanescence a tenu sa large place en tous ces mouvements.

§ 4. — *L'évanescence et la survivance.*

L'évanescence passe souvent inaperçue. Les complications de la vie, les imperfections de l'évanescence et ses

1. E. RENAN, *Histoire du peuple d'Israël*, v, 414-415.

combinaisons avec la mort et la dissolution en cachent
souvent la réalité. D'autre part, la vraie fonction d'un élément dans une association quelconque, de l'atome dans la
molécule, de l'organe dans le corps, d'un désir dans un
esprit, d'un individu dans un groupe, d'un grand appareil
social dans une nation, n'est pas toujours une chose simple
et nette, ni surtout une chose facile à découvrir. Nous ne
pouvons pas toujours isoler une tendance, en reconnaître
la fin, distinguer les différentes phases de son évolution
et discerner en quoi, comment et jusqu'à quel point elle
parvient à l'évanescence. Les difficultés dont se hérisse
la nature des phénomènes s'aggravent par les dispositions spéciales de la fonction propre de l'observateur,
pour ne rien dire des qualités ou des défauts naturels
de son intelligence. Souvent sa profession, sa fonction
quelle qu'elle soit et son devoir social l'obligent à ne
pas voir et à se tromper. Le croyant ne peut pas toujours
se rendre compte de la vraie nature et de la fonction humaine de sa religion, et le savant n'aperçoit pas toujours
mieux la mission de la science, ni le philosophe celle de la
philosophie. Et pourtant, pour apprécier l'évanescence, il
faut savoir comment a été remplie la fonction, et par conséquent ce qu'était cette fonction. Mais l'homme est aussi
enclin à renier ses précurseurs, ceux qui se sont usés
à faire de lui ce qu'il est maintenant, qu'il l'est peu, à
regarder ses successeurs, à comprendre qu'il travaille
pour d'autres, que ce qu'il fait doit s'évanouir aussi dans
une réalité différente. Il aime à trouver en lui-même et sa
raison d'être et sa propre fin, à concentrer en soi tout
l'essentiel de la vie. Il veut travailler pour l'éternité. Et
l'on ne peut regretter absolument cette disposition si l'on
songe qu'un peu d'orgueil et beaucoup d'illusions aident
l'homme à faire son œuvre et que sans ces défauts, il

resterait peut-être impuissant. Il serait mieux de considérer tout ce que nous voulons, tout ce que nous aimons,
tout ce que nous respectons comme n'ayant qu'une valeur
relative et provisoire, à condition que cette sagesse ne
nous empêchât point d'agir et de créer. Autant dire qu'il
vaudrait mieux que l'homme fût une sorte d'archange.

Quelques faits connus permettent de comprendre et
de saisir l'évanescence et aussi de voir ses défectuosités,
les singuliers mélanges d'évanescence, de mort et de
persistance entêtée qui accompagnent ou terminent une
évolution. Ce sont les survivances sous toutes leurs
formes variées. Un appareil de chasse et de guerre, l'arc,
par exemple, aide l'homme à maintenir et à développer
son existence, il évolue, il tend par là même indirectement
à faciliter l'invention d'armes plus efficaces qui le rempla-
ceront un jour. Il disparaît à peu près quand elles apparaissent, un peu par évanescence, beaucoup par un procédé
qui se rapproche davantage de la mort. Mais il subsiste en
changeant de rôle et en amoindrissant singulièrement sa
fonction, il est maintenant un instrument de jeu pour les
enfants ou pour les hommes, ou bien encore un moyen
d'exercice salutaire. Il a trouvé des systèmes sociaux où il
peut s'encadrer et vivre une nouvelle vie, une vie d'ombre
paisible aux Champs-Élysées. De même une formule bienveillante après un éternuement reste comme un témoin des
croyances abolies, transformées ou étouffées par d'autres,
et qui se sont, en partie par évanescence, fondues dans des
états religieux supérieurs. La formule de bienveillance a
trouvé un abri dans des habitudes de politesse, dans un
besoin de sympathie réciproque et superficielle, elle s'y est
conservée à l'état concret et comme cristallisée (1).

____

(1) Voir surtout pour la survivance : TAYLOR, *la Civilisation primitive*

Si la survivance peut être due à d'autres causes que
l'évanescence, et si l'évanescence régulière ne la comporte
pas, il semble que l'évanescence imparfaite et troublée qui
est si fréquente la produit nécessairement.

Il y a des survivances psychiques comme il y a des survivances sociales. Un désir qui devrait normalement
s'éteindre par et dans sa propre satisfaction persiste parfois hors de propos. Il est maintenu par des causes étrangères à sa fonction propre et à son évolution régulière,
par le jeu de l'imagination, par l'art ou la poésie, par la
vanité parfois, par quelque aspiration vers un idéal con-
ventionnel, ou plus profondément accepté. Il reste en nous
une foule d'idées, d'images, d'impressions dont l'évanescence eût été régulière et fort saine. Mais elles ont été
recueillies, au moment où elles eussent dû disparaître, par
d'autres systèmes psychiques, elles ont survécu, nous
nous plaisons à les évoquer, à les combiner. Beaucoup de
nos souvenirs sont de simples survivances, dont la fonction est presque nulle, mais nous les aimons, et ils témoignent d'une époque disparue comme l'arc de l'enfant ou
la salutation à celui qui éternue. Parfois ces restes
trouvent à mieux s'employer. La littérature, l'art utilisent
de belles survivances. Des poètes, des romanciers ont
bâti leur œuvre des débris de leurs amours. De même
un organe social qui a fait son temps, dont l'œuvre est
terminée ou ne peut plus l'être utilement, cherche parfois à subsister, et il y parvient parce qu'il est étroitement lié à d'autres qui, encore vigoureux, le soutiennent,
l'abritent, parfois même le développent assez mal à propos.
Les hommes qui le représentent ne bornent pas à lui leur
vie et leurs désirs, ils ont d'autres intérêts, d'autres passions, d'autres besoins que leur fonction sociale périmée.
Comme elle leur sert à les satisfaire, ils la continuent

ou feignent de la continuer ·ant qu'ils le peuvent, c'est en
vertu de ce qu'on appelle parfois les « droits acquis ». Il
arrive encore que l'État supprime certains emplois super-
flus, « par extinction » ; en ce cas la survivance se greffe
visiblement sur une évanescence incomplète. En fait il y a
de la survivance partout, l'évanescence ne s'effectuant
jamais avec une parfaite régularité. Dans l'esprit, dans la
société on peut en rencontrer à tout moment, on en trouve
aussi dans l'organisme, comme la persistance normale ou
accidentelle, chez l'adulte, de certains caractères embryon-
naires ou infantiles.

§ 5. — *La généralité de l'évanescence.*

L'évanescence est le terme d'une évolution régulière,
c'est dire qu'elle n'apparaît guère sous sa forme pure. Mais
elle apparaît sous des formes imparfaites et mêlées dans
toutes les évolutions qui aboutissent au moins partiellement. Elle se montre plus purement sans doute, dans les
évolutions fixées, habituelles, et par conséquent plus régulières. Elle apparaît enfin, comme nous l'avons vu, dans
ce qu'on peut considérer comme des évolutions périodiques
indéfiniment répétées, et même dans les faits qui ne paraissent pas évoluer, mais qui ne sont en somme, étant
des vibrations matérielles, que des séries d'innombrables
petites évolutions. La persistance de la matière, la vie organique, la vie psychique, la vie sociale sont toutes par-
semées d'évanescences plus ou moins importantes, plus
ou moins pures, qui arrivent à la fin des myriades de petites
évolutions qui en font la trame.

Peut-être pourrait-on aller plus loin ou préciser davantage. Il semble que toute association suppose l'évanes-

cence, ce qui semble tout à fait d'accord avec le point d'où nous sommes partis : l'évanescence terme de l'évolution, puisque l'évolution n'est qu'une association qui s'effectue peu à peu, ou, ce qui revient au même, une série d'associations progressives tendant vers une association moins imparfaite d'éléments que le « même » conservé ordonne mieux.

L'évanescence dont je parle maintenant et qui vient compléter l'autre est cependant d'un genre un peu différent ou plutôt vue sous un autre aspect. Peut-être pourrait-on soupçonner une évanescence des propriétés, des tendances de l'oxygène quand il se combine à l'hydrogène pour former de l'eau. Peut-être y a-t-il dans toute combinaison chimique une évanescence des propriétés des composants ; évanescence passagère du reste, et provisoire. Nous en avons rencontré déjà de telles, par exemple l'évanescence du désir satisfait qui va renaître à mesure que le déséquilibre spécial producteur du désir va s'accentuer de nouveau. Mais peut-être serait-il plus juste de parler d'inhibition, ou d'un mélange des deux procédés. Si de même les rayons X et d'autres radiations analogues sont produits par la dissociation des atomes, on pourrait supposer aussi que, pour créer la matière, ses éléments auraient vu disparaître par évanescence — en partie au moins — les modes primitifs de leur activité. Il y aurait ainsi des milliards et des milliards de désirs élémentaires partout répandus, évanouis pour former la matière et les systèmes physiques que nous connaissons. D'autre part, si nous nous représentons toute réalité comme un frémissement sans fin, un ensemble de vibrations sans cesse renaissantes, se transformant parfois, se compliquant, se combinant et se dissociant, comment ne pas voir, à une autre échelle et avec des différences évidentes, dans ces séries de vibrations successives, l'ana-

logue des désirs, des besoins organiques et psychiques,
toujours satisfaits et sans cesse renaissants ? Chaque vibra-
tion serait l'expression d'une sorte de tendance, de désir
aveugle qui se développe, se satisfait, renaît pour évoluer
et disparaître encore, une évolution régulière et habituelle
terminée par une évanescence. La place qu'elle occupe dans
le temps et dans l'espace peut n'être pas appréciable pour
nous, mais cela est tout à fait insignifiant. Ainsi l'évanescence paraît bien se rencontrer partout, être au fond de
tout, aussi loin que nous pouvons pénétrer dans la série
des êtres. Si nous remontons, nous la retrouvons telle
que nous l'avons aperçue déjà dans la vie organique et
psychique où chaque désir satisfait disparaît dans le fonctionnement régulier de l'organisme. Et tout fait vital, organique ou psychique peut être regardé comme le résultat d'une tendance, et, en généralisant le sens du mot,
comme la satisfaction d'un désir.

Mais toute évolution implique nécessairement et constamment l'évanescence. Qu'elle s'accomplisse, cela signifie à chaque fraction du temps, la disparition de quelques
formes du réel dans une forme mieux systématisée. Nous
avons considéré l'évanescence comme le terme d'une évolution ; mais si nous découpons, un peu artificiellement sans
doute, chaque évolution en moments successifs, de quelque
durée qu'on veuille faire chacun de ces moments, et on
peut supposer des durées infiniment petites auxquelles
correspondront des changements infiniment petits, chacun
de ces moments est le « terme » de l'évolution des formes
qui disparaissent. Une chose transformée n'est plus la
même chose, serait-elle devenue « plus la même » qu'auparavant. A chaque moment de l'évolution un système
en continue un autre et le rend plus systématique. Celui qui disparaît a rendu possible le suivant, il l'amène et

s'absorbe en lui. Ce n'est pas que tous les moments d'une évolution soient égaux, il en est de plus ou moins caractéristiques, dans les uns un système apparaît près de son équilibre, d'autres au contraire sont plus mêlés et indiquent mieux une transition, semblent appeler plus haut une nouvelle organisation. Mais tous, en somme, doivent préparer ceux qui les suivent, disparaître en eux et devant eux, et l'évanescence toujours imparfaite, mêlée de mort, d'inhibition, de dissolution, caractérise tous ces changements.

De ce point de vue l'évolution apparaît comme une évanescence continuelle, elle ne se réalise et ne se comprend que par l'évanescence. Ainsi se rapprochent et se coordonnent peu à peu tous les grands faits généraux que nous avons étudiés. L'association paraît se confondre avec l'existence, l'évolution n'est que la constitution progressive d'une association, l'évanescence est une phase ou un côté nécessaire de l'évolution.

Pour mieux entendre tout ce qui précède, pensons à l'évolution d'un homme. Regardons cet homme à des âges différents, à trois ans et à quarante ans par exemple ; il nous apparaît très différent lui-même, si différent que, l'ayant perdu de vue dans tout l'intervalle, nous ne le reconnaîtrions certainement pas. Ses tendances primitives, ses idées, ses goûts, ses manières d'être, ses traits, ses formes, son esprit comme son corps, se sont transformés au point que l'être primitif ne se perçoit plus. Il n'y a pas eu de mort totale pourtant, mais des « morts » de détail, des morts élémentaires, organiques et psychiques, et surtout, sans doute, il s'est produit des substitutions [1] et des évanescences.

(1) On pourrait, en effet, reprendre la question d'un nouveau point de vue, et considérer l'évolution comme une suite de « substitutions » dont les rapports avec la substitution chimique ne sont pas sans intérêt. J'ai essayé d'examiner ainsi la vie de l'esprit dans mes articles sur la *Substitution psychique (Revue philosophique*

Chaque état successif est résulté des états précédents, a marqué en général, sauf les accidents pathologiques que je puis négliger ici, un progrès sur eux, et s'est à son tour fondu dans la série de ceux qu'après ceux qui l'ont précédé, il a préparés et rendus possibles. Chaque état a tendu ainsi à se supprimer lui-même, et cette série d'évanescences s'est poursuivie sans arrêt à travers la vie. Pour prendre seulement les grandes étapes les plus caractéristiques et où s'indiquent quelques-unes des formes relativement définies qui correspondent à toute une longue série de changements, l'enfant a préparé l'adolescent et s'est évanoui en lui ; l'adolescent a fait de même pour le jeune homme, le jeune homme pour l'homme mûr. N'oublions pas d'ailleurs que pendant cette évolution, et par ces évanescences mêmes, l'être, pendant que toutes ses formes s'évanouissaient successivement conservait ses caractères essentiels, son « même », et qu'il tendait à devenir de plus en plus le même. Nous aurons à revenir encore sur cette apparente contradiction, examinée déjà d'un autre point de vue.

Si nous supposons une évolution régulière et indéfiniment continuée, nous ne pouvons trouver un terme à l'évanescence. Tous les états que nous constatons et dont nous pouvons avoir l'idée sont des fins relatives, c'est-à-dire des moyens actuels ou virtuels. Nous pouvons les considérer un certain temps comme des fins, c'est le sort commun des moyens d'être aussi des fins passagères et relatives. Mais c'est aussi le sort commun des fins d'apparaître un jour comme des moyens pour quelque fin supérieure (et en certains cas de dissolution, par exemple, pour des fins inférieures aussi). Mais toujours se produisent, ou restent au moins possibles, des circonstances qui feront apparaître leur caractère de moyens, qui transformeront en fins relatives les systèmes qu'on prenait pour des « fins

en soi ». L'harmonie absolue, l'unité parfaite étant contradictoire, l'évolution ne peut atteindre un état réel qui ne
saurait plus être dépassé et qui la terminerait absolument.
Si elle se poursuit indéfiniment, l'évanescence doit faire
disparaître tous les états successivement réalisés ; et si
elle venait par hypothèse à se parfaire, comme la perfection
ne peut être, c'est donc l'évolution même, et toute existence, et l'évanescence même qui, par évanescence, disparaîtraient définitivement.

Il faut considérer comme devant disparaître par évanescence, si elles ne disparaissent point autrement, par
la mort ou la dissolution, toutes les réalités connues et
inconnues en évolution régulière et continue. Tout ce qui
existe et tout ce que nous rêvons ne peut, malgré que nous
en ayons, correspondre qu'à des fins temporaires et relatives.

Chaque réalité est une sorte d'échafaudage, non un
édifice définitif, un échafaudage qui sert à construire un
autre échafaudage, et celui-ci servira pour un autre à son
tour. Ainsi de suite. L'édifice définitif n'apparaît jamais,
ou, si l'on préfère, chaque édifice n'est qu'un abri provisoire, destiné à s'agrandir, à se modifier jusqu'à ce
qu'il s'écroule ou qu'il disparaisse dans un édifice nouveau.

Mais si l'évanescence apparaît ainsi comme le terme
nécessaire d'une évolution régulièrement poursuivie ou
même comme une nécessité de tous les instants tant que
l'évolution se poursuit, il n'y a sans doute aucune raison
de prétendre lui soustraire les grandes réalités abstraites.
L'évolution aussi, et la finalité et l'évanescence, et la réalité même, par cela qu'elles existent tendent à se supprimer, elles se hâtent vers leur propre fin. Il se peut fort
bien du reste qu'elles n'y arrivent point. Cette évanescence

absolue peut marquer simplement la limite vers laquelle tend la systématisation croissante. La loi d'évanescence complète ainsi la loi d'évolution et la loi d'association. C'est parce que l'être tend à se systématiser toujours plus qu'il tend à dépasser la systématisation, c'est parce qu'il tend à conserver l'existence qu'il tend à développer l'existence même et à s'anéantir. Le « même », en conservant son essence et en devenant de plus en plus abstrait, tend vers le néant, qui représente en effet le terme plus élevé ou, si l'on préfère, la limite de l'abstraction.

Par des voies différentes nous aboutissons toujours à cette contradiction profonde des essences, des évolutions, de toute réalité. Par l'évolution, l'être tend à se conserver, à se transformer, à se transformer en conservant son essence et en devenant de plus en plus lui-même, et en se conservant et en devenant de plus en plus lui-même il tend à se supprimer. La contradiction est au cœur de toute réalité, elle est nécessaire au système, nécessaire à l'évolution, nécessaire à l'existence.

La perfection absolue se confondrait avec l'absolu néant. Ainsi, en tendant à être de plus en plus les mêmes, en tendant vers la finalité absolue, toutes choses vont vers le néant absolu comme si le néant absolu était le fond commun et essentiel dont toutes choses sont faites, à supposer que cette proposition ait un sens. Mais si le néant est une limite, il ne faut pas s'étonner que les propositions qui s'y rapportent, et qui y rapportent la réalité, prennent figure de contradictions.

Pour en venir là d'ailleurs, nous nous sommes placés une fois de plus dans l'hypothèse la plus favorable au monisme, à l'évolution universelle, régulière, unifiée et régulièrement poursuivie jusqu'à son terme. Rien ne nous permet d'affirmer qu'une telle évolution sera jamais réalisée. Ce que l'expérience nous montre, ce que nous pouvons constater dans notre monde, c'est tout autre chose qu'*une* évolution régulièrement poursuivie, c'est une mêlée confuse de systèmes actifs, d'évolutions fixées se répétant sans cesse, se modifiant aussi quelque peu et d'évolutions nouvelles qui se poursuivent avec des tâtonnements infinis et des vicissitudes bien diverses, un prodigieux orchestre où des myriades d'instruments joueraient au hasard, quelques-uns se bornant à répéter sans fin une note, un intervalle consonnant, tierce ou quinte, d'autres esquissant des phrases plus longues, tâtonnant se reprennant, hésitant, jouant faux et recommençant. Quelques instruments, çà et là, s'assemblent et s'accordent, un duo, un quatuor s'ébauchent et se poursuivent parfois, dans un coin de l'immense salle, on dirait qu'une harmonie suivie s'élève, mais si l'on prête l'oreille on perçoit encore bien des grincements, des notes fausses, des cacophonies. Et l'on ne voit aucune chance pour que jamais la main d'un chef ou une entente spontanée discipline ces masses innombrables qui s'ignorent presque complètement, tant la salle est immense, tant elle est obscure et sourde.

On a dit que, dans l'infini du temps, toutes les combinaisons s'épuiseraient, qu'une aspiration inconsciente finirait par s'ouvrir une voie, triompher, organiser le monde. C'était l'idée de Renan. Je ne vois pas qu'elle soit décisive et légitime tant d'espoirs. Je veux bien pour un moment que l'infini du temps épuise les combinaisons d'éléments du monde qui seraient en nombre fini. Mais si le temps est inépuisable, l'espace peut l'être aussi bien, et les éléments du monde peuvent aussi bien n'être pas en nombre fini, et alors l'infini du temps ne nous promet plus une solution définitive. Et si le temps est éternel, d'ailleurs, pourquoi la solution espérée ne s'est-elle pas déjà réalisée ? Mais il faut même retirer la concession que nous avons faite. L'infini du temps où plongent un nombre fini d'éléments ne garantirait encore rien. Il se pourrait qu'une série de combinaisons écartât les autres et se reproduisît indéfiniment, il se pourrait aussi que des combinaisons toujours nouvelles se produisissent indéfiniment sans qu'une solution intervînt Exprimons ceci par des symboles mathématiques. La division d'un nombre fini par un nombre fini peut n'avoir pas de fin. Il peut arriver que le même chiffre s'y répète toujours. Divisez 20 par 3, vous trouverez indéfiniment un 6 pour quotient et un 2 pour reste. L'éternité ne nous suffirait pas pour achever la division et la forme n'en varierait plus. Au lieu d'un chiffre unique, vous pouvez trouver une série de chiffres qui revient sans cesse, toujours identique. Comparons-la au retour éternel de Nietzsche. Enfin il se peut aussi que, en d'autres circonstances, vous vous heurtiez à une série de chiffres sans ordre, ils reviennent individuellement, mais se groupent autrement et la série ne finit pas. Le rapport de la circonférence au diamètre, le rapport de la diagonale au côté du carré sont de cette nature. La rédemption du monde, la solution de l'énigme de l'univers sont peut-être comparables à une valeur incommensurable que l'éternité même ne suffirait pas à formuler. Au surplus la rédemption du monde n'est pas notre affaire, et notre tâche est infiniment plus modeste. Mais pour l'accomplir il n'est pas inutile de regarder parfois au-dessus d'elle, et même au-dessus de tout.

CHAPITRE IV

Le Mensonge universel.

I

La nature du mensonge.

§ 1. — *Analyse du mensonge, sa généralité nécessaire.*

Cette combinaison d'incohérence et de systématisation, d'opposition et d'identité que nous avons partout rencontrée cette subordination de l'opposition au système et cette utilisation de l'autre au profit du même qui caractérise l'association et par suite toute existence, il est un fait dans la vie sociale qui paraît en synthétiser les caractères et en symboliser la nature essentielle, c'est le mensonge. Mentir c'est créer une opposition entre la réalité et l'affirmation, ou, plus précisément, entre la pensée et l'expression de cette pensée, mais en même temps c'est faire servir cette discordance à la naissance et à la conservation d'une harmonie. Le mensonge est une systématisation qui recouvre une désharmonie, qui se fonde sur elle, qui la dissimule, et qui, en certains cas et dans une certaine mesure, tend même à la faire disparaître. Il est par là représentatif de la vie du monde, de la vie des sociétés, de la vie des individus et de tous leurs éléments aussi loin qu'on peut en poursuivre l'existence.

L'enfant qui, pour obtenir une récompense, affirme faussement qu'il a reçu des éloges de son professeur, crée une discordance entre ce qu'il dit et ce qu'il sait. Mais cette discordance produira, il l'espère, une réalité où ses goûts vont être satisfaits, une harmonie entre ses désirs et la conduite de ses parents. Il crée ainsi un système supérieur, superficiel et fragile, en refoulant en lui-même l'opposition des idées, des sentiments et des actes.

D'autre part, un homme scrupuleux désire souvent certains plaisirs, certains biens dont il juge devoir se priver. Pour agir conformément à ses sentiments moraux et à ses principes, il nie ces inclinations qu'il ne veut point satisfaire, il se refuse à les avouer aux autres, il cherche à se les cacher à lui-même. Ce fait diffère énormément du précédent comme valeur morale, il s'en distingue nettement en ce que la tendance à conformer en fait la réalité à ce qu'on désire, à la rendre réellement telle qu'on la veut, à peu près nulle dans le premier, s'affirme dans le second. Il n'en reste pas moins que les deux faits ont en commun des caractères très importants, et qui, de notre point de vue, sont essentiels. Tous deux supposent une discordance entre ce qu'on sait et ce qu'on affirme ou ce qu'on fait croire, et dans tous deux cette discordance est utilisée pour produire une harmonie.

Nous pouvons mettre dans la même catégorie tous les faits où les hommes contrarient leurs idées, leurs penchants pour agir selon d'autres idées et d'autres inclinations à qui ils jugent préférable de laisser ordonner leur conduite. Mais où nous arrêterons-nous si nous appelons mensonge, comme il est d'ailleurs assez naturel de le faire, toute parole, tout acte par lequel nous n'exprimons pas d'une façon rigoureusement exacte soit l'état de notre intelligence, soit nos sentiments mêmes et notre personnalité ?

De ce point de vue, en effet, on découvre partout le mensonge. L'erreur est une espèce de mensonge. Elle implique toujours une décision intellectuelle, prise, par volonté ou par instinct, sur des raisons insuffisantes, d'après des constatations mal faites, et dont nous pouvons toujours soupçonner les défauts. Lorsque nous ne voulons pas tenir compte de nos chances d'errer, nous mentons aux autres ou à nous-mêmes, ou à tous. Il y a quelque mensonge même lorsque nous affirmons un peu légèrement une vérité, car il y a dans notre réussite une part de hasard que nous avons cachée. Pour mieux la discerner, exagérons-la. J'annonce à l'avance qu'en jetant un dé on amènera un des trois premiers nombres. L'événement me donne raison, mon affirmation était donc exacte, mais en prétendant savoir d'avance le résultat du coup, j'ai menti, car rien ne me garantissait l'exactitude de mon affirmation, et, dans mon ignorance des conditions du coup, l'inexactitude était aussi probable. Si en jetant quatre dés j'annonce que la somme des points ne sera certainement pas 24, j'ai beaucoup plus de chances de prévoir exactement le résultat, cependant je ne sais pas du tout si la chance unique ne va pas se réaliser, il y a toujours une part de hasard dans ma réussite et une part de mensonge dans ma certitude affectée. Évidemment la part de mensonge se réduit à mesure que nous affirmons avec plus de prudence et que nous affectons moins de certitude, mais si nous diminuons ainsi nos chances d'erreur, nous risquons de diminuer aussi nos chances de succès, et de mentir par l'excès du doute comme par l'excès de la certitude. La pratique de la vie exige, bien entendu, que nous négligions, en bien des cas, le coefficient d'incertitude, la logique le veut parfois lorsqu'il est extrêmement faible, mais nous savons bien qu'il ne disparaît jamais

absolument. Nous n'en tenons jamais parfaitement compte.
Toute activité, même intellectuelle, suppose une croyance,
implicite ou explicite, l'action réflexe est le type de l'activité correspondant à la certitude, qu'elle aboutisse à une
croyance ou à une action. Elle exagère toujours cependant
la certitude de la croyance et il lui arrive de se tromper,
chez les animaux et chez l'homme.

J'ai fait la part trop belle à l'homme. Si les vérités
qu'il atteint restent toujours affectées de quelque incertitude, elles restent toujours aussi imparfaites, incomplètes
et généralement entachées d'erreur, souillées de toutes
sortes d'imperfections. C'est encore un mensonge nécessaire, que de les prendre, comme la pratique de la vie, et
même la pratique purement intellectuelle nous y oblige
constamment, pour des vérités sans reproche et l'expression adéquate de la réalité. Mais l'erreur, ce mensonge
variable, importe à notre activité. Il est un moyen
utile, nécessaire, dont certains expédients mathématiques
montrent bien la nature. Il fait servir le désordre à l'harmonie et le différent au même. On sait avec quelle force
s'élevait Auguste Comte contre les corrections à une loi
scientifique, faites, sans utilité à son avis, simplement
pour la rendre plus exacte.

Nos sentiments et nos tendances ne sont pas moins al-
térés que nos pensées par leurs manifestations, et la signification du mensonge est encore la même. J'en ai étudié
ailleurs certaines formes en indiquant leurs fonctions dans
la vie psychique et sociale (1). Un sentiment quelconque
reste toujours imparfait, comme une croyance, troublé
plus ou moins, mêlé de scories et il se traduit toujours par
nos manifestations et nos actes, plus ou moins inex-

____

(1) Voir *les Mensonges du caractère.*

acts, parfois avec une déformation systématique, parfois avec une déformation préméditée. Et le tout, instinctivement ou volontairement, se trouve en général utilisé par une meilleure systématisation de la vie. Ici encore, le mensonge tend parfois à devenir vérité, c'est en nous croyant différents de ce que nous sommes que nous arrivons à nous transformer. La morale ne peut pas ne pas s'appuyer sur des illusions et des mensonges, et c'est en partie par eux qu'elle devient efficace (1). Il y a du mensonge et de l'illusion, sachons le reconnaître, jusque dans notre amour le plus vivace et dans notre recherche la plus sérieuse de la vérité.

Mensonge aussi dans la société, et dans toutes les grandes fonctions collectives : la science et l'art, la morale et les religions. Toutes nous créent, de façons différentes et en vue de buts différents, qui convergent d'ailleurs plus ou moins, un monde fictif. Les unes tendent à le réaliser et s'y efforcent avec plus ou moins de conscience, d'autres le considèrent comme étant déjà réel, d'autres nous l'offrent pour remplacer la réalité qui nous blesse et lui donner une sorte de réalité fictive, qui s'incarne parfois plus ou moins profondément dans la réalité vraie (2). Toutes dirigent notre activité par des fictions et des symboles. Toutes sont en opposition les unes avec les autres et même les éléments de chacunes d'elles luttent plus ou moins entre eux. Et cependant elles s'associent et se combinent pour rendre la vie possible, pour l'élever même de plus en plus, et chacune d'elles y tend aussi de son côté. Leur mensonge, la discordance qu'elles créent entre elles et le monde réel, elles l'utilisent pour une harmonie.

(1) Voir ma *Morale de l'ironie*. Cf. les livres de J. DE GAULTIER, et en particulier *le Bovarysme*.
(2) Voir *le Mensonge de l'art*.

Le mensonge ainsi considéré comme discordance utilisée se prolonge dans le monde organique et dans le monde physico-chimique. Dans toute association, les éléments, éléments organiques, éléments chimiques, renoncent toujours, dissimulent, suppriment une partie de leurs tendances ou de leurs affinités pour satisfaire les autres, acceptent ou produisent quelquent discordance pour arriver à la systématisation. La soumission du différent au même, la dissonance utilisée pour l'harmonie c'est le principe essentiel de toute association, et, par là, de toute existence. Si les oppositions étaient supprimées, les harmonies disparaîtraient aussi. Privé de l'autre, le même ne serait qu'une abstraction sans réalité. Un mensonge est à la racine de l'existence en tant qu'elle suppose la discordance utilisée au profit de la systématisation. L'aspect le plus profond et le plus général du monde, c'est le mensonge universel.

§ 2. — *Le degré de vérité de la théorie.*

Si le mensonge et l'erreur sont partout, ils doivent se retrouver dans cette conception. Je suis loin de la donner comme parfaite, et même comme représentant ma pensée avec une exactitude absolue. Je suis obligé, pour la présenter comme valable, de froisser quelques-unes de mes idées et quelques-uns aussi de mes sentiments. J'y trouve des difficultés, des défauts, et à plusieurs égards elle me déplaît. Mais ceci peut tendre à la confirmer, et, en somme, elle me paraît plus vraie qu'une autre.

Vraie d'une vérité relative et incomplète, vraie d'une vérité abstraite et générale ; aucun de nous n'a jamais dit le dernier mot de l'énigme du monde, et vraisemblable-

ment aucun de nous ne l'illuminera jamais complètement.
Nous explorons quelques recoins du monument infini qui
se dresse autour de nous, et où nous vivons tels que des
fourmis dans une haute cathédrale, nous en entrevoyons
par-ci par-là quelques grandes lignes dans l'osbcurité,
nous analysons la nature de quelques-uns des matériaux
dont il est bâti. Nos connaissances restent maigres et
pauvres.

Elles sont aussi générales et abstraites. La vérité, nous
devrons y revenir ailleurs plus longuement, la vérité ne
nous est accessible que par les abstractions. Toutes nos
connaissances concrètes ne sont que des symboles, des
mensonges enveloppant les vrais caractères du réel. Le
semblable seul peut reproduire le semblable et toute connaissance est une imitation imparfaite et trompeuse, surtout si nous ne nous souvenons que nous ne ressemblons
jamais parfaitement à ce qui nous est extérieur et que
nous ne pouvons donc en réaliser en nous qu'une ressemblance inexacte, où seules quelques abstractions sont
exactement reproduites. Cette connaissance peut devenir
de plus en plus concrète à mesure que le connu se rapproche du connaissant. En ce sens nous connaissons mieux
l'être vivant que la matière, l'esprit que la vie, notre esprit que celui des autres, sans que, même pour notre esprit,
nous arrivions jamais à la connaissance concrète et parfaite,
car même en lui la ressemblance n'est pas absolue. Quand il
s'agit du monde pris dans son ensemble qui ne nous ressemble que par des caractères généraux et abstraits,
c'est par des représentations très abstraites et très
générales que nous pouvons nous en faire une idée. Aussi
faut-il écarter avec soin tout ce qui rapproche trop le
monde de notre esprit, et si je parle du « mensonge » du
monde, il faut entendre par ce mot un groupe de faits gé-

néraux, une forme abstraite qui se retrouve d'une manière
très caractéristique dans le mensonge humain, ce qui m'a
décidé à le prendre comme base de définition, mais il ne
faut rien entendre de plus.

Cela peut nous suffire. Contrairement à une croyance assez
générale, c'est par l'abstraction que nous arrivons à la vérité
objective, à ce qu'on peut appeler la vérité absolue, valable pour le plus grand nombre d'intelligences, non seulement d'intelligences humaines, mais d'intelligences surhumaines s'il en est. L'idée est plus vraie, plus objective que
la perception, et l'idée abstraite dépasse en ce sens l'idée
concrète à mesure qu'elle se dépouille de ses caractères
individuels. Les lois de la physique sont plus réelles que les
couleurs, les sons et les qualités tactiles, elles représentent plus le monde et moins notre sensibilité.

En un sens l'esprit est répandu partout, au moins dans
tout ce que nous pouvons connaître. Ou, si l'on préfère,
partout quelque chose se retrouve de ce qu'il y a dans
l'esprit, de ce qui fait l'esprit. Tous les phénomènes et
tous les êtres se ressemblent plus ou moins, par leur nature, par leur forme, par les lois qu'ils manifestent. Ce
sont ces ressemblances qui sont la matière de nos connaissances, qui sont nos connaissances mêmes, en tant que
nos connaissances peuvent être autre chose que des symboles, et même en tant qu'elles restent symboliques
puisque quelque analogie abstraite doit toujours unir le
symbole à la chose symbolisée.

Maintenant pouvons-nous affirmer qu'il n'existe rien
qui soit absolument inaccessible à nos sens et à notre esprit ? Par cela seul qu'une existence est réelle, elle
nous ressemble au moins en cela, elle doit être soumise aux lois de l'existence en général, et par là elle
tombe, au moins virtuellement, sous la prise de notre

intelligence. Mais il est vrai qu'il peut exister d'autres plans de réalité que le nôtre, des mondes irrévélés, des êtres dont nous ne pouvons nous faire aucune idée concrète et que, par conséquent, lorsque nous aspirons à connaître, en quoi que ce soit, le monde, l'ensemble des existences, ce sont des formes et des lois extrêmement abstraites qui peuvent seules être utilement proposées.

C'est donc sous ces réserves nécessaires qu'on peut accepter les propositions concernant le monde en général. J'ai tenu à les marquer ici pour être précis, bien que nous devions retrouver ailleurs la théorie de la connaissance et de la vérité (1).

(1) J'ai déjà abordé cette question dans plusieurs articles qui ont paru ces dernières années dans la *Revue philosophique*.

II

Morale et réalité.

§ 1. — *Nature et conditions de la morale.*

L'idée synthétiquement considérée, dans sa fonction psychique et sociale, est un élément virtuel ou actuel de la tendance. Elle en dirige l'activité, elle en modifie plus ou moins, selon sa nature propre, l'allure et la qualité. La science, la philosophie, la religion, les croyances en général, créent constamment des possibilités d'agir en tel ou tel sens ; elles orientent la conduite de l'homme, lui indiquent des directions, en fixent les modalités, ou du moins, car, elles n'y réussissent pas toujours, elles tendent à le faire. La connaissance des propriétés du phosphore, par exemple, permet ou facilite, selon les autres idées et les désirs auxquels elle s'associe et dont elle dirige les manifestations, bien des actes très différents, comme la fabrication des allumettes, les empoisonnements, le traitement de certaines maladies, des mesures hygiéniques diverses, etc. De même l'idée de la bonté native de l'homme ou celle de la puissance infinie de Dieu interviennent dans la formation des tendances, des désirs, dans la préparation de la conduite, et dans son développement, elles tendent à influencer systématiquement les sentiments et les actes. La tendance apparaît dans la vie de l'homme comme le fait

essentiel, dont les idées · les sentiments conscients sont
des éléments réels ou vir ls. L'analyse les aide et les fait
vivre, la vie aussi les pare, les détache de leur groupe
et les fait subsister à part, ou les engage dans d'autres
groupes. L'idée étant relativement mobile se prête assez
à cette diversité d'adaptations, très variable d'ailleurs
d'un esprit à l'autre, et peut ainsi animer, diriger, modifier,
dans un même esprit, bien des tendances diverses.

Ce sont deux façons, l'une analytique, l'autre synthétique, de comprendre les rapports de l'idée et de la tendance, de l'intelligence et de la conduite. Elles sont vraies
toutes deux et ne se contredisent pas ; on peut dire
également que l'idée est par destination un élément de la
tendance ou que la tendance est une unité, un tout dont
l'idée est un fragment. Mais ces deux formules représentent surtout chacune un procédé différent, l'un pour lequel la tendance existe avant l'idée, l'autre pour lequel l'idée
existe avant la tendance. Souvent en effet, l'idée se détache
de la tendance comme un élément qui germe, grandit, acquiert une vie propre, peut alors quitter son milieu naturel,
passer en d'autres, revenir au premier. Par exemple on
se nourrit avant d'avoir des idées nettes, qui se détache-
ront plus tard, avec l'expérience, de cette tendance active et
qui d'ailleurs réagiront sur elle. Mais souvent aussi chez
l'homme l'idée se forme avant la tendance, l'intelligence
acquiert une vie propre, s'organise à part, a ses tendances
propres, une activité relativement indépendante, et crée
des idées qui restent de simples idées pendant longtemps,
mais qu'un jour ou l'autre, elle fournit ou peut fournir
aux désirs, aux tendances à qui une marche aveugle ou trop
instinctive pouvait nuire gravement (1). Souvent aussi

1. Voir pour les rapports de l'intelligence et des tendances : *Esprits
logiques et esprits faux.*

l'idée et la tendance réagissent l'une sur l'autre indéfiniment et se façonnent l'une l'autre, l'idée étant modifiée par ses rapports avec les autres éléments de la tendance et l'activité synthétique de celle-ci, la tendance étant dirigée, orientée à quelque degré par la connaissance ou la croyance. Ainsi notre philosophie est souvent déterminée par notre activité totale, par l'influence de toutes nos tendances d'où se détachent des idées, des considérations diverses, ou les germes de ces faits, puis elle s'élabore à part avec ces éléments, se développe, revient se mêler à l'ensemble de la personnalité pour en diriger les actes et lui éclairer la voie, se modifie encore au contact des expériences nouvelles, et continue ainsi. Une philosophie qui resterait vivante ne serait jamais achevée dans ses détails, mais souvent elle s'ankylose, se cristallise, perd tout pouvoir créateur de tendances nouvelles.

Le monde extérieur nous fournit le terrain où notre action se développera et le point de départ de nos tendances, il contient les causes de nos perceptions. Il agit sur nous constamment et nous convie à agir sur lui. Il se réfléchit, se crée, se déforme en nous, dans l'esprit de chacun, et par là il tend lui-même à se transformer, à se systématiser par notre moyen. Il s'organise une sorte d'action réflexe cosmique, surtout terrestre et surtout sociale, où l'esprit de l'homme, où les sociétés humaines tiennent la place de la cellule nerveuse. L'esprit, individuel et collectif, est une sorte de ferment de moralité, de systématisation, de finalité qui tend à transformer le monde en se transformant lui-même et surtout à transformer ce qui l'entoure pour l'adapter, pour l'associer à lui-même. Cet action est infime dans l'immensité de l'espace et du temps, mais elle est immense par rapport à nous, et comme d'ailleurs elle n'est pas arrivée chez l'homme, ainsi qu'elle l'a fait en d'autres espèces, à un équilibre imparfait mais à peu près stable, elle donne l'impression d'une extension indéfinie et l'illusion d'une évolution de l'univers entier aboutissant à une systématisation générale, examinée déjà.

Les caractères généraux de cette action correspondent aux caractères généraux du monde tels qu'ils sont arrivés à se dégager, tels que l'esprit parvient à les concevoir. Toute philosophie, à supposer qu'elle soit efficace — elle l'est en général quelque peu, et d'autant plus aisément d'ailleurs qu'elle ne représente pas seulement l'intelligence humaine, mais aussi l'expérience, les sentiments, les tendances de l'homme — toute philosophie implique une forme générale d'activité qui lui correspond, ce que nous devons appeler une morale. Quelle est donc la morale, la conception générale de l'activité qui se dégage de la conception du monde que j'ai exposée, ou qui peut l'incarner et la confirmer, s'inspirant d'elle ?

Les lois générales que nous avons reconnues nous interdisent également l'optimisme et le pessimisme absolus. La réalité sera toujours mélangée d'identité et d'opposition, d'harmonie et de discordance, puisque c'est le caractère de toute réalité, mais ces lois générales peuvent tout de même s'incarner en des mondes très différents et de valeurs fort inégales. Et il est sûr que les sociétés et les individus sont très loin de se valoir l'un l'autre.

L'univers que nous habitons, celui que nous connaissons est d'une remarquable incohérence. Même notre monde plus spécial, l'homme et les sociétés humaines, nous prouve constamment un désordre essentiel et lamentable qui ne justifie nullement la foi en un progrès général et continu de l'humanité, mais plutôt un pessimisme, non point cosmique et général, mais relatif et borné à l'homme et aux sociétés humaines. La persistance de croyances optimistes

dans l'humanité est vraiment un phénomène psychologique
et social fort curieux, et dont l'illogisme nous frapperait
bien fort s'il nous était moins habituel, et si nous observions
l'humanité du dehors. Ce qu'il décèle surtout, c'est la vieille
« tendance de l'être à persévérer dans l'être » et aussi une
forme singulière du besoin de systématisation, de systématisation affective et vitale plutôt que de systématisation
logique, et encore la force, la persistance et l'utilité de l'illusion chez l'être parvenu à un degré relativement élevé
de vie et d'esprit dans un monde incohérent tel que celui
qui nous est seul connu. D'ailleurs il ne s'agit pas ici de
définir la valeur particulière très variable, et le bonheur
inégal, des individus, des peuples et des races.

A chaque conception du monde et de la vie correspond
logiquement une morale plus ou moins appliquée et même
plus ou moins franchement acceptée. Chaque religion a la
sienne, et chaque philosophie. Morale chétienne, morale
bouddhiste, morale spiritualiste, morale évolutionniste, morale de l'intérêt général, morale égoïste, morale nationaliste, répondent à des conceptions différentes du monde.
Elles ne façonnent pas toujours la conduite à leur image.
C'est que les opinions et les désirs ne sont point toujours
d'accord. C'est que, à côté de la conception du monde que
chaque homme professe, il en recèle en lui qu'il préfère
ne pas montrer, et qu'il ne veut pas toujours s'avouer à
lui-même. Elles restent implicites et virtuelles, mais elles
sont les plus suivies.

Toutes ces   orales différentes recherchent également
une systématisation, plus ou moins serrée, plus ou moins
large, de la conduite, de la vie, de la société et souvent
même une systématisation du monde, par rapport au
principe accepté : volonté de Dieu, justice, bien absolu,
bonheur général, bonheur individuel, devoir, grandeur

de la patrie ou tout autre. Resterait à justifier ce principe
suprême, ce souverain bien. Le meilleur serait celui qui
pourrait faire réaliser par le monde le plus haut degré
de systématisation. Mais tant que l'on ne s'entend pas
sur ce que c'est que le monde, on ne peut s'entendre sur
le principe de la morale. On a remarqué sans doute que
les morales les plus opposées ont des caractères communs,
ce sont ceux qui se rapportent aux connaissances sur quoi
tout le monde est à peu près d'accord. On ne peut pas
ignorer que nous vivons en société et si l'on tient à
maintenir cet état de choses, ce qui est le cas général, il
faut bien recommander et même commander la conduite
capable de le faire durer et de le développer. Mais si l'on
considère vraiment la société comme devant être subordonnée à l'individu, la morale change. Je n'ai pas d'ailleurs
à examiner les diverses solutions proposées, mais à parler
de la morale qui convient à la conception du monde
exposée ici.

En tant que conception générale, elle s'opposera naturellement aux autres conceptions générales. Mais elle en
utilisera ce qui lui semblera juste. Elle reconnaîtra la
place légitime du bonheur, comme résultant de certaines
formes d'évolution régulière et d'adaptation suffisante, du
devoir en tant que correspondant à une forme d'esprit
tendant à imposer une conduite approuvée et aussi en
tant qu'exprimant l'attitude qui convient à l'homme une
fois que le principe supérieur est accepté. A plus forte
raison pourrons-nous accueillir, en les accordant, certaines
directions spéciales de morales plus restreintes qui, sans
avoir de prétentions cosmiques, visent à régler la marche
de la société. L'humanitarisme, le nationalisme, l'individualisme même pourront, à des titres divers, collaborer.
Quant aux morales plus restreintes que sont les diverses

techniques, nous n'avons qu'à les accepter en les ordonnant et en les interprétant, comme fait la philosophie avec les résultats des sciences. Il reste bien entendu que la fin dernière est la finalité même, élevée au maximum que comportent le monde sur lequel ou pour lequel nous pouvons agir, et notre conduite elle-même. Le souverain bien abstrait, c'est la systématisation, l'association, la subordination de l'autre au même, et cela ressort suffisamment de ce qui précède. Et cela certes ne supprime pas les difficultés, puisqu'il faudra définir ensuite la forme concrète qu'on doit considérer comme capable de réaliser le maximum d'harmonie. Mais quel que soit le choix auquel on s'arrête, la discussion recommencera aussitôt à propos des meilleurs moyens d'atteindre le but sur lequel on s'est mis d'accord. On peut se demander si l'harmonie cosmique se trouvera dans l'obéissance à une volonté divine ou dans le développement d'une évolution nécessaire. Mais, si l'on est nationaliste, on discutera encore pour savoir si la prospérité du pays sera mieux assurée par une monarchie ou par un gouvernement républicain, et si l'on est républicain nationaliste on ne sera pas forcément d'accord sur le genre de république qu'il faut préférer.

Je ne puis aborder les problèmes concrets, objets de diverses sciences, et je dois rester dans les généralités les plus abstraites. Peut-être ai-je çà et là laissé voir certaines préférences, sans trop y viser. Elles sont d'ailleurs relatives et provisoires. La morale est forcément hypothétique. Pour établir sa hiérarchie des techniques et des pratiques, elle procède comme le chercheur devant certaines questions mathématiques, elle suppose le problème résolu, elle déduit les conditions de la solution. Mais dès que l'on dépasse le monde restreint où une expérience indéfiniment répétée nous a assurés de la bonne méthode, le procédé devient extrêmement hasardeux. D'abord on n'est pas très sûr que le but secondaire poursuivi soit vraiment bon, ensuite il est douteux que les moyens employés soient efficaces. Il y a presque toujours quelque chose d'aventureux dans la recherche de la morale, et de douteux dans ses solutions. Constamment on entend recommander comme un bien un résultat dont la valeur reste inconnue et vanter ou imposer comme moyens des pratiques inefficaces ou qui vont à l'opposé du but. C'est le même fait sur deux plans différents, car la fin proposée était elle-même un moyen pour un fin supérieure et les moyens seront eux-mêmes des fins relatives. La morale établit un peu ses préceptes, quand quelque nouveau devoir s'impose, comme une assemblée vote des impôts nouveaux dont elle n'a pu calculer l'incidence. Et même les plus anciennes règles de la morale n'ont point une valeur universelle et générale, mais il est souvent plus dangereux de vouloir les rectifier que de les accepter respectueusement telles quelles.

Pour que la morale sache imposer le respect, il lui faut des traditions longtemps continuées ou bien un enthousiasme subit. Mais l'enthousiasme subit est généralement assez aveugle, c'est un inspirateur dangereux. Le prestige de la tradition, moins vif, a plus de profondeur. Mais elle représente trop de survivances, il reste de l'arriéré dans ses préceptes, la tradition est forcément en retard sur quelques points. Excellente pour conserver ce qui doit durer, elle en exagère la persistance et ne sait pas se renouveler avec assez de souplesse. C'est une question pratique très grave que de mettre suffisamment en harmonie, sans trop en affaiblir la force, les enseignements de nos morts avec les connaissances et les croyances actuelles.

La morale générale est forcément chimérique lorsqu'elle

prétend à une valeur universelle. L'ordre cosmique, ou le désordre universel, nous est accessible sur trop peu de points pour que nous puissions y conformer notre conduite. En dehors de la foi, que je ne discute pas ici, nous ne pouvons considérer comme réalisée ou réalisable la société de l'homme avec un être ou des êtres supérieurs à l'humanité et dont l'univers entier subit les ordres. C'est à peine si nos devoirs envers l'humanité commencent à avoir un sens autre que celui de devoirs envers nous-mêmes. Que pouvaient être envers la France les devoirs d'un paysan des temps mérovingiens ? Assurément pas ceux d'un Français d'aujourd'hui.

§ 2. — *Que doit être la morale.*

Notre morale ne peut dépasser notre philosophie. Elle doit renoncer à définir autrement que par des hypothèses la valeur cosmique de notre conduite. Elle doit savoir aussi qu'elle tend, comme toute réalité qui évolue et n'est point emprisonnée dans un cercle de vibrations indéfiniment répétées, à se supprimer elle-même. Elle sait encore qu'elle tend vers la réalisation d'une harmonie absolue, d'une identité sans opposition, et que tout effort vers le triomphe absolu du même, par la suppression de l'autre et du différent, implique contradiction. L'attitude que suggère l'opposition et la différence qui sont essentielles à l'existence, que suggère surtout l'opposition qui existe fatalement dans les sociétés humaines et jusque dans notre moi, j'ai cru pouvoir la définir ailleurs comme une attitude d'ironie bienveillante, active et clairvoyante (1) sans prétendre à indiquer par là une orientation immuable et universelle

(1) Voir ma *Morale de l'ironie.*

de l'esprit humain. Je n'ai rien à retirer de ce que j'ai dit.

Évidemment le grand principe à considérer est toujours la systématisation et la finalité, la subordination de l'autre au même. Mais les conditions générales de l'existence et la nécessité de la survivance de l'autre, du différent, et par suite de l'opposition et de la lutte tant que quelque chose existera, surtout les conditions particulières de l'existence humaine et les luttes incessantes, presque toujours actives et souvent cruelles entre les groupes, nations, classes, partis, entre les individus et dans l'individu même entre le moi et le nous, doivent se traduire dans l'attitude humaine par un caractère spécial. En choisissant l'ironie bienveillante, j'ai cru prendre le plus doux possible, le moins aveugle, le plus sympathique peut-être, et le plus synthétique surtout, celui qui tient le mieux compte des éléments divers de la situation.

Je voudrais que cette ironie permît un examen, à la fois plus bienveillant et plus rigoureux qu'on n'a coutume de le faire, des diverses doctrines et des divers principes, des diverses pratiques et des tendances les plus opposées et les plus contradictoires. Toutes les morales me semblent pécher par l'étroitesse, toutes les conceptions de la vie se refusent trop à tenir compte de la diversité, de la multiplicité, de l'opposition même des formes nécessaires de la vie. Assurément ces formes n'ont pas la même valeur, il faut établir entre elles une hiérarchie aussi précise que possible, mais il faut aussi comprendre que l'infinie variété des moyens employés et des fins poursuivies est une nécessité. Et c'est toujours la division du travail, sous la forme, bien souvent, de la division des opinions et des tendances, que nous rencontrons ici. Tout ce que j'ai dit précédemment nous trace évidemment notre voie. La division du travail, et par conséquent, des idées, des opinions, des pratiques, doit être poussée très loin pour permettre au plus grand nombre d'éléments possible de travailler à la même œuvre. Elle doit avoir pour correctif ce qu'indique précisément cette nécessité de travailler à la « même » œuvre, c'est dire qu'elle doit être subordonnée à l'association où elle se produit, qu'elle doit servir et développer un « même », que, par conséquent, elle ne saurait avoir son principe en elle-même et être considérée comme bonne en soi, libre et pleinement indépendante.

Nous ne serons donc ni avec ceux qui font reposer toute morale sur le devoir, car pourquoi le « devoir », sinon parce qu'il est un moyen, croit-on, de conduire l'humanité au bonheur ? ni avec ceux qui croient à la valeur absolue du bonheur car le bonheur conscient n'est qu'un petit événement, je dirais presque un accident, dans l'évolution sociale, un signe plutôt qu'une réalité dernière, presque négligeable dans l'immensité des transformations de l'univers. Nous ne serons ni avec ceux qui paraissent considérer dans leurs théories le monde comme étant surtout une occasion pour l'esprit de regarder, de contempler, car la contemplation ne paraît qu'un élément dans la fonction humaine qui l'englobe et la dépasse, ni avec ceux qui ne parlent que d'« action » comme si, pourvu que l'homme s'agitât sans trêve, il importait peu qu'il agît d'une façon ou de l'autre. Et nous ne serons pas non plus de ceux qui donnent une valeur absolue à la morale, car elle ne me paraît qu'une des mille forces qui contribuent à l'association, un « échafaudage » encore de la bâtisse où nous travaillons tous, et son but à elle aussi doit être, en faisant son œuvre, de parvenir à se rendre inutile, et d'aboutir à une évanescence, bien lointaine encore et même plus que douteuse. Mais nous maintiendrons les droits de

la morale comme théorie générale de la meilleure conduite,
les droits du bonheur comme indice de systématisation
croissante, les droits du devoir comme prescrivant l'acte le
meilleur et exprimant aussi la suprématie de l'ensemble
sur l'élément, et généralement le droit de tout ce qui peut
contribuer, par une division du travail judicieusement hié-
rarchisée, à développer le même et à lui soumettre le différent, en n'oubliant pas que si toutes les différences ne
sont pas nécessaires, s'il est des divergences qui doivent
être réprimées, cependant il faut qu'il se produise des divergences, et que celles qui peuvent servir au « même »
doivent être encouragées et jusqu'à un certain point développées. En transposant un peu les mots et les réalités
qu'ils désignent, c'est au profit de l'orthodoxie que nous
encouragerons certaines hérésies.

§ 3. — *La morale comme compromis.*

Toute morale, étant un système, est forcément un compromis, une composition de forces en présence, différentes,
donc hostiles au moins virtuellement, et presque toujours
inégales et de valeur différentes.

Chacun de nos actes, chacune de nos manières d'être
tend à créer un monde à son image, un monde conforme
à son essence, au « même » qu'elle recèle. Et tout désir,
toute idée tendent à s'incarner dans des actes. Ils sont
déjà des actes, des mouvements, des faits, qui, par leur existence même, sont une influence sur les autres faits de ce
monde. « Quand je lève le bras, disait un savant, je modifie le mouvement de la lune. » De même, quand je désire, je tends à créer un monde qui satisfasse mon désir, et

quand je pense, j'ébauche la création d'un monde analogue à ma pensée. Surtout chaque idée, chaque désir, chaque acte tend à nous former nous-mêmes, à confirmer ou à transformer ce qui nous entoure, et les associations diverses où nous sommes engagés. La tendance toujours réelle n'est pas toujours appréciable dans ses effets, elle devient visible à tous quand le génie, la force, les circonstances en font se développer l'action. Les Grecs ont créé un art dont l'humanité s'enchante encore après vingt-cinq siècles. Les Romains ont créé un monde où nous vivons encore, leur empire est resté un idéal puissant, fécond et trompeur, qui n'a pas achevé sans doute de pétrir l'esprit humain et les rêves des ambitieux ou des sages. Les hommes comme Pasteur, comme H. go, comme Voltaire, comme Ignace de Loyola, comme Luther, pour ne pas remonter plus haut, ont transformé le monde où leur esprit s'est déployé et réglé pour longtemps, dans leur domaine, une bonne part de l'activité humaine. Si nous considérons les éléments d'un individu, tel désir a créé par lui-même, par les idées qu'il s'est annexées, par les désirs secondaires qu'il a suscités, un individu nouveau, il a transformé la personnalité, et par-delà la personnalité, tout ce qui dépend d'elle. Son action va s'affaiblissant à mesure qu'elle s'éloigne de son centre, mais elle tend à se propager indéfiniment. Une émotion d'amour, une idée d'ambition tendent toujours et arrivent parfois à décider de l'orientation d'une vie et ensuite du sort d'une famille. Leur retentissement peut ainsi s'étendre plus ou moins loin, plus ou moins puissant, dans la société entière et dans le monde entier; créant un état du monde qui s'adapte à leur nature et se conforme à leur « même ».

A côté de ces créations visibles, d'autres se multiplient, invisibles, moins larges, moins fortes, réelles cependant.

La tendance, lorsqu'elle n'arrive pas à une réalisation
positive, n'en existe pas moins, et ne perd pas toute influence. Elle borne au moins ou elle modifie l'action de
ces volontés, de ces idées puissantes qui transforment les
nations mais qui cependant se heurtent çà et là et s'amor-
tissent à des réalités, à des idées, à des tendances relativement obscures et faibles, mais innombrables et toujours
quelque peu résistantes. Aucune volonté, aucun esprit
ne triomphe absolument, aucun « même » ne peut supprimer toutes les différences. L'art grec et la pensée
grecque ont triomphé, mais la Grèce fut conquise; en
art et en philosophie, si elle a traversé victorieusement
l'univers, elle ne l'a pas conquis. Elle s'y est déformée
partout et s'est heurtée à d'autres visions. Nous avons un
art, des pensées et des connaissances que les Grecs igno-
rèrent, des formes politiques et sociales qui ne sont pas
celles des Romains. Après Hugo, Verlaine a donné une
poésie neuve. Même les grandes religions n'ont pu conquérir le monde, elles n'ont pas pu conquérir entièrement leurs propres adeptes. L'idéal a toujours dépassé
la réalité. Et c'est ce qui rend la morale nécessaire, mais
c'est aussi ce qui commande de l'élargir le plus possible,
pour faire collaborer au « même » essentiel, par la division du travail, toutes les tendances, diverses, opposées,
contradictoires qui peuvent cependant collaborer.

Cette aspiration à la conquête universelle existe dans les
réalités les plus infimes. Les esprits les plus humbles et
les plus soumis deviennent impérieux s'ils ne rencontrent
aucun obstacle. Un désir tend toujours à envahir l'esprit,
il le subjugue si aucun autre désir ne vient exercer sur
lui quelque inhibition. Le moindre événement tend à
transformer le monde entier, et en quelque sorte à le
remplir, comme un gaz qui se dilate à mesure qu'on di-

minue la pression atmosphérique autour du récipient ex-
tensible où il est enfermé.

Toutes les tendances ne peuvent être également satisfaites, dans les sociétés, ni chez les individus, ni même
dans le monde physique. Il s'établit des compromis, des
équilibres divers. La morale est une forme de ces compromis, de ces équilibres, une forme spéciale aux individus
et aux sociétés, la science qui en reconnaît et en établit la
nature, l'art qui tâche de le réaliser en vue du meilleur
résultat possible, de celui où la finalité soit à son maximum, où un « autre » aussi riche, aussi étendu, aussi multiple que possible soit soumis le mieux possible, à un
« même » aussi coordonné, aussi fort qu'il peut l'être.

Nous la voyons partout dans ce rôle, elle et toutes les
techniques qui se rattachent à elles, qui dépendent d'elle et
dont elle dépend, avec qui elle a les mêmes rapports que
la philosophie avec la science. Dans l'individu elle cherche
à mettre d'accord les idées et les tendances, et aussi les
idées entre elles et les désirs entre eux, à coordonner tous
les éléments du moi. La logique, et d'une façon générale,
toutes les méthodes pour bien connaître et bien comprendre
sont une sorte de morale intellectuelle. Les diverses
techniques correspondant aux diverses situations de
l'homme dans la vie, depuis la politesse qui est l'art des
relations superficielles jusqu'aux techniques particulières
des métiers, sont autant de morales spéciales et fragmentaires. Elles ne font pas précisément partie de la morale,
cependant elles se rattachent à elle, et la morale condamne
la légèreté d'esprit qui fait mal raisonner, comme tout
manquement aux règles professionnelles et toute négli-
gence dans le travail.

La systématisation cherchée implique bien des sacrifices. Il nous faut bien renoncer à beaucoup de désirs,

borner de tous côtés notre personnalité. Nous ne pouvons
à la fois développer pour le mieux notre esprit, ou satisfaire notre amour pour nos proches et céder à la passion
de l'alcool, du jeu, de la débauche, même à beaucoup
de goûts plus innocents. La mode vient, de temps en
temps, de prétendre à l'affranchissement complet et de
vouloir échapper à toute règle. Il n'est pas de pire illusion, puisqu'il faut toujours que nous renoncions à toute
une part de notre nature pour faire vivre l'autre. Il faut
choisir. La morale n'est qu'un choix parmi tous les choix
possibles. Si la morale est bien faite il est le meilleur,
le meilleur pour l'individu si la morale est égoïste, individuelle ; le meilleur pour la société si la morale est
sociale.

La morale en effet intervient dans la vie sociale, et
dans la vie sociale surtout. La morale individuelle, si réelle
qu'elle soit, n'est peut-être qu'une imitation, une transposition de l'autre. Chez un être isolé, elle eût vraisemblablement pris un tout autre caractère. Quoi qu'il en soit,
l'inhibition de nos désirs par la vie sociale est un fait
constant. Elle se fait parfois avec une précision suffisante
pour qu'on n'en ait pas conscience, et l'individu s'imagine
qu'il ne fait que suivre ses propres penchants, mais une
légère variation des circonstances a bientôt fait de dé
couvrir quelques-unes des tendances cachées ; un simple
changement de milieu, un voyage, y peuvent suffire. Un
homme se modifie toujours quelque peu en se trouvant
encadré dans un nouveau système social, et beaucoup
d'hommes se transforment plus qu'on n'eût pu croire. Cette
inhibition des tendances, cette sélection dans les désirs à
qui l'action reste ouverte s'effectue parfois presque auto-
matiquement, parfois aussi elle est volontaire, assez souvent elle est gênante ou pénible. De toute façon la morale

sociale l'exige, mais elle se produit aussi sous des formes condamnées.

Si dans l'individu elle réprime toujours certains désirs plus ou moins avoués et certaines idées, elle exige aussi que certains individus soient contenus, mis hors d'état d'agir librement, supprimés totalement parfois. Aucune vie normale de la société n'est possible sans cela tant que tous les individus ne seront pas suffisamment adaptés au monde social dans lequel les introduit l'instinct aveugle de leurs parents. Il y a forcément des victimes de l'état social, la morale en dicte encore le choix, sans être toujours écoutée. Les hommes sont amenés à se nuire les uns aux autres en mille manières, quelques-unes de ces manières ont paru avoir trop d'inconvénients pour le « même » social, et il a fallu les réprimer, en certains cas avec quelque brutalité. Que d'ailleurs la répression sociale s'exerce parfois sans efficacité et d'autres fois à contre sens, c'est ce qu'il y a de plus regrettable. Car déplorer la nécessité d'une répression, c'est se plaindre qu'il y ait des sociétés et même des hommes, et peut-être même que quelque chose existe.

Je ne puis ici que m'en tenir à des considérations très générales et extrêmement abstraites. Mais tous les principes plus concrets : amour, justice, pitié, devoir, satisfaction de la conscience, restent imparfaits, trop étroits, et quelle que soit leur valeur, ils doivent parfois être subordonnés.

La division du travail est le seul moyen offert au « même » pour rester le « même » et pour devenir le même de plus en plus. C'est là évidemment une sorte de contradiction et il ne faut pas nous étonner de la rencontrer puisque la contradiction est partout. Nous retrouvons en morale la projection, pour ainsi dire, de cette opposition des choses.

La morale est à la fois très simple et très une dans son but abstrait qui s'exprime en quelques mots, dans son essence, dans son « même » ; elle est multiple et quelque peu incohérente, en apparence au moins, dans ses lois particulières et dans ses préceptes.

Elle n'a pas assez tenu compte de cette nécessité qui s'imposait à elle, et sans laquelle elle ne serait pas. Par trop d'étroitesse et une fausse rigueur elle a compromis son efficacité. Elle a manqué à la fois de rigueur et de pureté dans l'abstrait, elle a voulu mettre trop de rigueur dans le concret qu'elle a traité avec trop d'étroitesse. Elle a trop voulu donner une apparence concrète à son essence et trop voulu retrouver dans ses commandements l'éternel et l'immuable. L'élévation lui a fait défaut d'un côté et la modestie de l'autre. Elle ne se haussera jamais à trop de pureté abstraite quand il s'agira de définir son essence et sa loi suprème, mais quand il s'agit de loi concrètes, de préceptes, de commandements concrets, ou même des abstractions moyennes, de celles qui ne sont pas tout à fait essentielles, au lieu de rechercher l'éternel et l'immuable, il lui faut s'habituer à plus d'humilité, se résigner au provisoire, au variable, s'accommoder de sentiments, d'idées, d'institutions, de croyances, de formes politiques et sociales capables de se transformer, de s'effacer, de disparaître même quand elles auront vécu leur vie, fait leur office et construit leur échafaudage. Nous sommes souvent gênés par des idées et des sentiments surannés, comme par des voitures antiques et cahotantes, des vêtements qui ne sont plus à notre taille, ou — car tout n'est pas bien profond ni très sérieux dans le besoin du changement — qui simplement ne sont plus à la mode. Les transformations doivent toujours être prévues, en toutes les existences que l'évolution n'a pas conduites à un équi-

libre stable, qui ne sont point, du moins encore, rési-
gnées à une forme précise, cristallisée, héréditairement immuable. C'est le cas des sociétés humaines.

C'est d'ailleurs une question de savoir jusqu'à quel
point elles peuvent évoluer encore et quelles virtualités s'y
cachent. Il se pourrait que l'humanité eût, sur certains
points, atteint ses limites, comme certaines espèces animales. L'homme a peut-être conquis déjà sa forme physique, intellectuelle et morale, mais la société humaine
ne semble pas arrivée à un état stable. En se transformant encore, sans modifier beaucoup la nature propre de
l'homme, elle en combine, elle en inhibe, elle en modifie
les manifestations de telle sorte qu'elle paraît créer avec
lui un être nouveau, et qu'elle crée au moins une réalité
nouvelle qui est la société même. De ce côté, si le progrès
ne semble pas devoir être infini, puisque ni les conditions
d'existence de la société ni la nature de l'homme n'auto-
risent de tels espoirs, nous ne pouvons lui fixer sa borne
et l'on peut donc agir comme s'il devait être indéfini. De
ce point de vue nos institutions, nos croyances, nos règles
de conduite, apparaissent comme devant avoir pour but
de se rendre plus ou moins lentement inutiles. Cependant
il faut, en attendant, qu'elles inspirent assez de respect
pour qu'elles puissent faire leur office. Il n'est pas bon pour
cela de penser trop à leur caractère provisoire. Et c'est encore une question de division du travail, des opinions et
des tendances non pas seulement entre les groupes ou les
individus, mais entre les éléments des individus et les
moments de leur vie. Il ne faut pas être toujours dominé
par les mêmes idées et lorsque l'action énergique s'impose, il est dangereux d'être trop préoccupé de son caractère relatif, de sa valeur provisoire, de sa vanité partielle
ou du peu de place qu'elle prend dans l'ensemble des

choses, le « point de vue de Sirius » ne convient pas à tous les hommes, ni à tous les moments.

Nous devons chercher à ne gêner les progrès futurs que dans la mesure où cela est nécessaire pour les rendre possibles. On sait assez que l'on ne peut pas toujours marcher vers un état désiré par les chemins les plus directs. L'esclavage, par exemple, n'aurait pu être aboli à n'importe quelle époque sans danger pour l'existence de la société et, par suite, pour sa future amélioration. Aussi ne faut-il pas s'indigner si les sages, de qui notre mentalité contemporaine aurait volontiers exigé quelque démarche en ce sens, ne l'ont point envisagée comme possible et même n'ont point songé à préparer un état de choses aussi naturel pour nous que l'autre l'était pour nos prédécesseurs. C'est quelquefois en croyant à la durée d'une institution, et en la faisant vivre alors que son rôle n'est pas accompli qu'on prépare le mieux sa disparition et la gloire d'une institution nouvelle. Bien que je parle ici contre les croyances absolues, je ne prétends pas qu'on doive ni qu'on puisse s'en passer, ni qu'il soit toujours désirable de les affaiblir. Il ne faut pas exiger de l'homme qu'il embrasse l'ensemble des choses, même dans le petit coin de l'univers qui lui est accessible, ni qu'il juge toujours équitablement. L'illusion lui est indispensable, mais comme il n'est que trop enclin à chérir l'illusion et à la suivre, il convient aussi de l'avertir parfois. Donc, si, comme on l'a dit, l'humanité doit être de plus en plus gouvernée par les morts, tâchons de ne pas devenir un jour des morts trop tyranniques, de ceux qu' « il faut qu'on tue. »

J'ai voulu esquisser ici une morale humaine assez ferme pour ne jamais perdre de vue ses principes abstraits et ne jamais cesser de s'y conformer, assez souple aussi pour ne pas redouter la multiplicité des formes d'application et de réalisation, et même l'aspect de l'incohérence. Ce n'est qu'en acceptant l'illogisme et la contradiction dans les événements divers et dans les adaptations multiples qu'ils sollicitent, que l'homme peut suivre la logique profonde de l'association et de l'évolution. Mais je dois peut-être insister ici, pour éviter des malentendus, sur ce que l'inhohérence doit être considérée comme un pis-aller, une nécessité imposée par la division du travail, et qu'elle doit toujours être subordonnée dans la mesure du possible au système, à l'association, à la logique essentielle. L'incohérence n'est supportable que pour amener une réalisation plus logique. La morale doit toujours tendre vers cette réalisation. Elle doit préparer autant qu'elle le peut, un état de moralité spontanée, d'adaptation naturelle ou naturellement croissante et instinctivement réalisée dans laquelle elle s'anéantirait par évanescence, la loi morale devenant ainsi peu à peu une loi naturelle. La morale doit ainsi s'efforcer vers sa propre disparition, comme la science elle-même et comme la philosophie. Rien ne nous permet de croire qu'elle y arrivera. En attendant elle doit tendre, par des moyens imparfaits qui sont seuls à sa disposition, vers une association plus unifiée, mais elle doit tâcher d'améliorer aussi ces moyens et d'y amoindrir l'incohérence en tant que cette incohérence n'est pas nécessaire ou utile à la finalité future. Et si elle est obligée de faire preuve de modestie dans ses réalisations, elle ne se sera jamais trop fière dans ses hauteurs abstraites, ni trop pure dans ses principes. Telle est, il me semble, sommairement esquissée, la conception de la morale, de la philosophie pratique qui s'adapte aux vues synthétiques sur le monde proposées dans ce livre.

TABLE DES MATIÈRES

CHAPITRE II

L'Évolution

CHAPITRE III

L'évanescence

CHAPITRE IV

Le mensonge universel

4722. — Tours, imprimerie E. ARRAULT et Cⁱᵉ.